技術的イノベーションの
マネジメント

パラダイム革新のメカニズムと戦略

Daiji FUJII
藤井大児 著

中央経済社

はしがき

　本書は，研究書であると自信を持って言うことができない。筆者はそういうのが大変苦手だからである。ただし，その体裁は極力整えようと努めた。なぜなら，筆者のような経験も学識も足らない者の主張を世間に対して発表するという時，研究書というメディアの力を借りることで，多少なりとも人々の手元に届き，ほんの数ページでも繰ってみようかという気にさせる大義を，しばし借りてこられるからである。一見すると大変に姑息なことをやっているように思われるかもしれない。しかしこのことは大変に重要なことである。経験も学識もない者の意見は，時に老練さや博識とは異なる味わいを持つこともあるからである。この辺は，本書の主たるテーマであるイノベーションにも通じるところがある。

　最近になって，すっかり日課になっているネット・サーフィンの過程で出くわした『青空文庫』というサイトで，大変面白い随筆を見つけた。簡単に言えば，著作権が切れた古典的名作をネット上で自由にアクセスできるように構築された電子図書館である。その随筆とは，太宰 治がまだ若い頃に文壇で感じた焦燥感がそのまま表現された，個人の日記のような作品だった。その冒頭部があまりに強烈なので，少し引いてみよう（太宰，1989）。

　　私のたたかい。それは，一事（ママ）で言えば，古いものとのたたかいでした。ありきたりの気取りに対するたたかいです。見えすいたお体裁に対するたたかいです。ケチくさい事，ケチくさい者へのたたかいです。
　　私は，エホバにだって誓って言えます。私は，そのたたかいの為に，自分の持ち物全部を失いました。そうして，やはり私は独りで，いつも酒を飲まずには居られない気持で，そうして，どうやら，負けそうになって来ました。
　　古い者は，意地が悪い。何のかのと，陳腐きわまる文学論だか，芸術論だか，恥かしげも無く並べやがって，以て新しい必死の発芽を踏みにじり，しかも，その自分の罪悪に一向お気づきになっておらない様子なんだから，恐

れいります。押せども、ひけども、動きやしません。ただもう、命が惜しくて、金が惜しくて、そうして、出世して妻子をよろこばせたくて、そのために徒党を組んで、やたらと仲間ぼめして、所謂一致団結して孤影の者をいじめます。

　私は、負けそうになりました。

　先日、或るところで、下等な酒を飲んでいたら、そこへ年寄りの文学者が三人はいって来て、私がそのひとたちとは知合いでも何でも無いのに、いきなり私を取りかこみ、ひどくだらしない酔い方をして、私の小説に就いて全く見当ちがいの悪口を言うのでした。私は、いくら酒を飲んでも、乱れるのは大きらいのたちですから、その悪口も笑って聞き流していましたが、家へ帰って、おそい夕ごはんを食べながら、あまり口惜しくて、ぐしゃと嗚咽が出て、とまらなくなり、お茶碗も箸も、手放して、おいおい男泣きに泣いてしまって、お給仕していた女房に向い、

　「ひとが、ひとが、こんな、いのちがけで必死で書いているのに、みんなが、軽いなぶりものにして、……あのひとたちは、先輩なんだ、僕より十も二十も上なんだ、それでいて、みんな力を合せて、僕を否定しようとしていて、……卑怯だよ、ずるいよ、……もう、いい、僕だってもう遠慮しない、先輩の悪口を公然と言う、たたかう、……あんまり、ひどいよ。」

　などと、とりとめの無い事をつぶやきながら、いよいよ烈しく泣いて、女房は呆れた顔をして、

　「おやすみなさい、ね。」

　と言い、私を寝床に連れて行きましたが、寝てからも、そのくやし泣きの嗚咽が、なかなか、とまりませんでした。

　ああ、生きて行くという事は、いやな事だ。殊にも、男は、つらくて、哀しいものだ。とにかく、何でもたたかって、そうして、勝たなければならぬのですから。

　本書の随所で論じている「企業家精神（entrepreneurship）」をこれほど鮮明に描き出した文章はなかろう。そして太宰　治が文学者だったからこそ、立ち向かっていかねばならなかった先人たちの築いた壁の高さや厚さが胸に刺さる。その意味で研究書としての体裁は大事だし、また本書に太宰　治に比肩す

るほどの価値があるはずもないが，それなりに面白い論考だとは思っている。本書を手に取り，数ページでも繰っていただいたら，激しく後悔するということもなかろうという多少の自信はある。

　特段テクニカルな分析手法を駆使しているわけではない。本書を通じて筆者が意図している学術的な狙いは，イノベーションという言葉の持つそこはかとない魅力をなるべく損なうことなく，社会科学上の重要な構成概念たらしめるためには，どのような論理構成を準備してやれば良いかということに集中した点である。各章の冒頭にも「本章の狙いは，新たな分析枠組みを提案することである」とか「新たな視座を構築することである」といった類いの表現が出てくるが，それは最終的に，「イノベーション＝創造的破壊」というシュムペーターが世に問うた魅力的な視座に対して，多少なりとも我々凡夫の手が届くような，より特定的に言えば，これまで社会科学の諸分野で開発されてきた有用な概念を組み合わせることによって説明することを目指しているのである。

　創造的破壊が起こるまでの過程とは，やはり激しい競争，人々の衝突や争いといった否定的なイメージが伴う。それはそういうものだとは筆者も思う。しかしその過程の中身をもう少しひもといてみると，ただ無秩序にしか見えなかったところに一定の秩序が見出せるかも知れない。多少なりともイノベーションが身近なものに感じられるようになるならば，我々の職業人生の延長線上に，規模の大小こそあれ，何か新たな創造的破壊を引き起こす夢が描けるかも知れない。きわめて素朴な発想だが，それほど大事な作業だと思って取り組んできた。

　以下では，筆者がやろうとしてきたことを紹介するために，過去に出会った面白い文献を紹介する。それらを通じて気持ち高ぶる経験をし，それが重要なパーツとなって，本書が積み上がったのである。本書で言いたかったことが，もしかしたらこのはしがきを通じて最も鮮明に描き出せるかもしれないとすら期待している。

　大学4年生の時に出会った『考える社会学』（小林・木村，1991）がすべての始まりである。当時親のすねをかじってイギリスに1年間遊学をさせてもらっていたが，英語の本をゴリゴリ読んで勉強する自信がなかった筆者は，日本から面白そうな教科書を段ボール1箱分船便で送っていた。目安であった

1ヶ月が経ってもホームステイ先に届かないので，受け取るまでにたいそう苦労した。ダブル・デッカーの2階席で読んだ意図せざる結果と予言の自己成就の章が，本書の第2章の根底にはある。あまり勉強熱心な学生でもなかったので，社会学の初学者向け教科書にもかかわらず，その後の思考回路を決定付けたと言っても過言ではない。

修士論文で路頭に迷い，何をして良いのか分からない中で出会ったのが『ノーベル賞の決闘』（Wade, 1981）であった。1977年度のノーベル医学賞を受賞したギヤマンとシャーリーの競争を描くノン・フィクションで，冒頭の授賞式のシーンからすでにギスギスと緊迫した空気が伝わってくる。結果的にこの著作を貫いている目線がその後筆者自身のものとなって，序章で述べるような「プレイヤたちの戦略性」や「競争的相互作用」という言い方として反映されている。例えば，膨大な研究費や努力を投じながらも得られる科学的成果は微々たるもので，その先取権をめぐる戦いは百数十キロ走って1，2分の差を争うトライ・アスロンのようだ。敵に塩を送るような真似はできないために短期的な業績をひた隠しに隠し，必死に駆け抜けた先に待ち受けたのは，どちらが先に発見したのか判別がつかず，ノーベル賞の栄誉を3人で分かち合うという結末だった。青色発光ダイオード（LED）の功績でノーベル物理学賞を共同受賞し，壇上で満面の笑みをたたえた日本人3人の様子が報じられた時，筆者の脳裏にはギヤマンやシャーリーの苦渋の表情が浮かんでいた。

大学院に在籍中，より身近な刺激からも大きな影響を受けた。当時『知識創造の経営』（野中，1990）はすでに有名になっていて，野中郁次郎先生（一橋大学名誉教授）には一度だけ一橋大学イノベーション研究センターの前身である産業経営研究所の研究室にうかがって，大学院での指導をお願いしたことがあるが，けんもほろろに断られた。

大学院には何とか進学は果たしたものの研究の方向性も見出せず，周囲には知識創造理論を信奉する先輩たちが多数いた。どの先輩もすごく優秀そうだし，何を言っているのかも理解できないし，授業に出ても何をしたら正解なのかが全く分からなかった。そんな有様だったので，結果的には生まれたてのヒヨコが初めて出会ったものを母親だと認識するがごとく，『考える社会学』と『ノーベル賞の決闘』が原型となって，修士論文を（普通は2年のところを）3年間

かけて書くことになった。

　大学院では『知識創造の経営』がそうだったように，やたらとダイナミックという言葉に出くわすようにもなった。経営戦略論の分野でも『新・経営戦略の論理』（伊丹，1984）を通じて現在の資源・能力依存視座（Resource-Capability Based View）の基本原理を学ぶ機会が与えられた。伊丹敬之先生（一橋大学名誉教授）には，その後副指導教官として薫陶を受ける機会にも恵まれた。また筆者が修士課程時代に大先輩だった加藤俊彦先生（一橋大学教授）が，後に教員として我々を指導して下さることとなり，「構造化」という概念が院生の間で浸透したことも大きかった。しかし今にして思えば，筆者自身はダイナミズムという言葉の意味を何も分かっていないのに馬鹿のひとつ覚えのように口にしていた。

　ことほどそのような調子だったので沼上　幹先生ら（一橋大学教授）による「対話としての競争」という論文（沼上他，1992）が，とても魅力的に見えていた。ハイエクなどを引用しながらプロセス志向の市場理論の特徴を明らかにし，それをベースにして企業間の間接的な相互影響過程を描き出した論文だった。もっと言えば，ダイナミックな理論と言うにはその典型例でもないのだけれども，当時はそのことも分からず闇雲に憧れていた論文だった。また知識創造理論が比較的頻繁に認知心理学の概念を応用したものだったために，「対話としての競争」に出てくる「戦略スキーマ」という概念がことさらかっこよく見えたというミーハーぶりである。

　しかしそのことをずっと考え続けた結果が，本書でも随所に反映されている。「対話としての競争」とは，競合する液晶ディスプレイ・メーカー2社が事業システムを微妙にずらしながら独自の発展を遂げる過程を指す概念だったのだけれども，そこでは双方の企業が活発に意見交換をしたといった事実が重視されるわけではない。むしろ市場で競争し合う企業群が相互ににらみ合いながら，自身がどこに向かって枝葉を広げ，成長していくべきなのかという「日常の理論」を独自に発達させていった過程であり，本書では「競争的相互作用」と呼んだ過程そのものである。そうした見方は第3，4章に表れているのはもちろんのことだけれども，より明示的に扱っているのが第5，6章である。

　さらにピオレ・セーブルの『第二の産業分水嶺』（Piore and Sable, 1984）と

ウォマックらの『リーン生産方式が，世界の自動車産業をこう変える。』(Womack, et al., 1990)が，マクロな観点から辺境革新論を捉えるきっかけとなった。1つの製品イノベーション，1企業の成長というだけでは，創造的破壊というマクロ現象を説明するのは少し力不足である。せめてメゾ・レベルまで分析単位を引き上げなければ，そして比較的長い時間軸で眺めてみなければ，分からないことも多い。大学院生時代にそこまで自覚があったわけではなかったが，西口敏宏先生（一橋大学教授）がMITから移籍されて間もない頃，その講義で指定図書として読んだ記憶がある。そう言えば，同種のことが『液晶ディスプレイの技術革新史』（沼上，1999）などにも書いてあったはずだが，筆者はなぜかピオレらやウォマックからそれを吸収した。きっと第6章で大衆的な消費財であるデニム・ジーンズの産地型集積における生産者ネットワークを研究対象としたせいだろう。

　『第二の産業分水嶺』も『リーン生産方式が，世界の自動車産業をこう変える。』も世界の史的システムのダイナミズムを描き出し，その中での大量生産・大量消費パラダイムの蹉跌と多品種少量生産システムの勃興の過程に着目した。ピオレらが言うように，日本やドイツ，イタリアなどの敗戦国が，クラフト型生産システムに基礎を置き，本質的には高人件費を前提としながら戦後復興を図るも，国内市場の成長と技術的インフラ・資本装備の充実が，熟練工の失業や労働の質の低下を伴うことなく，多品種少量生産に結実していった。この過程は史的システムの大きなダイナミズムを感じさせたとともに，ハーバード学派のアバナシーらによるTransilience Mapの議論（Abernathy and Clark, 1985）にも通じるものがあり，その短い論文に潜んでいる大きな歴史観の存在を気づかせてくれた。また実務家色の強いウォマックらが語っている，大量生産パラダイムに縛られたエンジニアリングがいかに膨大な無駄を内在させるかの論理は，だんだんと相対主義的な「技術的パラダイム」という概念（Dosi, 1982）に傾倒したことでどうしても思弁的な議論に終始してしまいがちな筆者に，その実証的基盤をいかに確立するかの手本となるものだった。

　以上から想像される通り，本書はレゴ・ブロックのように多様な，しかし最新のと言うほどでもない比較的馴染み深い概念や論理立てを土台として「イノベーション＝創造的破壊」がどのような過程で起こり得るのかを説明しよう

としたものなのである．各章で扱われる事例は，フィールド調査を始めるきっかけであり，思考を紡ぎ出していくための触媒のようなものであり，また筆者が考えた視座の分析的有効性を示す実証的基盤である．アドホックに選択されているようではある．その時々の社会的事情に左右されたものとも言える．例えば現職場が岡山県にあるから，倉敷市児島地区を中心としたデニム・ジーンズの産地型集積に着目したし，プラスチック製食品用トレイのメーカーとは，学部ゼミのOGが就職をしたことがご縁だった．しかしそれらもまた，頭の中では連綿と連なり，細く絡み合った思考の糸にうまく絡みついて，引き寄せられたものである．グレイザーらが「理論的サンプリング」と呼んだ方法（芋づる式と言っても良い）の筆者なりの実践例である（Glaser and Strauss, 1967）．

最後に指導教員だった楠木 建先生（一橋大学教授）に触れねばなるまい．修士課程の2年目の年度末に研究室を訪問して，修士論文で路頭に迷っているから助けて欲しいとご相談したのが最初のご縁である．そう言えば，青色LEDの事例研究をしたいと言った筆者を，イノベーション研究センターに着任したての宮原諄二先生（元一橋大学教授）にお引き合わせ下さったのもこの時だった．青色LEDの存在は，当時イノベーション研究センターにおられた後藤 晃先生（東京大学名誉教授）が教えて下さって，後に筆者の修士論文を，岩波新書の『イノベーションと日本経済』（後藤，2000）の序文で紹介して下さるという栄誉にも浴した．宮原先生はご自身が富士フイルムにて開発したデジタルX線画像診断システムの一部として青色LDが必要だった経緯で，当時日亜化学工業と技術顧問のようなお付き合いをされていた．そこで青島矢一先生（一橋大学教授）と一緒に徳島県阿南市にある本社を訪ねたこともある．それからだいぶ経って宮原先生と青島先生は，副指導教官の伊丹先生とともに，筆者の博士論文の審査委員も務めていただいた．

楠木先生がその後発表された『ストーリーとしての競争戦略』（楠木，2010）で語られていることなどは，筆者が呼吸をする狭い社会空間からは想像もつかないはるか高みからしか見出せないような，壮大な構想と言うべきものであった．筆者の考えることなどそこから一歩たりとも出ることはないとすら言える．第6章の「主要プレイヤへの焦点化戦略」によるブレークスルーのストーリーは，ご本人に尋ねたら全然違うと一蹴されるかもしれないが，筆者の

ような凡庸の輩には，壮大な構想の1実践例に過ぎぬのではないかと考えぬわけにはいかない。

　大学院生時代に楠木先生から受けた指導の中で，現在でも頭の中心にあり続ける言葉を紹介して，ひとまず締めくくりとしたい。「論文は文学作品ではない。無味乾燥でも構わない。誰にでも分かるように，人に話して聞かすように書け。」これを座右の銘にしてなお，本書の読みにくさは自覚している。それでも冒頭の太宰 治の苦しみと比べれば，この言葉のお陰で筆者の負担ははるかに軽いもので済んでいる。

　若い頃文学青年だった亡き父・靖人の影響で，ごちゃごちゃ多弁を弄する癖のある筆者の最大の戒めが，楠木先生にいただいた上述の一言だった。それでもにじみ出る筆者らしさがあるとすれば，それは父の痕跡である。本書をその本人の存命中に見せられなかったことは，大変な親不孝であった。その代わり，父の大学時代からの親友であり，今でも母・佳乃と親交を持ち続けて下さっている池山健次氏（株式会社ハナノキ代表取締役会長）と平野政敏先生（慶應義塾大学名誉教授）にご覧いただくことで，父への恩を返そうと思っている。

　50年前に蒲田のアパートで一緒にゼミの勉強をし，コーヒーの味を覚え，ビートルズを聴いたという。腹が減れば十円玉を握って近所のうどん屋に通ったというから，無類の麺好きはその辺が原点らしい。平野先生から草稿段階でご丁寧にも頂戴したコメントには，青色LEDの話はアカデミック版『下町ロケット』を読んでいるようで大変面白かった，速やかに上梓なさいとの言葉があった。ひとまず肩の荷が下りた心持ちであった。

　最後に，調査研究中に快くインタビュー等の要請に応じて下さった皆様に対しては，ここに厚く御礼申し上げたい。皆様のお名前は公表できる範囲で脚注などで挙げさせていただいている。中には，当時係争中の案件にかかわるためインタビューの録音がお許しいただけず，ご発言の引用ができなかった方々もおられることをここに付記する。

2017年1月

藤井大児

●初出文献情報

第1章 「技術的パラダイムからの逸脱―青色LED開発組織の事例研究」『一橋ビジネスレビュー』48, 4, pp.204-220, 2001年。
「イノベーションと偶然性―青色LED開発の事例分析を通じて」『組織科学』35, 4, pp.68-80, 2002年。

第1, 2, 3章 『技術革命のメカニズム：青色LED開発史の事例分析』一橋大学大学院商学研究科博士号請求論文, 2002年。

第4章 「試行錯誤を通じた戦略形成：初期RPG開発競争の事例分析」『日本経営学会誌』18, pp.69-82, 2006年。

第5章 「不確実性下における適応システムの多様性：デニム・ジーンズ産地型集積の事例研究」『日本経営学会誌』26, pp.39-50, 2010年。

第6章 「資源循環型経済へのパラダイム転換試論：プラスチック製食品用トレーの事例分析」『岡山大学経済学会雑誌』47, 1, pp.15-30, 2015年。

終 章 「経営学における比較事例研究法に関する一考察（2）」『北東アジア経済研究』8, pp.1-20, 2010年。

補 遺 「インタビュー録：GaN系青色LED開発の先駆者Herbert Paul Maruska博士（1）」『岡山大学経済学会雑誌』48, 1, pp.61-77, 2016年。
「インタビュー録：GaN系青色LED開発の先駆者Herbert Paul Maruska博士（2）」『岡山大学経済学会雑誌』48, 2, pp. 55 - 65, 2016年。

公的助成金

文部科学省科学研究費補助金（若手（B））「技術革新メカニズムへの認知論的接近―青色発光デバイス開発史の分析を中心に」（研究課題番号：15730187）（研究代表者）

文部科学省科学研究費補助金（基盤（B））「施設介護サービスの提供主体に対する適切な規律づけに関する研究」（研究課題番号：16330047）

文部科学省科学研究費補助金（基盤（B））「介護サービス市場における情報の非対称性の緩和に関する研究」（研究課題番号：19330051）

文部科学省科学研究費補助金（若手（B））「プロトタイプ創出による産地型集積の持続的発展と蹉跌：児島ジーンズ産地の経済地理学」（研究課題番号：20730247）（研究代表者）

文部科学省科学研究費補助金（基盤（C））「J-form（知識創造の包括理論）の構築：環境配慮型企業を中心とした比較事例研究」（研究課題番号：26380461）（研究代表者）

目　次

はしがき／i

序　章　イノベーションをいかにマネージするか？
Management of Innovation の構築

1　はじめに／1
2　エピソード：青色 LED 開発史／5
3　イノベーションのブラック・ボックスを開ける／8
　(1) 競争的な社会的相互作用 …………………………………………10
　　1) 「競争」の定義／10
　　2) 競争と協調／12
　(2) リーダー・フォロワの循環的代替 ………………………………15
　(3) 「蟻の一穴理論」の提唱 …………………………………………18
4　本書の構成／20

第Ⅰ部　技術的パラダイム革新のメカニズム

第1章　技術は進化するか？

1　はじめに／28
2　進化論的技術進歩モデル／29
　(1) シュムペーターの『経済発展の理論』 …………………………31
　(2) イノベーションの経営学 …………………………………………33
　　1) 産業レベルの分析／33
　　2) 組織レベルの分析／35
3　等比級数的な発展の論理／37

4　技術的パラダイムからの逸脱／40
　　(1)　逸脱の論理：技術的パラダイム論再考 ……………………………42
　　(2)　産業レベルでのプレイヤ間の相互作用 ……………………………42
　　(3)　技術的パラダイムの自己強化・革新メカニズム ………………43
　　(4)　期待システムの機能的等価性と技術的パラダイムへの収斂
　　　　 ………………………………………………………………………………44
　　(5)　組織レベルでの分析：逸脱の論理 …………………………………45
　　　　1)　期待システムと分業構造／45
　　　　2)　技術的パラダイムからの逸脱／46
5　結　語／48

第2章　青色 LED 開発史の概観
その市場と技術

1　はじめに／52
2　市場概況／53
　　(1)　LED 市場 ……………………………………………………………………54
　　(2)　LD 市場 ……………………………………………………………………55
3　応用技術／57
　　(1)　青色 LED の応用技術 ……………………………………………………57
　　(2)　青色 LD の応用技術 ……………………………………………………58
4　青色 LED 開発史概略／60
　　(1)　第1段階：〜1991年頃 ……………………………………………………61
　　　　1)　SiC 系／61
　　　　2)　GaN 系／63
　　　　3)　ZnSe 系／65
　　　　4)　SHG レーザー／65
　　(2)　第2段階：1991〜1993年頃 ………………………………………………66
　　(3)　第3段階：1993年〜 ………………………………………………………66

　　　　　1）青色 LED 実用化／66
　　　　　2）青色・緑色系 LD 技術の躍進／67
　　5　結　語／67

第3章　技術的パラダイムからの逸脱
青色 LED 開発史の考察

　　1　はじめに／69
　　2　中枢と辺境の構築過程／71
　　　　(1)　開発前史 ……………………………………………………………………71
　　　　(2)　青色 LED 開発をめぐる競争関係 …………………………………………75
　　3　辺境からのイノベーションの発生過程／82
　　　　(1)　基礎技術の確立 ……………………………………………………………82
　　　　(2)　実用化水準までの技術的成熟 ……………………………………………95
　　4　新たな制度化の始まり／116
　　5　メカニズムの抽出：結語にかえて／123
　　　　(1)　中枢と辺境の構築過程 …………………………………………………123
　　　　(2)　辺境からのイノベーション ……………………………………………125
　　　　(3)　新たな制度化の始まり …………………………………………………128

第Ⅱ部　技術的パラダイム革新の戦略

第4章　リーダー・フォロワの循環的代替
初期家庭用ゲームソフト開発競争の事例分析

　　1　はじめに／136
　　2　同型化圧力への抵抗の論理：問題提起／139
　　3　リアル・オプション法の応用：分析枠組みの提示／142
　　4　初期家庭用ゲームソフト開発競争の事例分析／145

　　　　(1)　時代背景 ··· 145
　　　　(2)　エニックスとスクウェアの起源 ·· 146
　　　　(3)　2社の成長の軌跡 ·· 148
　　　　(4)　分析枠組みの適用 ··· 151
　　5　結　語／155

第5章　不確実性下における適応的合理性の多様化
デニム・ジーンズ産地型集積のダイナミズム

　　1　はじめに／161
　　2　適応的システムの集合体としての産地型集積：既存研究／162
　　3　対照的理念型の混合形態：分析枠組みの構築／165
　　4　デニム・ジーンズ産地型集積の事例研究／168
　　　　(1)　未完の水平分業ネットワーク構築 ···································· 168
　　　　(2)　プロトタイプ創出を通じた新たな親企業の開拓 ··················· 170
　　　　(3)　垂直統合型の生産システムによるプロトタイプ創出 ············ 172
　　5　結　語／175

第6章　資源循環型経済へのパラダイム転換試論
プラスチック製食品用トレイの事例分析

　　1　はじめに／179
　　2　不確実性の増大と企業成長／182
　　　　(1)　組織的適応能力の主体的開発 ·· 182
　　　　(2)　支配的なパラダイムの不連続性 ···································· 184
　　　　(3)　企業家のイニシアティブによるパラダイム転換 ·················· 185
　　　　(4)　「蟻の一穴理論」の構築：分析枠組みの構築 ······················ 187
　　3　プラスチック製食品用トレイの事例分析／190
　　　　(1)　リサイクル事業確立の概略 ··· 190

　　　　　(2)　分析枠組みの適用……………………………………………………194
　　4　結　語／199

終　章　新・知識創造理論の構築を目指して

　　1　はじめに／207
　　2　本書の結論／210
　　　　　(1)　これまでの要約……………………………………………………210
　　　　　(2)　技術進歩と辺境革新論……………………………………………221
　　3　「空気」の自明性／223
　　4　演技者としての行為主体／227
　　5　交渉理論との接点／232
　　　　　(1)　『組織化の社会心理学』…………………………………………232
　　　　　(2)　創造的交渉の過程…………………………………………………234
　　　　　(3)　問題解決における創造性…………………………………………238
　　6　逸脱者＝イノベーターという視点／239

補　遺　GaN 系青色 LED 開発の先駆者 Herbert Paul Maruska 博士へのインタビュー抄録

　　1　はじめに／251
　　2　インタビューの要約／251
　　3　インタビュー抄録／253
　　　参考資料：Maruska 氏からのレター抄訳／264

参考文献／268
索　引／279

序　章

イノベーションを
いかにマネージするか？

Management of Innovation の構築

1　はじめに

　本書の目的は，技術的なイノベーションのマネジメントはいかにして可能かという問題意識の下で，いくつかの問いに対して一定の見解を見出そうとするものである。すなわち誰もが到達できないからこそ，イノベーションとは人々の尊崇の念を集めるにもかかわらず，それをマネージする（ないしは，手懐けると言っても良い）ことは可能なのか。具体的な行程を詳細に計画することができるわけはないとして，マネージできるとすれば，その中身とはどのようなものか。そしてそれが一部の優秀な企業家（entrepreneur）のみに限られたことではなく，我々のような凡夫であってもアクセスできる性質のものなのか。つまり，誰もがイノベーターになる資格を有するのか。本書はこのような問いにアプローチしようとしている。

　今日企業や国家の競争優位維持にとって，優れた技術を開発することが１つの重要な礎石であると認識されている。エジソンのような天才的な発明家の肖像や，白衣を着たデカ鼻の御茶ノ水博士のようなイメージは，子供の理科教育やサイエンス・フィクションの題材にはなり得ても，現実社会における科学技術の未来を委ねるにはあまりにナイーブなものである。技術は天才たちの手によって進歩するものではなく，我々自身の手で着実に進歩させていくものである。さもなければ，企業や国家の競争優位が，いつ生まれるかも分からない天

才の誕生によって左右されてしまう。以上のような危機意識が，技術的イノベーションの発生メカニズムとは何か，またこれをいかにマネージしていけば良いかという問いを生み出してきたと言える。

　そこで1つの回答を示してくれているのが，経済学におけるスタンダードな市場メカニズムの理論だと言えよう。オーソドックスな経済理論によれば，市場競争が企業に対して規律と経済的インセンティブを与え，常に最善の努力を行わせると考えられている。

　少しややこしい話ではあるが，イノベーションという概念の持つ意義を明らかにするには避けて通れない事項なので，もう少し噛み砕いて説明したい。市場メカニズムを通じてヒト・モノ・カネといった基本的な経営資源や最終的な消費財の需給が調整され，経済全体で効率的な資源配分が達成されるというのが，経済学の基本的なメッセージである。もちろん不確実性や取引費用の問題，ないしは外部性の問題などで市場メカニズムが機能しない条件はいろいろと発見されてはいる。しかしながら当面それらのことは脇に置いておこう。

　効率的な資源配分に至る過程では，様々な資源の供給者や財の売り手が無数にいて，彼らはそれらを少しでも高く売ろうとするし，また無数にいるそれらの買い手は，少しでも安く買おうとせめぎ合う。せめぎ合うというのは，もしも競合価格が目の前に提示してある価格よりも魅力的であれば，もうこの場を立ち去って他所で取引するぞと言って互いに脅し合う関係だからである。こうして取引される資源や財の量・価格が特定の売り手や買い手の意向によって左右されないとの仮定を，プライス・テイカーの仮定と言う。買い手も売り手も，市場で成立した価格を受容（take）するだけの人たちだという意味である。また売り手や買い手の参入・退出が自由であるとか，需給間での情報格差がない（情報の非対称性がない）といった，いわば非現実的な仮定もおかれている。この非現実的な点は，今それほど重要ではない。

　さてここで描かれる市場の様子は，実際に人々が様々なものを売り買いする市場，言わば本当の「イチバ」や「マーケット」とは状況がかなり違う。築地の中央卸売市場において，プロとプロが目利きを競わせて取引する卸売・仲卸業者売場と，一般の消費者や観光客を相手に商売をする場外市場ぐらい違う。市場メカニズムの理論の中で描かれている人間像は，プロ同士の少しギスギス

した関係性のようなものとして描かれている。

　確かに，実際の人々は築地のプロのような行動は取ることはない。しかし経済システム全体として見た場合には，誰も自分から損をしようとはしないし，少しでも儲けようとするのが普通である。だいたいこんなものだろうという人間像を，築地のプロの人々に求めた方が議論が進めやすいので，仮想的だけれども，そういう風にあえて考えているのである。もちろん実際には抜け目のない人もいるし，逆にお人好しの人もいる。あくまで平均的な人間像を問題にしているにすぎない。

　またこのような理論的な仮想空間を完全競争市場と言い，経済のあるべき姿として理想化し，それに一歩でも近づけるよう様々な政策的努力を払うというのが，経済学の基本的なスタンスである。公正取引委員会のような部署が資本主義の国々の政府には必ず存在して，独占企業が強大な影響力を行使して価格を不当に操作することを厳しく取り締まろうとするのは，それが経済システムの効率的な資源配分を損なっていると理論的に考え得るからである。

　この論理に従えば，与件に大きな変化がない限り，技術はスムーズな軌跡を描きながら進歩すると予想される。例えば戦争が生じるとか，メタン・ハイドレードのような新しい天然資源が発見されるとか，基礎科学の分野で加速器核融合が実現するとかいった劇的な環境変化を経験しないならば，市場は漸進的（incremental）にしか変化しない。というのは，経済システム外部からの様々な外生的要因に大きな変化がなければ，人々は現在成り立っている需給バランスを大きく変更するインセンティブを持たないからである。

　そもそも多くの平均的な人々はそこそこ抜け目なく，自分が損しないような形で最善を尽くした結果としての経済取引をすでに実現しているか，しようと努力しているはずである（あくまで仮想的な市場においては，だけれども）。また，もしも非効率なことが行われていれば，それにつけこもうとする輩が必ず登場して弱者を食い物にしようとするのが市場原理なのだし，そうならぬよう人々は常に最善の努力をしているはずなのである。従って企業は事業を行う上で必要な資源調達の量や方法を日々検討することはないし，財・サービスの生産方法を日々見直す必要性も感じない。消費者も買い物をするたびにわざわざ値切り交渉をするまでもなく，市場で提示された価格がだいたいどの買い手

であっても共通で，妥当な価格の̇は̇ず̇で̇あ̇ると信じている。

　従って市場原理が円滑に作動している経済システムにおいては，現状を根底から覆そうとする人がいないということを意味する。ないしは動かしてもらっては困るとすら思っているのかもしれない。例えばより効率的な生産方法を見つけ出そうとか，消費者がこれまで誰も考えつかなかった財・サービスの画期的な使用法を編み出すといった，未来に向けた前進を含意している場合であっても，すでに多くの人々が英知を振り絞って築き上げられたは̇ず̇の̇現状を否定するには，それ相応の理由が必要ということである。

　以上のような論理が考え出されているにもかかわらず，現実の経済システムは，外生的要因の大きな変化がなくても断続的に革命的（revolutionary）な変化を経験すると見られている。この種の変化こそが経済発展の動因の1つであると論じたのがシュムペーターだった（Schumpeter, 1926）。

　シュムペーターにとってイノベーションとは，創造的破壊と言うべきものだった。その理由は，既存の秩序だった経済システム内部ではすべての資源や財・サービスが何らかの用途にうまく配置され，最も効率的な形で使用されてしまっているからである。すなわち，すでに確立された使用の文脈に，まさに埋め込まれてしまっている。従ってもしも外生的要因の変化がなく，かつ経済が飛躍的に発展し得るとすれば，それはすでに使用し尽くされている資源や財・サービスを既存の使用の文脈から引き剥がしてこなければならない。そして新たな秩序の下で再配置してやらなければならない。

　もう1つ重要な点として，それは飛躍的な発展を伴うものでなければならない。外生的要因の細々とした変化への適応は，ここでは問題にならない。それは市場メカニズムが常に対処し得る範囲の問題に過ぎない。市場では売り手も買い手もギリギリのせめぎ合いのなかで，誰かが飛び抜けて得する状態が出現するは̇ず̇が̇な̇か̇っ̇た̇。そこで様々な売り買いが行われる中で，世間並みよりも多少でも得をしている者がいれば，それはたちどころに広く知られるところとなり，その差益を何とか奪い取ってやろうというプレッシャーが外部からかかってくるからである。

　イノベーションは，そういうギリギリのせめぎ合いをしている人々に，現在彼らが使用している資源や財・サービスを拠出してもらい，それらを新たな使

用の文脈に再配置する必要がある。そのためには新たな付加価値として莫大な利益を確保・分配することによってのみ，その拠出を説得できるはずであって，それが適わないならば誰もイノベーションに加担などしない。シュムペーターが，馬車を何台つないでも機関車には敵わないと述べたことの背後には，それぐらいの革命的な飛躍があって初めて，それまでの既得権益を放棄してでも新たな可能性に皆が惹かれていくという，ごく当たり前の認識があったのである。そしてそうした飛躍を主導できる強烈な個性を発揮し得るのが，企業家精神と呼び得るものなのである。

　以上の議論を振り返ると，優れた技術革新をシュムペーターの言うイノベーションだとみなした場合，企業家精神に導かれた創造的破壊と飛躍的な経済発展を促すものとしてこの技術革新を定式化しなければならない。しかし市場メカニズムの下では，人々は大きな競争プレッシャーの下で真面目に一生懸命働き，日々の生活を送っている。それは何も仕事場だけの話ではない。家に帰れば家族の面倒を見なければならないし，自分の身体や心のメンテナンスにも手間暇がかかる。そうして最も効率的に自分自身という資源が配分・活用されていることになっている。この上さらに何か強烈な要因に動機付けられて，企業家精神を発揮せよ，創造的破壊を実現せよ，飛躍的な経済発展を成し遂げよと言われたら，果たしてどれだけの人間がそんな大事業を担えるだろうか。

　首都圏で働く日本のサラリーマンに自分のためだけの空白時間を聞いてみたら，1日2時間ぐらいのものだった。聞きかじったところでは，何かの専門家と呼ばれるまでには1万時間の訓練や試行錯誤が必要だというが，もしも毎日この空白の2時間を新しい何かに投資したとして，それを成し遂げるのに約13.7年かかるとすれば，人々はどれだけこの新しい試みに動機付けられるだろうか。そうなるといよいよイノベーションの担い手すら，実は稀代の大天才か酔狂人かといった人材の供給問題（これもまた外生的要因の1つである）によって説明されてしまうかもしれないのである。

2　エピソード：青色LED開発史

　以上のような理解は，イノベーションをめぐる我々の悩みの一側面をかなり

的確に捉えたものとは言えないだろうか。近年の日本における技術的イノベーションを振り返ると、そのことがさらに明瞭に例証される。

青色発光ダイオード（Light Emitting Diode、以下 LED）は、近年日本が世界に先駆けて実現したイノベーションである。青色 LED は、その応用可能性の広さゆえに、長年注目され続けた技術であった。開発への高いインセンティブを背景として、1970 年代に産官学の枠組みを超えた開発競争が開始された。

LED は半導体デバイスの一種で、通電すると様々な色の光を発する。単色性に富み、エネルギー効率も良く、また長寿命ということで、我々の生活の中で幅広く応用されている。家電製品や電灯のオンオフ・スイッチの表示灯として用いられるのが最も一般的であるが、リモコンの赤外線光源、POS リーダーの光源、スキャナやコピー機の読み取り用光源、光通信用光源、交通・鉄道用信号灯、自動車のテール・ランプや室内灯、液晶のバックライトなどにも利用されている。これだけ広範囲に応用されているのは、量産が容易で安価であるという理由によるが、このことは LED が優れた技術であることを物語っている。ハイテク最前線にある技術革新について、高付加価値、高機能の製品を思い浮かべるのが普通である。しかし、1つ十数円の LED も多くの産業を支える重要な基幹技術である。

しかし、青い発光デバイスは長期間存在してこなかった。それは不必要だったからではなく、作ることができなかったからである。「人工の青い光」に対する需要は確かに存在し、潜在的に非常に魅力のある市場が認知されていた。

まず青や純緑色が開発できると、LED だけで赤・青・緑という光の三原色（RGB）が実現する。また光を波動と考えると、青い光は紫外線、紫色についで波長が短い。この短波長という特徴を活かすと、光ディスクの容量が飛躍的に増加するのである。人工の青い光は、市場開拓に非常に適した野心的な開発目標だったのである。

しかし、赤は実用化されて久しい一方で、純粋な緑色と青色は作ることができなかった。青い光を工業化するためには、禁制帯（バンド・ギャップ）の大きい半導体（ワイド・ギャップ半導体と呼ばれる）で、高い結晶性を実現させる必要があるが、これが容易ではなかったからである。

半導体には、電子が自由に移動できる伝導帯と、電子が原子核の周りに結び

付けられて自由に動けない価電子帯という2つの領域がある。この2つの領域が挟む電子が存在しない領域のことを禁制帯という（**図表序－1**）。この禁制帯幅が大きい半導体材料（ワイド・ギャップ半導体）は，一般に原子間結合エネルギーが小さく，結晶欠陥が生まれやすい。また，結晶欠陥の多い物質は高効率な発光デバイスを構築できないと，当時考えられていた。

　1970年代に始まった青色LEDの基礎研究的な開発競争は，1980年代を通じて次第に制度化され，技術はゆっくりとではあるが堅実な進歩を遂げていた。禁制帯の大きい青色LED用の半導体材料としては，GaN（窒化ガリウム），SiC（炭化ケイ素），ZnSe（セレン化亜鉛）などが考えられていた。しかしそのいずれも当時の実用化が困難な材料であった。GaNは結晶成長に用いるサファイア基板との相性が悪いこと，またSiCは発光効率に限界があること，ZnSeは頑健な物質ではなく，デバイス化したときの信頼性に疑問があることなど，それぞれに問題を抱えていたからである。それにもかかわらず，当時まだ目新しかった制御性の良い結晶成長法への脚光と，比較的安価で相性の良いGaAs（ガリウムヒ素）基板が存在していたことから，ZnSeの研究は他をしのいでいった。

　以上のような開発競争において，GaNという不人気な材料を研究し続けた研究者が存在した。赤﨑　勇氏（名古屋大学名誉教授，名城大学終身教授）である。現在の評価では，赤﨑氏がGaN系青色LEDの基礎技術を確立したと言われている。

図表序－1●半導体の発光メカニズム

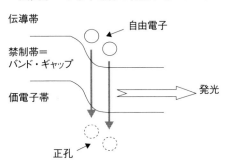

さらに，1993年末に実用化発表された青色LEDは，既存のものと比較して劇的に輝度を向上させたGaN系のものであった。世間を驚かせたのは，この技術を成し遂げたのが大企業や有名大学の開発者ではなく，それまで半導体デバイスなど生産したことのない，地方の中堅化学メーカーに勤務する中村修二氏（カリフォルニア大学サンタバーバラ校教授）だったことである。徳島県阿南市に本社をおく日亜化学工業（日亜）は，当時資本金10億2,830万円，従業員594人，売上高167億円，売上高の90%以上を蛍光体事業が占める専業型企業であった。光産業全体から見て企業規模は中程度，とくにLEDやLDの開発製造については後発企業で，発光デバイスの研究開発における資源投入についても不利な状況にあった。有利な立場にあったはずの他の研究者らが来世紀での実現を目標としていただけに，日亜の成果に対する彼らの驚愕は，自然な反応であった。一般の評価では，日亜が青色LEDの性能を劇的に改善し，1990年代に入って成熟しつつあったオプト・エレクトロニクス産業の新たな成長機会を作ったと言われている。また，日亜のLED事業は急激な成長を遂げている。開発競争の制度化のされ方は一変し，新たな潮流が生まれている。現在の開発動向をみると，ZnSe系研究はむしろ後退しており，GaNとSiCの方が人気を集めている。

3 イノベーションのブラック・ボックスを開ける

上述のエピソードの要点をまとめると，ニーズがあらかじめはっきりした萌芽的技術があって，日本国内に限らず世界中の様々なところで細々と開発が行われていたのが青色LED開発のかつての姿であった。化合物半導体からなる発光素子ごときで世の中がひっくり返るというものでもないが，RGBという光の三原色の組み合わせで多くのアプリケーションが考えられたし，何よりも白色光をきわめて高い光電変換効率によって手に入れることが可能になる。また現在では記録メディアとして主流とは言えなくなったものの，光ディスクの記録容量を高めるという効果も見込まれた。このように日本企業のお家芸でもあったエレクトロニクス業界に対して，決して小さくないインパクトをもたらす新技術であったけれども，その実用化に他に先駆けて成功したのが，業界内

部では大手家電メーカーに蛍光体を納入する下請け企業と言っても良いような，徳島県の中堅企業だったのだから驚きであった。さらに他所では不人気だった化合物半導体を使って成功したというから，さらなる驚きを招いたのである。

　前節の枠組みに則って言い直せば，人々が新技術とそのアプリケーションの実現に強烈に動機付けられ，競争していたにもかかわらず，そしてそれまで知られた科学的知見を最大限活かして開発を進めていたにもかかわらず，特段有利な地位にあったわけでもなかった企業がこの競争を勝ち抜いたとすれば，どういう理由が考えられるかが問われることになる。

　社会的ダーウィニズムという考え方があって，過酷な生存競争やその中で誰が生き残るのかといった考え方の根本には，社会に一定程度の多様な人材が供給されて，その中で環境に適応したものだけが選択淘汰の圧力に打ち勝ち，支配的な地位を得るという考え方がある。生物の進化過程は「突然変異（variation）－選択淘汰（selection）－維持（retention）」という一連の循環によって説明され，突然変異によって誕生する多様な生物種の中で，生存競争を介して環境適合（fit）を果たしたものだけが生き残ると考えられている。環境の大きな変化がない限り，生き延びた生物種の形質は，遺伝子を通じて次世代へと受け継がれていく。社会的ダーウィニズムはこの論理ときわめて同型的か，ないしはこれをアナロジーとして積極的に導入しており，突然変異のように偶然に現れる逸脱者がイノベーションを発生させ得るという物語を描き出している。

　もともとダーウィンがマルサスにヒントを得たと言われるぐらいだから，ダーウィニズムと社会科学との相性は最初から良い。それでもいくつかの批判が向けられていて，以下に述べるのはその1つということになる。すなわち社会には一定の確率で多様な人材が供給されることがもともと仮定されているけれども，この場合いかに優れた潜在性を持つ新技術が発生するのか，ないしはいかにその新技術を生んだイノベーターが発生するのかは，問う必要がない。そこで重要になるのは，その後の選択淘汰と新技術が有するインパクトということになり，この段階こそが説明の中心となる。一方でイノベーションの発生メカニズムをブラック・ボックス化することにもなる。

(1) 競争的な社会的相互作用

1)「競争」の定義

　重要なのは，このブラック・ボックスの中身を問うことである。通常，開発競争の参加者は自らの意図・目的を持った個人であり，行為主体ないしは競争空間におけるプレイヤとも呼び得るものである。彼らはその意図・目的を実現すべく戦略的に相互行為するものでもある。競争しつつ相互作用する過程を経由して，技術を漸進的に進歩させたり革命的に進歩させたりすることになる。この過程を詳細に検討し，もしイノベーターが出現したとすれば，それはこのような個々のプレイヤの戦略性の結果であると議論するのである。いわば「虫の目」をイノベーション研究に取り戻そうという試みと言うこともできよう[1]。

　技術の開発競争は，どれほど明確な開発目標が掲げられていようとも，それをどう実現すれば良いのか分からないからこそ，競われるものである。またきわめて高い新規性を追い求めれば追い求めるほどに，その実現可能性はあいまいになり，具体的な活動の道標を失うものである。それでもなお目標と計画を立て，それらを実行に移してライバルに伍していかなければならない。どんな技術経路が選択肢として用意されており，それらにどのように限られた資源を割り振っていけば大勝はなくとも大負けはないかといった判断が常に付きまとう。このような不確実であるがゆえに利害の対立するもの同士が相互作用せねばならない場・過程を競争的な社会的相互作用と呼び，そうした視座から，イノベーションの発生メカニズムを考察したいと考えている。

　社会的相互作用という用語を使うのは，ミクロ社会学における個人と社会との関係を想定して，人々の日々のコミュニケーションから一定レベルの社会的合意が形成され，社会の秩序が構築されるとする立場を含意させたいからである。シンボリック相互作用論者らはもっぱら対面コミュニケーションにおける言語過程や集団内での秩序形成といった，まさにミクロ・レベルの問題に特化する傾向が強いので，イノベーションというマクロ・レベルの構成概念とは若干距離がある。従って我々が意図する中範囲レベルでの議論を可能とするのに必要な，本書独自の切り口について若干述べておきたい。

　我々が採用する視座とは「戦略的行為－競争的相互作用－イノベーション」

というものである。そして競争的相互作用の過程では，プレイヤ間で競争関係が構築されるものと措定する。この視座は，次のように整理できる。

① **競争空間におけるプレイヤが何らかの技術の先取権を求めて戦略的に行う行為**

まず分析の最小単位として個々のプレイヤの戦略的行為を仮定する。彼らは技術の先取権を獲得し，そこから一定の独占者利潤を獲得できる限りにおいて満足する存在であり，どんな技術を開発しようとも原則的には自由である。

② **競争的相互作用**

個々のプレイヤはその時々の環境変化に見舞われつつ，市場における競合相手の戦略的行為にも影響される。彼らは他者と技術的情報をやりとりすることによって，自身の技術基盤の競争優位を相対化したり，未来の使用のコンテクストを想像したりする。その結果，自らの開発の方向性を主体的に選択していく。我々は，この過程を競争的相互作用と呼ぶ。

③ **過程として構築される競争関係**

競争的相互作用は，個々のプレイヤの開発活動の方向性を決定すると同時に，彼らを取り巻くマクロな競争関係を構築する。

④ **競争関係の結果としてのイノベーション**

その結果，個々のプレイヤは自身のアイデンティティ（つまりイノベーターなのか，追随者（フォロワ）なのか）という最もミクロな問題に相伴って，イノベーションという最もマクロな問題に対する回答へと到達する。

以上の論点を逐次検討してみよう。開発競争を最も広く定義した場合,「個々のプレイヤが優れた技術を他者よりも早く獲得したいという意図を有して相互作用する場・過程」と言うことができよう。彼らは，何らかの技術の先取権を求め，競争し合うのである。この定義をより狭く定義しようとすると，何らかの軸で分類することができると考えられる。その分類軸とは，すなわち「競争

軸の有無」である。

　競争軸とは「何をめぐって競争しているのか」というプレイヤ間の合意のことを指す。徒競走は「一定の距離（たとえば100メートル，400メートルなど）をどれだけ速く走れるか」を競うということが，選手の間で合意されているからこそ成立するものである。その合意があればこそ，競争ルールが決められ，選手もそのルールに従うことができる。

　一方で「何をめぐって競争しているのか」が厳密には決まっていない競争があり得る。例えば，選手の間には足の速さを競うという漠然とした合意しか成立していない競争を考える。足の速さにも多様な定義があり得る。100メートルの距離を一番速く走れるのは，短距離選手である。42.195キロメートルの距離を一番速く走れるのは，マラソン選手である。2選手の間でどのようにして足の速さを競うべきかは，実際に競ってみる以前に決められねばならない。より複雑な競争の例としては「運動神経」を競う場合がある。何をもって運動神経の評価基準とするかは，一意的に規定できない。足の速さ，跳躍力，反射神経，テクニックなど，様々な評価基準が考えられる。

　ここで競争にも2つの種類があることが明らかとなる。第1に，競争軸がある競争である。我々はこれを＜（括弧付きの）競争（competition）＞と呼ぶ。第2に，競争軸が確立されていない競争である。我々はこれを「競争的相互作用（competitive interaction）」と呼ぶ。両者は広義の競争に対する下位概念である。

2) 競争と協調

　この分類を開発競争に適用すると，開発すべき技術目標があり，特定の評価基準が存在することによって技術の優劣を明らかにでき，この評価基準を採用することを個々のプレイヤが合意している種類の競争を，技術開発の＜競争＞と呼ぶことができる。一方，開発すべき技術目標が事前に明らかではないか，ないしはたとえそれが明らかだったとしても，技術の優劣を判断する評価基準のところで合意が形成されておらず，この合意を形成する過程にあるという場合が，技術開発の競争的相互作用に当たる。ただし比較的最近まで，経済学的・経営学的研究は主に開発競争の＜競争＞としての側面に多くの注意を払い，

競争的相互作用という側面にはあまり注意を払ってこなかった。

　開発競争とは，新たな技術を他者に先駆けて獲得しようという競争である。新規性とは，誰もその登場を予想することができなかったような独自性と定義することができる。ありきたりで予定調和的な発想に依拠した技術は，誰も「新しい」とは認めないからである。こうした定義を受容するならば，新規性の高い技術開発は個々のプレイヤが知り得る技術的知識の限界をはるかに超える多くの知識を必要とし，それゆえに大きな不確実性に直面していると言うことができる。そこで彼らには他者との互恵的関係を維持する必要が生じてくる。多くのプレイヤたちの技術的知識を結集することによって初めて，何をどのように開発するのか，また活用できる技術的知識とは何かという方向性が明らかとなるからである。すなわち競争し合うはずのライバルたちと共同研究を行ったり，学会で議論したりして，競争しながらも互恵的関係を築くのである。

　こうしたジレンマ的な状況について，既存の経済学や経営学は次のように分析してきた。すなわち，競合するプレイヤたちには自ら開発した技術のスピルオーバーや模倣を避け，占有可能性（appropriability）を維持したいということが最も大きな動機となって，他者との関係を極力断ちたいと思う傾向が生じる。そして技術的情報が普及することは全体としては望ましいことであるが，その反面，彼らにとって技術的な情報伝達を行うインセンティブは低い。しかしながら占有可能性の奪い合いというゼロ・サムゲーム的関係ではなくて，協調した方が敵対するよりも全体としてのパイが広がる（つまり効果的（effective）である）とか，リスクや固定費用が分散され結果として安く開発が行える（つまり効率的（efficient）である）といった利点があるならば，ある程度他者と技術的情報を共有し，相互利用するような互恵的関係を結ぼうという動機が生まれる。こうしたタイプの議論は，近年では「競争と協調」論と呼ばれている[2]。

　この点を具体的な例によって説明する。ハルナール，アリセプト，バイアグラといった新薬は，当初はそれぞれ高血圧症，動脈硬化，心臓病の治療薬として開発されたものである。しかしそれらと同じ化学物質は，現在では前立腺肥大，アルツハイマー症，性機能不全に対する治療薬として開発が軌道修正されている。

今，この事実をどう解釈すればよいのであろうか。そもそも技術の開発活動には常に2つの基盤がある。1つは技術基盤である。もう1つは技術が実現するであろう機能である。比喩的に言えば，技術基盤は技術の根っこである。機能とは根から伸びた幹がどこへ向かって伸びていこうとするかである。この幹が伸びていこうとする過程が開発活動そのものである。

　技術基盤は，ある程度客観的存在としてプレイヤたちの開発活動の起点となる。しかし人間の認知能力や資源に限界があるとすれば，1人のプレイヤがカバーできる技術基盤のレパートリはそれほど広範囲とはならないし，その深さも限られたものになる。また開発される技術がどのような機能を果たし得るかは，どのようなコンテクストで使用されるかに依存する。ただし使用のコンテクストには無限の可能性がある。従って個々のプレイヤにとってみれば，自分の限られた技術基盤がどのコンテクストで使用可能かを決めなければ，開発活動を進めることができない。

　新薬開発の例は，事前には何の技術的関連もないところで開発された技術基盤と，治療薬として別機能の可能性があるという技術的情報が結び付いて，新たな開発活動の方向が決まったというものである。開発競争全体を構成する技術基盤のレパートリは，その時々によって変化していくことになるし，また個々のプレイヤにとってみれば，自身がどの開発競争に今後所属していくかは事前には予測できない。プレイヤ間の相互作用の中で技術的情報が直接・間接にやりとりされることによって初めて，技術基盤と使用のコンテクストとの結び付きが構築されるのである。1人のプレイヤが万能であることはあり得ないし，考えられるすべての使用のコンテクストを自ら試行錯誤することはできない。多くの場合，技術的情報を他者から直接・間接に受け取ることによって，自身の開発活動の方向性は焦点化される。こうして初めて実際の開発活動は軌道に乗るのであり，また競争関係すら成立しなかったプレイヤ間に，新たな競争関係が構築されることになるのである。

　ここで重要な点がある。プレイヤたちは技術の先取権を求めるという意味では（長期的な）目標を共有している。一方，彼らにとってどの技術の先取権を求めるかは事前には決められておらず，その選択は彼の自由な選択に任されている。一定の独占者利潤を獲得できる限りにおいてどんな技術を開発しようと

も原則的には自由であるからこそ，高血圧の治療薬だったハルナールが，前立腺肥大の治療薬の開発競争に参入していけるのである。

そこで競争的相互作用の過程において，何らかの理由で多くのプレイヤたちが1つの＜競争＞を構築したとしよう。この＜競争＞の枠組みに適合的でないプレイヤが出現したとしても，それは彼なりの自由な選択の結果である。例えば大勢が活発に競い合っているところに後からのこのこ出ていって勝ち目があるとは思えないというのも，1つの立派な判断である。先述の日亜の判断がその好例である。そこで構築された＜競争＞から逸脱した者がいたならば，その逸脱者としてのアイデンティティは，プレイヤ間の相互作用の結果，彼らが主体的に選び取ったアイデンティティと言うことができる。たとえ事後的に逸脱的に見えたとしても，競争的相互作用の段階においては，すべてのプレイヤたちは戦略的に相互作用していた。このように考えれば，逸脱者たるイノベーターは，どこからともなくやってくるもの，ないしは突然変異の産物ではなくなるのである。

(2) リーダー・フォロワの循環的代替

かつてローゼンバーグが述べたように，イノベーションのブラック・ボックスを開くということは，イノベーションがいつどこで起こったかを説明するものでなければならない（Rosenberg, 1983）。そのことは，企業家精神を発揮したのは誰かという問いにも連なっていく。前節の例で言えば，大手家電メーカーのサプライヤに過ぎなかった地方の中堅企業であった必然性とは何か，またそれが従来予想された時期より大きく前倒しされた1990年代前半だった理由は何かである。

日亜の当初の目論見は，それほど複雑なものではない。大手家電メーカーのサプライヤとして，蛍光体という付加価値の限られた素材メーカーの地位に留まる限り，企業成長の可能性もまた限られたものになる。また蛍光灯やテレビのブラウン管といった技術が成熟し，今後それらより高効率の代替技術が登場することも同様に懸念された。先行的な投資対象として青色LEDは野心的ではあった。しかしながら先行者が多少なりともいて，成果がないわけではなかったのだから，全く不可能という性質のものでもなかった。一方で，設備や

資金，優秀な人材を投入できる有力大学や大企業と正面から衝突していくことは，地方の中堅企業という立場からは，何としても避けねばならないことであった。すなわちエレクトロニクス業界での企業としての立ち位置が，当時必ずしも恵まれたものでなかったことが，彼らの一連の経営判断の根底にあると考えられるのである。

　ここでこのエピソードを単にフォロワ企業が市場リーダーとは差別化した財・サービスの生産を目指すというシンプルな競争戦略として整理することは可能だけれども，単に市場を複数のセグメントに区切って，その間を企業間で棲み分けてしまうだけでは，新技術が業界秩序にインパクトを与え，イノベーションと呼ばれるようになったのはどのような論理によってなのかを明らかにすることは不可能である。そうした戦略の有効性を否定はしないが，創造的破壊というイメージからはほど遠いと言うべきだろう。これまで行われてきた日本企業の競争戦略の分析も，同様のことを示唆している。

　日米の制度的環境の差異の下で異なるインセンティブ構造が複雑に相互作用し，日米両サイドで双方が思いも寄らぬスケールで市場地位の逆転が生じたことがあった[3]。市場リーダーだったアメリカの企業は，日本企業の進撃を受けて一時的にでもフォロワの地位に甘んじたということは，業界秩序におけるリーダーとフォロワの関係は実際には流動的であり，もっと言えば循環的であるとすら言い換えることができるかもしれない。

　市場における競争企業のヘゲモニーが循環的に代替するという発想は，パレートのエリートの周流論に類推を求めることができる。我々が通読できるものとして，1900年に初出した論文が英語訳（Pareto, 1968）を介して日本語訳されたものが1975年に出版されているので，以下ではこの1975年版の内容ないし解説に基づいて簡単に内容を紹介する。

　まず第1章では議論の大前提として，人はある考え方の欠点を2，3見つけて述べただけで，一般にその考え方すべてを批判していると捉えられがちであり，またその結果として全く対立する考え方の賛同者であると捉えられがちであると述べられている。例えば保守的な政治的思想の持ち主がいて，その考え方に対して2，3の欠点を見出した者がいたとすれば，その者は極めてリベラルな政治的思想の持ち主という風に捉えられる。またその者の政治的思想を最

初の保守的な思想の持ち主が多少なりとも批判したとすれば，彼もまたきわめて保守的な立場だと取られることになる。

　言論空間に限って言えば，例えばテレビの討論番組でもインターネット上の匿名掲示板でも想像してみれば良いのかもしれないが，実際の政治思想にかかわりなく極論と極論が意見を戦わせるといったことが起こり得ることになる。もちろんその認識がどの程度正しいかは，大いに疑問の余地がある。通常そうした政治的立場の連続体を考えて人々の分布を取ってみれば，時代背景や景気循環などの影響で多少のぶれはあるだろうけれども，中道寄りの，しかも浮動票的な態度を示す人々の存在感が最も大きく，両極端な立場に向けて急激に人数が減少するような正規分布を想定するのが自然だと考えられるからである。

　ちなみに言わゆる革新的とされる人々のことは狐に形容され，現実主義的で抜け目なく新事業を立ち上げるなどの才能に長けた人々とされており，また保守的な人々はライオンに喩えられ，すでに存在している観念や秩序を維持したいという欲求に動機付けられているという。そして訳者解説の中で，支配エリートにおける狐型とライオン型の均衡は時に崩れ，特にライオン型が後退する場合にそれまで被支配層にいた狐型からメンバー補充が行われ，その度合いが過ぎればライオン型の退潮著しく，革命的なエリート交代劇が起こるとされる[4]。

　こうしたエリートの交替劇は，政治経済学的な範疇を超えて，文化的・知的現象でも当てはまるとされ，これをパレートはエリートの周流（circulation）という。こうしたメタ理論がイノベーションの文脈で深く関連すると思われるのは，我々が生活している社会で本当に新しいものの供給は実に希少だということである。第1節でも述べた通り，市場メカニズムが円滑に作動しているところでは，人々は寸暇を惜しんで働いているし，利用可能な資源はすべて無駄なく利用し尽くされている。おそらく考えられるアイデアはすでに出尽くしているか，それに近い状態にある。従って新しい何かというのは，かなり希少ということになる。それでもなお新しさを求めるのであれば，人的にも物的にも財政的にもこれまで以上の資源を投入するしかないのだけれども，それらも短期的には容易に増えない（長期的には人口も増えるし，天然資源の供給量も増し，資本は信用創造によって増えるけれども）。従って人々に複数の選択肢が

与えられたとして，さらにその1つが人々の愛顧を集めたとすると，それ以外の選択肢は忘れ去られながらもひっそりと命脈を保ち続け，再び脚光を浴びる日を待っているという考えも成り立つのである。

　青色LEDの事例に即して言えば，青色発光する化合物半導体の選択肢は，19世紀における発光現象の発見から続けられた基礎研究の中で十分に明らかになっており，新たな発見があるとすればZnSeやGaNなどの基本材料にS（硫黄）やIn（インジウム）などを加えるという微調整的なものに過ぎなかった。そこで学界全体としてはごく限られたスケールに過ぎなかったけれども着実に試行錯誤を重ね，結晶成長条件の最適化のための努力が払われていた。そこで一時的なアドバンテージをZnSe系材料が獲得したからといって，その他の材料が忘れ去られることはなかったし，とくにGaNやSiCなどは原子結合の性質上結晶の頑健さが当初より知られていた。すなわち日亜がGaN系材料で青色LEDの実用化に成功したことの意外性とは，ZnSe系材料の陣営が何らかの（しかもそれほど強力でも決定的でもない）理由で比較的広く愛顧を集めたことの裏返しに過ぎないと見ることも可能なのであり，リーダーとフォロワの断続的な入れ替わりが起こるとしても，不思議とは言えないのである。

(3) 「蟻の一穴理論」の提唱

　イノベーションとはその定義により，仮に将来的な方向性としては明らかな利点があるとしても，そこに至るまでに現状変更によって業界内の秩序を破壊するリスクの方が大きいものである。その場合，後発企業がそこへ食い込んで自身の地歩を固めようとすれば，相応の反発が待ち受けているのが普通である。それではこれをどのように実現し得るだろうか。

　ここで野中他（2005）でも採用されたルトワクの「垂直的逆説」の論理を応用する（Luttwak, 2001）。ルトワクは軍事学や国際関係論の文脈における国家戦略を論じており，その特徴としては，国家間のかけひきを扱うために長期的な視野に立つ点，戦略地図を描く上での境界線がそれを見る者に応じて柔軟に変化する点，またその戦略地図上では比較的同定しやすい数限られたプレイヤが相互作用しており，それらは階層的組織を各々有して階層上位では長期的・広域的，また下位では短期的・局所的展望に立ってそれぞれの役割を担ってい

る点などが挙げられる。最後に有限資源の有効活用の観点から短期的・局所的な働きかけを通じて，より上位の勢力地図を塗り替える可能性を模索する点が挙げられ，野中らはとくにこの点を垂直的逆説と呼んで強調している。こうした考え方の利点は，交渉理論でいう統合的（integrative）ないし創造的（creative）交渉と呼ばれる水準に対応し，交渉当事者らにwin-winの交渉結果をもたらす必要条件とされるものを具備しており，その交渉過程が組織的に検討される可能性を考慮できる点である。また国家戦略における有限資源の有効活用の観点とは最も典型的議論として人的被害の最小化が挙げられるが，そこまで深刻ではなくても単純に最終目標としての費用対効果の改善をお題目のごとく唱えるだけではなく，垂直的逆説への注目によって最小の費用で最大の効力を生み出す過程そのものに注目する点である。

本書のもう1つの特徴として，批判的ディスコース分析（critical discourse analysis）の発想がある。鈴木（2007）は，批判的ディスコース分析とは社会構造における力関係とディスコースの関係や，不平等の生産や再生産過程の一要素としてのディスコースの役割を明らかにしようとする試みと定義している。またFairclough（2003）は社会構造（social structure）の具体的な社会的出来事（social event，ここには分析対象となる実際に話されたり書かれたりしたテクストが含まれる）に対する規定力は絶対的なものではなく，人々によるテクストの選択に開かれたものであること，またその選択の際に参照されるのは社会的実践（social practice）と今日呼ばれるものであることを主張している[5]。

そこで我々の目的に照らし，この方法の利点は分析対象のテクストを単に社会分析のための1次資料とみなすことに留まらない点である。テクストからは組織化されたディスコースが浮かび上がり，また人々によるテクストの選択に密接にかかわる社会的実践が浮かび上がると考えられている。ここでテクストは社会構造の再生産（ないしは変革）の過程に対して，決定的とは言えないまでも一定のインパクトを有するものとして特別な地位が与えられており，現象学的次元での社会分析の具体的方法論を提示してくれている。

さらに我々の問題意識にとってより本質的な特徴として，たかだか人々が語ったり書いたりしたことが決定的ではないにせよ，一定のインパクトで社会構造の成立ちにかかわっているという可能性こそ，有限資源の有効活用の観点

から見れば大変魅力的な指摘だということである。垂直的逆説の中で短期的・局所的な働きかけを通じてより上位の勢力地図を塗り替える可能性を我々が論じる際の語彙は必ずしも多くはなく，妥当な先行研究を見つけることは困難であった。と言うのは短期的・局所的な働きかけがマクロ水準でのインパクトを有するという場合，例えばシステム科学の世界におけるバタフライ効果のようなものを想像してしまうと，それを技術進歩にまつわる実証的文脈へとどのように落とし込めば良いのかについて，にわかに判断できないと筆者自身感じていたからである。その点で批判的ディスコース分析の手法を知るや否や，いくつかの根本的な疑問が晴れた。すなわち科学技術が一歩一歩前進するかに見える過程で，その瞬間・その場に居合わせた人々は限られた情報をもとにして未来の姿を予想し，複数の技術経路に対して賭けに出るのであるから，その限られた情報がどう伝えられ，どのような社会的文脈の下でどう解釈されたのかを検証することが，蟻の一穴と言うべき小さな変化が大きなうねりへと変化していく論理を提供すると考えられるからである。例えば政治家の演説などが1つの典型かもしれないが，聴衆の心を打つエピソードは社会全体から見ればたった1つの特殊事例かもしれないにもかかわらず，聴衆の考えに大きな変化を産むことがある。欧州各国がシリアからとされる難民の受け入れを決めた際に果たした子供の溺死事故の報道がその例である。

4　本書の構成

　以上の問題意識のもと，本書は以下のような構成で議論を展開していく（**図表序－2**）。第Ⅰ部では「技術的パラダイム革新のメカニズム」と題し，青色LEDの開発史を題材にして技術的パラダイムの構築とその転換過程がどのようなメカニズムによって達成されたのかを議論する。とくにプレイヤたちの技術基盤やその応用の方向性の共有や結びつけの中で，広義の開発競争が狭義の＜競争＞へと意味が絞り込まれていき，その過程で逸脱的イノベーターが生み出されていくという視点を採用する。また開発活動の過程で出くわす偶然の効用についても若干議論しており，＜競争＞が確立する以前と以後とではこの偶然の取り込み方が質的に変わるという議論を展開する。

序章　イノベーションをいかにマネージするか？

　第Ⅱ部では「技術的パラダイム革新の戦略」と題し，さらに我々の分析枠組みに理論的広がりを持たせていきたい。その他の事例を取り上げて，技術的パラダイムの変革イニシアティブが，ごくありふれた企業の通常の仕事の延長線上にどう位置付けられるかを考察していく。一企業の事業システムや，産地型集積における生産者ネットワークのレベルで，イノベーションの素地と言うべき多様性がいかに持続的に生み出されているか，またその多様性がイノベーションにどう貢献するかといった問題を考える。

　まず家庭用ゲームソフトの開発の事例では，ロール・プレイング・ゲーム（RPG）という当時比較的新しい製品コンセプトの実用化に対して，市場のリーダー企業とフォロワ企業が異なる「日常の理論」を掲げて競争していた点に着目する。それぞれがどのような戦略的判断に基づいて製品や事業システム

図表序－2 ●本書の構成

序章 問題意識	第1章 既存研究の検討 分析枠組みの構築	競争的相互作用 ・技術基盤と市場ニーズの連結 ・プレイヤによる競争ポジションの選択 ・イノベーションの内生化モデル	適用
・イノベーションのマネジメントはいかにして可能か ・イノベーションは一部の企業家だけのものなのか ・通常の企業活動の延長線上にイノベーションを位置付けられないか		狭義の＜競争＞	
		青色LED開発史の事例分析 ・技術的パラダイムからの逸脱メカニズム ・辺境の制度化のメカニズム ・偶然の取り込みの質的変化	第2,3章 辺境からのイノベーション

第Ⅰ部　技術的パラダイム革新のメカニズム
他の事例をまじえて理論的広がりを狙う

第4,5章 多様性の創出と機能	家庭用ゲームソフト開発競争の事例分析 ・「日常の理論」の多様化のメカニズム ・リーダー・フォロワの循環的代替	結論と展望 ・「空気」の経営学 ・創造的交渉の過程 ・新奇性＝希少な資源
	デニム・ジーンズ産地型集積の事例分析 ・適応的システムの多様性と進化 ・基盤技術（プラットフォーム）の多様性	
第6章 競争劣位からのパラダイム転換	プラスチック製食品用トレイ生産システムの事例分析 ・「蟻の一穴理論」によるパラダイム転換のメカニズム ・主要プレイヤへの焦点化戦略による普遍的生産システム構築	

第Ⅱ部　技術的パラダイム革新の戦略

の差別化を志向し，独自の優位性を確立しようとしたのか，そこでは何が犠牲となったのかといった観点から比較事例研究を行う。両者の「日常の理論」には新たな製品コンセプトの実用化に伴う不確実性に対していかに立ち向かうかについて，それぞれに首尾一貫した合理性が備わっており，相互に安易な同型化圧力に屈することはなかった。またリーダー企業は自ら自分に挑戦してくるフォロワ企業を育て，相互に戦略的ポジションを入れ替えながら新規市場をともに成長させていく。以上のような認識を持つに至り，我々はこの一連の過程を「リーダー・フォロワの循環的代替」と呼ぶことにする。

　第2にデニム・ジーンズの産地型集積を題材にして，デフレ傾向があり，また消費者の嗜好性が多様化し，さらに頻繁に需要が変動して予測困難になっている現代の消費財市場において，生産者ネットワークがどのようなガバナンス上の工夫を行ってこの不確実性に対応しているのかを考察する。その際に，産地全体として一枚岩的な適応的システムが構築されているわけではなく，産地全体が異なる適応的合理性を有するサブ・システムの集合体であるという認識に立ち，それぞれの形態の中で中核的ネットワーカーが存在していて，それぞれに犠牲を払いながら基盤技術（近年の言い方にならえばプラットフォーム）を提供し，周囲に好影響を与えて人々の仕事や暮らしを守っていることが論じられる。こうした適応的システムの多様性を整理するために，金井（1994）の最終章で見られるスペキュレーションを素地として独自のフレームワークを導入し，2つの極端な理念型を挟むような格好で現実世界の適応的システムが「進化」してきたとの観点に立つ（この「進化」とは，ワイクの修正版進化モデルで用いられるものである（Weick, 1979））。

　ここまではいかに多様性が担保されるか，その複雑なメカニズムについて考察する予定だけれども，まだ残された重要な問題がある。逸脱的なイノベーターがその劣勢を乗り越えて新しい業界秩序を生み出すのはいかなる論理によってなのかである。そこで最後にプラスチック製食品用トレイのメーカーが，スーパーの店頭などで使用済みトレイを回収してリサイクルするビジネス・モデルをいかに確立したかを明らかにする。その際，本章で述べた「蟻の一穴理論」を適用した事例分析を行い，大量生産パラダイムが資源循環型のそれへといかに転換したのか，またその過程が一企業のイニシアティブによっていかに

序章　イノベーションをいかにマネージするか？

達成されたのかを考察する。そこでイノベーションとして我々が考えているイメージが，過度にそれを神格化したものであること，またローカルで短期的な最適化を目指したソリューションであっても人々がイノベーティブなものとして評価することがしばしばであることなどを論じ，むしろ言葉の力，すなわち対外的に発せられるメッセージの影響力が，実体経済における技術的なイノベーションに一定のインパクトを有すると考えられる。すなわち限られた（しかし対外的プレゼンスの大きい）プレイヤとの協調により，部分的な（しかし対外的インパクトの大きい）成功事例を確立することにより，マクロ環境の動きに素早くキャッチアップし，誰よりも早く現実のビジネス・モデルを具現化するという論理を検討する。

　終章では結論として，独自の知識創造の理論を試論してみたい。そこでは知識創造の心理的過程よりも人間対人間の社会的相互作用に焦点を当てるため，議論の拠り所を社会的相互作用を直接的に取り扱うミクロ社会学の諸学派に求めようと思う。そして結論を先取りすれば，ある一定の社会的状況を支配する「空気」がどのように成立し，再生産され，またリフレッシュされるのかという観点から論理を組み立てていきたい。ただしこの議論は，経営学の研究スタイルとしては若干イレギュラーな方法を用いている。いくつかの理論的フレームワークを商業映画の解釈に適用し，独自の解釈を加えていきながら，イノベーションとはマネージすることが可能なのか，マネージできるとすればその中身とはどのようなものか，そしてそれが我々のような凡夫であっても可能な性質のものなのかという，本書の根本的問いかけに対して独自の主張を展開していく。

　また補遺では，本文の論旨には積極的に組み込めなかったが，依然として読者が興味をそそるだろう内容として，ハーバート・マルスカ（Herbert Paul Maruska）博士に対するインタビュー録を掲載した。マルスカ氏はアメリカの家電メーカーであるRCA（Radio Corporation of America）に勤務中，スタンフォード大学にて物質科学の領域で博士号を取得（1974年），その間にGaN系青色LEDの第1号試作品とされる成果を得ている。マルスカ氏はRCA倒産（他企業による救済合併）後も民間企業の研究員を務め，2003年からサウス・カロライナ大学の研究教授を1年半務め，その後も技術コンサルタントとして

活躍をした。我が国における青色LED研究者のノーベル賞受賞を受けて，アメリカの学会等でもマルスカ氏の業績を再評価する動きがあり，かつて筆者が行ったインタビュー録は歴史的資料として価値があると思われるので，その抄訳を補遺として掲載することとした。

●注

1 ここで言う個人は，エージェント（agent）と呼んでも良いかもしれない。辞書的には「ある行為〔作用〕をする（能力のある）人〔者〕」と定義される（研究社『リーダーズ英和辞典』）。また沼上（2000）によれば，エージェンシー（agency）とは「行為者たちが事象の流れに介入して自らの目的を実現しようとする主体として行為する能力」と定義できる。

2 代表的な議論として，Brandenberger and Nalebuff（1996）などを参照。

3 沼上（1999）などを参照。

4 例えばパレート自身が想定した時代背景としては，封建制的な社会からブルジョア中心の産業社会が到来し，さらに力を得た労働者階級の団結といった一連の歴史的推移の中で，封建貴族やブルジョア階級はどちらかと言えばライオン型のエリートであったが，とくに後者は抜け目ないビジネスマンとしての素養が高かった。また産業社会の進展によって資本が形成され労働の資本代替が進行し，労働組合の組織化が進展するとプロレタリアートから選び出された新たなエリートたちが支配階層を形成し，保守的なライオン型エリートは被支配側に転落する可能性が増していった。もちろん新たなエリートは革新的な政治思想が強い一方で保守派を特徴付ける人道主義や道徳を著しく欠いて，それに代わって公正さや手続き的な正当性を上位に置くために，新時代でもエリートにはなれなかったプロレタリアートをより厳格な形で搾取し続けるとされた。これが社会の新たな不安定要因となり，さらに均衡が崩れるきっかけとなって，保守的エリートの台頭を可能にすると論じられた。

5 Fairclough は社会言語学者なので，彼にとって言語は社会構造の1つのタイプであり，テクストは社会的出来事の1要素であり，テクストから紡ぎ出されるディスコースの秩序は社会的実践（のネットワーク）の1要素だとみなされている。分析の具体例としては，グローバリゼーションをめぐるディスコースはより大きな政治思想の下で組織化されている。例えばグローバリゼーションは新保守主義のディスコースを構成する一部であるが，社会民主主義のディスコースの下で組織化される選択肢もある。そのディスコースを支えるため，多様なテクスト（政治家の演説や行政・シンクタンクなどによる各種白書・報告書を通じて表される政府見解，テレビや新聞，雑誌などのジャーナリズム，各種教育機関で使用される授業・教科書など）が日々紡ぎ出されている。テクストとしての《グローバリ

ゼーション》は「名詞化」と呼ばれる手法がすでに施されていて，国境を越えて産業資本主義がますます人間社会を支配するようになった今日の社会構造の中で，多国籍メガ資本やそこから支持を受ける新保守主義政治家たちがこの世界をより一層《グローバライズ》しようとしているという可能性を，その主語をあいまいにすることでうやむやにする効果がある。こうしたテクニックを含む，ディスコースを成り立たせる組織化された知恵が社会的実践と言える。

第Ⅰ部 | 技術的パラダイム革新のメカニズム

第1章

技術は進化するか？

1 はじめに

　本章は既存のイノベーション研究を概観し，「進化論的技術進歩モデル」と称して，その理論的問題点を検討する。また本書独自の動態的な分析枠組みを提示して，次章以降の事例分析に備える。

　我々の問題意識は，革命的な技術進歩のメカニズムを明らかにすることであった。これまでも多様な研究戦略を採用したイノベーション研究が蓄積されてきており，いずれも技術進歩のメカニズムを解明しようとするものだった。しかし，それらの諸研究はイノベーションの発生メカニズムをブラック・ボックス化し，その機能やインパクトを論じる一方で，ブラック・ボックスの中身を問うてこなかった。これが既存研究に対する我々の理解である。

　イノベーションの発生メカニズムをブラック・ボックス化するとは，具体的には，イノベーションが逸脱的なイノベーターから生じるとみなすことである。前章で示したエピソードに即して言うと，青色LEDをめぐる開発競争はZnSeを中心として展開され，技術も漸進的に進歩していた。そこで将来性に乏しいと当時考えられていたGaNという材料が，青色LEDの劇的な性能向上の鍵となり，新たな支配的潮流を形成するに至った。ここでGaNにこだわった赤﨑氏や中村氏は，開発競争の全体的な流れからすれば逸脱的な存在として位置付けることができる。一方でなぜ彼らが逸脱したかという点については，

明示的に議論されることがない。

　以上のような逸脱的なイノベーターによって，イノベーションの発生メカニズムを説明する論理には，生物学的進化論の論理構造との同型性が見出せる。本章ではこのような説明論理を「進化論的技術進歩モデル」と呼んで，その内容を概観する。ただしこの技術進歩モデルに依拠すると，いかにイノベーションが発生するかに関する説明から一歩後退してしまう可能性がある。こうした理論的な問題点に対して一定の回答を見出すために，本章は「等比級数的な発展の論理」を採用し，その詳細な議論を第3節以降で行う。

2　進化論的技術進歩モデル

　進化論的技術進歩モデルを端的に表現すると，「イノベーションは，開発競争をめぐる制度的秩序の定常性から逸脱した者によって達成される」と言うことができる。その論理はおおむね次のようなものである。

　まず技術進歩には，漸進的・革命的段階が循環的に現れるという認識がある。そこで制度化された開発競争の定常性に埋め込まれたプレイヤたちは，この制度的秩序の拡大・再生産に貢献するばかりで，自らに転換をせまるような新技術を積極的に生み出そうとしない。

　この説明は，ある人間観・競争観を前提として成り立っている。個々のプレイヤは制度的秩序の拡大・再生産のために機能的に埋め込まれていると仮定され，この人間観はグラノヴェターの言う「過度な社会化（over-socialization）」に対応している[1]。ただし制度的秩序の拡大・再生産は，依然として激しい競争によって支えられている。この競争では，何をめぐって競争すべきかという競争軸が確定されており，それはあたかも決められたトラック上の徒競走のようなものである。第1章では，このレベルの競争を狭義の＜競争＞と呼んだ。

　一方，技術進歩の漸進性ないしは制度的秩序の定常性を覆すような革命的技術の実現にとって，制度的秩序からの逸脱者の方が有利であると仮定される。このような仮定が既存研究の中で詳細に検討されることは少ないが，次のような説明がその背後でなされていたと考えられる。

　まず，新技術は外生的に与えられるものである。この段階はきわめて不確実

性が高く，偶然的・複合的要素に影響される。新技術が外生的に与えられねばならないのは，制度的秩序の定常性に埋め込まれた状態では，漸進的技術を実現することが多いからである。新技術を開拓するイノベーターは既存の秩序からの逸脱者である方が望ましく，ここで採用されている人間観は，グラノヴェターの「過少な社会化（under-socialization）」に対応する[2]。

しかしながら逸脱するばかりでは，必ずしも優れた技術に到達するとは限らない。逸脱にも様々な方向性があるとすれば，それら全体の中でランダムな変異が見られ，結果的に優れたものが生き残るという選択淘汰的な競争が行われれば十分であると論理的には考えられる。

以上のような説明論理には，生物学的進化論との同型性が認められる。また生物学的進化論を明示的にアナロジーとして導入しようという立場も登場している。例えば，イノベーションの発生メカニズムを問うヴァン・デ・ヴェンらは，技術進歩における突然変異を「調査対象となっている個体群において創造される技術・制度の新形態」と明示的に定義している[3]。言わば生物学における成熟した進化観に依拠することによって技術進歩を捉え，イノベーションを説明しようとしたのである[4]。

このような説明論理の同型性ないしはアナロジーが好都合だったのは，開発競争の制度化やイノベーションというマクロ現象と，個々のプレイヤが制度的秩序の定常性に埋め込まれるか，またはそこから逸脱するかといった彼らの戦略的行為とも言えるミクロ現象とをつなぐ架橋を開発する必要がなくなるからだと考えられる。

制度化やイノベーションといったマクロ現象と，個々のプレイヤの戦略的行為というミクロ現象は，2つの独立した分析レベルである。これら2つの分析レベルを挟む間隙は，技術進歩のメカニズムに関心を寄せるあらゆる研究者にとって，きわめて埋めがたいものであったと推察される。従来からイノベーション研究の分析の焦点はマクロ・レベルの現象にあったので，ミクロ・レベルの現象をも包括的に扱う方策を探る必要があった。と言うのは，制度的秩序からの逸脱者の方がこの秩序に革命的転換を迫るイノベーションを生むには適しているとして，それでは当の逸脱的なイノベーターはどこから登場するのかという疑問が当然のように生じてくるからである。

ここで進化論的な説明論理を採用すれば，生物の進化を説明する時にそうであったように，いかにミクロ・レベルで優れた潜在性を持つ新技術が生じるのか，ないしはいかにその新技術を生んだプレイヤが出現するのかは問う必要がなくなる。客観主義に立脚する生物学にとって，ヒト以外の生物に意図・目的といった主体性が存在することを確認するのはおそらく不可能で，また進化という数億年オーダーの議論を構築する上で，主体性を捨象して考えるのが好都合だったように，である[5]。逸脱者と呼び得るようなプレイヤは，確率的な撹乱要因として定常的に生み出されているとすれば，重要なのはその後の選択淘汰と新技術が有するインパクトということになり，この段階こそがマクロ現象として説明の中心となる。このように考えた既存研究は，「鳥の目」によって技術進歩のメカニズムを記述しようとし，もはやミクロ・レベルでの「なぜ」は説明する必要がないとして，「虫の目」を採用することを放棄したのである。

　以上では既存研究について我々なりの理解を示したが，この理解に沿う形で既存のイノベーション研究を具体的に見ていく。技術進歩に関する既存研究をすべて網羅することは不可能である。しかしそれらの膨大な研究蓄積は，しばしばとくに影響力のあった研究に依拠して行われたという側面がある。そこで以下ではとくに影響力の大きかった諸研究に議論を限定して，その内容を要約的に示す。

　まず最も古典的な議論として，シュムペーターを取り上げる[6]。続いてイノベーションに関する経営学の古典的な議論として，アバナシーらによる産業レベルの分析[7]，組織が保有する資源を中心とした分析を振り返る[8]。

(1) シュムペーターの『経済発展の理論』

　最初に，イノベーション研究の先達であるシュムペーターの議論を追う。彼の目的は経済発展の理論構築だったため，その議論を直接に技術進歩の説明に適用することは厳密に言えば難しい。しかし後で述べるように，個々のプレイヤは定常的な経済過程に制約されつつ，その定常性に貢献するばかりでなく，革命的技術の開発を通じて経済の飛躍を演出する重要な役割を担い得ることが，彼の議論から読み取れる。

　オーソドックスな経済理論は，競争が規律と経済的インセンティブを与える

と考える。自由な競争を通じて入手可能な技術情報はすべて汲み尽くされ，経済は着実に発展する。この論理に従えば，他の条件が一定ならば，競争をより完全なものに近づけていくことによって経済発展の軌跡はスムーズなものになる。しかしシュムペーターは，経済発展の軌跡において漸進的段階と革命的段階が繰り返し訪れることを暗示した。

まず経済過程が年々歳々どのように経過するか（彼の用語によれば「流通経済」）の詳細な記述が行われた。流通経済の記述は，オーソドックスな経済理論をおおむね踏襲するものである。

シュムペーターは，流通経済において市場参加者のエージェンシーが存在しないとは言わない。しかしこの種の市場の参加者については，エージェンシーを積極的に仮定する必要はないとも考えている。個々のプレイヤは，与件の変化に対して流通経済を微調整・維持するものである。彼らは慣行的な経済様式をできる限り維持したいのであり，やむを得ない場合にのみ環境の圧迫に譲歩するものである。

> 経済主体は経験的に与えられた与件にしたがい，同じく経験的に与えられた様式にしたがって行動する。……もし経済が実際に『それみずからでは』変動しないとすれば，我々は単純に経済の固定を仮定してもさしつかえない[9]。

個々のプレイヤは普通競争圧力の下で定常的な流通経済を微調整・維持していくが，時としてそれを突き破るようにイノベーションが生じるというのが，シュムペーターの認識である。流通経済が外生的な与件の変化に対して適応することは，彼にとって経済発展の本質的なメカニズムとは言えなかった。経済が飛躍するとき，流通経済内で結び付いていた資源や技術，社会組織などが解体され，新たに結合し直される。そうすることで新たな経済過程は，流通経済が向かっていた均衡から全く異なる均衡へと向かうものとなる。この新結合（new combination）を担うのが企業家（entrepreneur）の機能である。そして新結合の5形態の中で，2つ目に新しい生産方法，4つ目に原料あるいは半製品の新しい供給源の獲得が挙げられており，これらは技術の開発活動に大きくかかわるものである。革命的技術は経済発展の1つの動因であり，かつ新たな経済過程の重要な一部となる。その技術の開発者は定義的に企業家としての

機能を果たしたことになる。

こうした経済の変動過程の中で，企業家のエージェンシーは最大限発揮される。

> 企業者類型を創意，権威，先見の明などの表現によって特徴づける通例の方法も完全に我々の方向と一致している。……均衡状態にある循環の自動的過程においてはこの種の性質が働く余地はない……[10]。

そして企業家のエージェンシーは，既存の流通経済とは競合する形で発揮される。

> 新結合，とくにそれを具現する企業や生産工場などは，……単に旧いものにとって代るのではなく，いちおうこれと並んで現れるのである。なぜなら，旧いものは概して自分自身の中から新しい大躍進を行う力をもたないからである[11]。

以上のように彼のイノベーション観は「新結合が旧結合の淘汰によって遂行される」という表現に端的に示される。

(2) イノベーションの経営学

1) 産業レベルの分析

次に，産業レベルでの技術進歩を論じた経営学的研究としてアバナシーらの研究を振り返る。彼らの関心は企業組織の行動科学という側面にあり，企業組織レベルの議論も含まれてはいるが，基本的には技術進歩や産業発展のダイナミズムを扱ったものである。

アバナシーらはイノベーションのダイナミズムを流動期（fluid state），転換期（transitional state），特定期（specific state）に分け，とくに流動期から転換期へ移行する契機としてドミナント・デザイン（dominant design）という概念を提出した。

クラークはいかなる製品技術も多様なコンポーネントからなる技術システムであるという認識に立ち，その技術システムを設計階層（design hierarchy）と呼んだ[12]。ただし，技術の開発活動とはいまだ誰も実現したことのない新規

性を求めるという本質的に不確実な活動である。それぞれの技術システムについて，製品コンセプトはどうあるべきか，必要なコンポーネントや仕様は何かといった開発活動の方向性を必要としている。この方向性が不確実であることは，企業にとって必ずしも望ましいことではない。需要と供給の相互作用や供給側の企業群による戦略的提携などによって，この方向性を1つに収斂させる必要がある。方向性がいったん決まれば，個々のプレイヤの資源の集中投入が正当化され，その結果，技術は漸進的に成熟していく。

ドミナント・デザインが確立し，移行期から特定期に進むにつれて，技術システムは明確に定義され，コンポーネント群の開発・生産の担い手はますます細分化されると同時に，高度に統合される。また，企業組織の規模は増大し，生産の標準化・大量生産が志向され，価格が競争の主軸となる[13]。さらに，企業組織はドミナント・デザインを改善する技術開発を行うことによって，経験学習を通じ，市場の幅広いニーズに応えるだけの技術的多様性（versatility）を獲得していく[14]。

産業の定常性に埋め込まれているプレイヤたちにとって，この定常性を覆すようなエージェンシーを発揮するインセンティブはきわめて低い。上記のメカニズムで作動する産業は，自身を複雑化させながらドミナント・デザインを拡大・再生産していくため，その定常性を転換させるような新技術を開発したり導入したりする費用をきわめて高くしてしまうからである。そしてこの種の産業は，需要や技術といった与件の劇的な変動に対しては，脆弱になっていかざるを得ない。

そこで新技術の開発や導入は，既存の定常性から外れた企業によって与えられねばならなくなる。

> 新製品は企業目標の方向性や生産設備の再編を要求するが，この種の技術は『特定的』な生産システムに貢献する企業組織外から生じる。たとえ生じたとしても，それは拒絶される運命にある[15]。

換言すれば，技術が革命的進歩へと移行する時期に逸脱的なイノベーターが大きな役割を果たすということである。一般に脱成熟と言われるこの段階では，技術システムがどうあるべきかについては再び不確実となる。アバナシーらは

不確実性を目標不確実性（target uncertainty）と技術的不確実性（technical uncertainty）に分けて考えたが，ここでの不確実性は目標不確実性の方である。そして小規模かつ流動的な企業は，企業家精神を発揮しながら全体として多様な試行錯誤を行い，既存の定常性に戦いを挑んでいくのである。

2) 組織レベルの分析

いかなる産業にとっても，企業は重要な構成要素である。企業組織を分析レベルとする研究群は，彼らの競争優位維持という実践的関心から，いかに新技術を導入（adopt）したりそれに反応（react）したりするかという問題に取り組んでいた。

タシュマンらは，技術進歩の中で連続性と不連続性が循環的に現れることを前提とし，技術進歩のダイナミズムの中で稀に生まれる新技術が，市場での企業行動にどう影響するかを論じた[16]。彼らは新技術を偶然や天才の存在，歴史的必然，市場の需要や経済成長といった要素の複合的な作用によって生み出される外生的与件だとして捉えた。

それでは新技術を導入したりそれに反応したりする企業とは，これまでどのように概念化されてきただろうか。企業の競争優位維持という関心からすれば，彼らが所有する物的資源に加え，個人の知識や組織の構造・手続き・文化，組織間関係，環境などの固有なシステムを無視できない。この企業固有のシステムは，彼らが競争に臨む際に利用できる資源（resource）と捉えられたり，競争成果の差異を説明するものとしての能力（capability, competence）と概念化されたりしている[17]。以下では，議論の複雑さを避ける意味で，企業の資源・能力を一括して資源と表記する。企業の資源構成に関する包括的なリストは，アバナシーらにも見られる。

企業の資源には中核から周縁へという一種の階調が存在するが，その中核的能力（core competence）は変化に対しては頑健である[18]。この中核的能力の頑健性は，その模倣可能性の低さや稀少性と相まって，企業の持続的競争優位の源泉となる。

企業の資源が変化に対して有する頑健性には，2つの含意がある。第1の含意として，企業間の静態的な差異を指すに留まらず，企業が自身の資源を動態

的に学習・再生産する能力を持つという点である[19]。企業は自ら操作し得る環境の範囲が限定されているため，環境の側からの偶発的事象に対して常に適応していかねばならない。しかし，もし企業組織を偶発的事象に翻弄されるだけの存在と見るならば，中核的能力の頑健性は存在しないことになるし，また企業が主体的に競争優位を確立していこうとする存在であるという点を看過することになる。資源の学習・再生産とは，こうした企業の主体性を説明する重要な要素である。

　第2に，資源は本来的に経路依存的・漸進的なものとならざるを得ない[20]。第1の点で述べたように，企業は自身の資源を動態的に学習・再生産している。そこで過去の資源は彼らの学習・再生産の前提となっており，彼らの資源構成に何らかの変化があったとしても，それは企業の周縁部分に潜む矛盾や葛藤の微調整に留まる場合が多い。

　企業の資源と開発される技術の関係を確認しておこう。タシュマンらが述べるように，新技術は外生的に与えられるものである。企業はこれを実用可能な技術に体現し，経験学習を通じて，自身の中核的能力の一部（すなわち技術蓄積・見えざる資産（invisible asset））としていく[21]。中核的能力の頑健性に貢献する限りにおいて，個々のプレイヤの活動は正当化されるとともに，資源の駆動が可能となり，これが次世代の技術開発の基礎となる。技術と資源の関係は時間を経るごとに強く連結（deep-coupling）されるのであり，中核的能力が頑健であることの延長で，開発される技術は常に連続的なものにならざるを得ない。

　そこで企業の競争優位が覆されるとすれば，外部から新技術がもたらされた時ということになる。企業が自身の中核的能力を学習・再生産することで，競争優位維持を実現しているならば，結果的にこの優位を覆してしまう新技術は，彼ら自身の手によって提出され難い。そこで技術の革命的進歩の時期に，企業の周縁部分ないしはその外部に存在する逸脱的なイノベーターが大きな役割を果たすことになる。さらにこのように外生的に与えられる新技術を，既存企業の組織能力を維持するか（competence enhancing, sustaining），破壊するか（competence destroying, disruptive）によって分類する方向へと議論は発展していく[22]。

3 等比級数的な発展の論理

　外部からのインパクトによってイノベーションが引き起こされるという考え方が，近年になって見直しを迫られるようになってきている。ローゼンバーグはシュムペーターの遺業を讃える上で，その経済発展の理論の特徴としてイノベーションの内生性（endogeneity）を指摘した（Rosenberg, 2000）。シュムペーターにとってイノベーションとは，外生的な与件の変化によって引き起こされるものではなかった。

　もともと外生変数とか内生変数という言葉があって，例えばマクロの経済モデルの場合，外生変数とは外生的な要因として所与のものか，政府が政策的に操作するものが挙げられ，例えば国内外の政治状況や自然災害などは与件であり，財政政策（公共投資など）や金融政策（金利政策など）などは政府が決定できるものとして挙げられ，そのいずれも経済システムを制約したり，それに影響を及ぼすものである。一方で経済システム内部で決まってくるものが内生変数であり，例えば国民所得などである。

　イノベーションはそうそう起こるものではないし，あまり頻繁に起こってもらっても社会が混乱するばかりで困るものなのかもしれない。その起こらなさ加減は，おそらく外生的要因，つまり偶然に起こる人間にはどうにもコントロールできない要因と，人間社会がそれを起こしたり起こらないようにしたりしている要因との組み合わせの結果，ある意味ですでに手懐けられた状態と言って良いかもしれない。イノベーションの内生化に向けられた視点とは，そうしたイノベーションが発生する過程の全体像を比較的多くの人々が理解・共有できるように様々なモデルを考案しつつ，その確からしさを検証しながら明らかにしていくことなのである。

　例えばナショナル・イノベーション・システムというモデルがある。これは各国には技術的イノベーションのタイプやその発生率，どのような産業分野で起こりやすいかといった特徴があり，国家を主要プレイヤ（ベンチャー企業，大学・研究機関，官庁，投資家，専門職（会計士，弁護士，経営コンサルタントなど），協力企業など）やそれらの活動を支える法律・制度などからなるシ

ステムとみなす考え方で，ネルソンが提唱したモデルである（Nelson, 1993）。このモデルを受けて後藤・永田（1997）は，技術的イノベーションの起こる過程を次のようにモデル化した。

　まず大きな特徴は，技術的イノベーションの最初のきっかけを，先端的な科学技術の進歩（これを技術プッシュと言う），ないしは消費者のまだ満たされていない需要（これを需要プルと言う）に求める考え方を線形的モデルと呼び，それに代わるモデルとして非線形モデルの必要性を主張した。技術プッシュも需要プルも，ともに外生的要因にイノベーションのきっかけを求めていて，そこから順番に押し出すように，ないしは引っ張るようにイノベーションが出てくるという意味で，一方向的である。図のモデルでは，イノベーションが新たな研究開発投資を誘発するという意味で，フィードバック・ループが形成されており，ここが非線形と呼ばれる所以と言える。いくつか注目できるものとして，まず補完的資源（complementary asset）とは，どんな技術的イノベーションも基礎的なアイデアだけでは不十分で，それを補完する様々な要素技術を集めて初めて実現されることを含意するコンセプトである。また技術機会とは，外部から投入される技術情報のことだけれども，それが研究開発への直接的インプットになると同時に，その存在が，研究開発投資の効率を上げる（自分で全部やる必要がなくなるから）効果も発揮する。

　最後にこのモデルはイノベーションの経済的結果をその出資者や発明者にどれだけ還元できるかという占有可能性（appropriability）というコンセプトにとくに注目している。**図表1-1**で言えば，イノベーションから得られる利益のうち，私的利益がどの程度かを表すコンセプトである。後藤・永田（1997）は占有可能性に強く影響すると考えられる特許制度，トレード・シークレット，企業の競争戦略などの効果について，製造業企業を対象に調査している。つまりこれは国家の政策や企業の経営的判断が，結果として技術的イノベーションにどう影響するかというモデルであり，イノベーションの内生化の例と言えるだろう。

　さらにRosenberg（2000）は，経済システムのレベルだけではなく技術の中身にまで分析のメスを入れている。そこではGPT（General Purpose Technology）というコンセプトを提案し，イノベーションの内生化を推進し

図表1-1 ●イノベーションのプロセス・モデルの一例

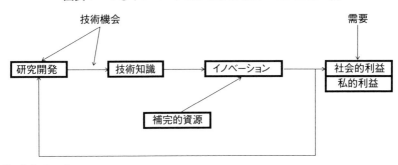

出所：後藤（2000）。

ようとした。GPTとはその名の通り，非常に汎用性の高い基礎的な科学的発見や基盤技術を意味する。GPTそのものはビジネスにはならない。それを深耕させ，多方展開して多様な要素技術や顧客ニーズとつなぎ合わせる過程を経て初めて，ビジネスとして認知される。例えば光ファイバの技術は，今でこそ通信分野での基幹技術であり，医療や民生機器の様々な部品としても使われている。ただしその応用可能性が実験によって一般に知られたきっかけは，19世紀後半，樽の側面に開けられた穴から注ぎ出る水流を光の導線に見立てた，非常に原始的な実験だった。もちろんそれが今日のような成熟した姿を取るのは，100年後の1970年だった。ちょうどその頃，もう1つの主要部品である半導体レーザが開発途上であり，光ファイバ通信として実用化されるにはまだ時間がかかった。

　光ファイバの例に見られるように，イノベーションのきっかけの発見は非常に些細なものである可能性がある。最初からその経済的インパクトが巨大であると分かっているのであれば，すでに誰かの手垢にまみれているだろうから，むしろ些細なものでなければならないのかもしれない。またそのきっかけの発生が稀である必要はない。たいていはつまらないこととして見過ごされているだけなのかもしれない。それをイノベーションのきっかけとして見出すには，ある種の目利きが必要かもしれない。例えば光ファイバの原理自体は19世紀前半に理論的には知られており，光の屈折の法則は17世紀には理論的に整備されている。これらの知識を有する者のみが，水流を伝う光の意義を理解し得るの

である。

　上述のような知識と現象とが出会い，少数の人々の興味を惹き付け，その技術的応用可能性を追求する努力が始まる。その成果を見てさらなる人々の協力が得られ，研究開発が進み，さらなる成果や新たな応用可能性が生み出される。この長きにわたる技術の深耕と多方面展開のフィードバック・ループを確立し，うまくマネジメントできるか否かが，おそらくその技術をビジネスとして確立し，その企業に利益をもたらす鍵になるだろう。またそのマネジメントは非常に難しいに違いないので，真似できない，真似はできてもすぐに追いつけない競争優位の源泉にもなるかもしれない。

　この考え方に依拠して，個々のプレイヤが高度な不確実性に直面しながらも，開発レースにおいて戦略的イニシアティブを発揮する論理を考えたい。その理論的前提として我々が注目するのは，ドシィの技術的パラダイム論（Dosi, 1982）と企業内部の資源蓄積に関する議論である。

4　技術的パラダイムからの逸脱

　ドシィによると，技術的パラダイムは将来の成功を約束するものであり，その約束の実現が「（クーン的意味での）通常」の問題解決活動（すなわち技術進歩）だとされる[23]。また，その進歩の軌跡が技術的トラジェクトリ（technological trajectory）である。この技術的パラダイム論の特徴は，知識生産が社会的・制度的文脈に依存するという見方を確立した点にある。とくにドシィは，特定のパラダイムが選ばれる正のヒューリスティクス（positive heuristics）と他の潜在的パラダイム群が排除される負のヒューリスティクス（negative heuristics）という概念を導入することにより，マクロな社会的・経済的・制度的評価次元が知識生産活動に対して機能すると主張した。つまり，技術進歩の方向やスピードといった開発レースのパターン（すなわち技術的トラジェクトリ）が，外的な文脈によって一意的に定義されるのである。このように考えれば，過去の技術的トラジェクトリは，外的文脈が一定ならば，将来の開発レースのパターンを予測する上で客観的な基準として機能し得ることになる。しかし，この論理では個々の企業や研究者の積極的存在意義が認められ

ない。すなわち，彼らの個別的努力によって技術的パラダイムがいかに維持されるのか，ないしは潜在的な新パラダイムの束がいかに出現するのかという重要な問題が見失われてしまうのである。

　企業内部の資源・能力蓄積の多寡が開発レースにおける戦略的ポジショニングの決定要因だと理解される議論には，シュンペーターの創造的破壊の議論や，資源・能力依存視座などがある[24]。シュンペーターの議論の中で創造的破壊の推進者としての大企業は，その豊富な有形資産によって特徴付けられる。すなわち，イノベーションの実現に必要不可欠なリスク資本の拠出能力が高いゆえに，大企業が創造的破壊を行う素地を有すると考えられている。さらに今日では無形の知的資産がイノベーションの実現にとって決定的な役割を果たすことが，資源・能力依存視座によって明らかにされている。この点については大企業が有利であるとは一概に言えないものの，産業内で実際に事業経験を蓄積しつつ成長を遂げた大企業の有利さは明白のように思われる。企業内部の資源蓄積の質や量は，他の条件が一定ならば，開発レースにおけるプレイヤの序列を決定する要因ともなろう。そして一般に戦略論で言われる通り，資源蓄積の不利を回避するには，大手が興味を示さないニッチ市場に活路を見出すのが良いと考えられる。しかし，日亜も含めてこれまで報告されてきた多くの事例は，資源蓄積での不利を補い，かつ有利な企業に真っ向から競合しつつ勝利するという論理経路が存在することを示してきた。この何らかの特殊な条件によって不利が覆されるという論理を見出すために，ここで我々が再び注目するのが，プレイヤの個別的努力である。

　ここで我々は企業内外の要因とは独立に，プレイヤの期待システムという概念を導入することから始める。産業レベルでの開発レースを期待システム間の競合と捉え，技術的パラダイムはこのレースをリードするプレイヤの期待システムだとし，プレイヤの個別的努力が相互作用した結果生じる自己強化メカニズムが技術的パラダイムの成立と維持に貢献すると考える[25]。また，旧パラダイムに準拠するプレイヤらには一種の逸脱行為とも見える新パラダイムの提出は，あるプレイヤが独自の期待システムを持ち込むことであると解釈する。さらに新パラダイム提出の契機を組織レベルの分析を通じて検討する。ここではプレイヤの期待システムと相互規定的関係にある組織内の分業構造を指摘する。

後続の章では、青色LED開発事例を紹介し、上で述べた論理を適用しながら青色LED開発に携わったプレイヤがいかにして逸脱へと向かったのか、そしていかにして青色LEDというブレークスルー型イノベーションが生起したのかという論理を展開する。

(1) 逸脱の論理：技術的パラダイム論再考

本章で技術的パラダイムと言う時、その意味するところを明らかにせねばならない。我々は技術的パラダイムがプレイヤの期待によって構成されると考える。すなわち実際の開発過程においては、どのアプローチが確実に成果をもたらすかについては全く不確実なため、彼らは日々の技術的意思決定を期待に基づいて行っていると想定するのである。彼らの期待をシステムと考え、その構成要素を挙げると**図表1－2**のようになる。

①研究開発の目標がなければ、研究者らの活動が無意味になってしまう。彼らの活動は社会から期待されるある種の機能要件を実現するのが使命だからである。②代替的手段・アプローチは①が実現されるために検討される一連の選択肢である。③評価の技術・指標ならびに基準は、②の選択肢を評価検討するために必須であり、また選択された手段・アプローチが合目的的であると正当化する根拠を与える。

(2) 産業レベルでのプレイヤ間の相互作用

技術的パラダイム論は、社会的・制度的文脈の構造的特徴が上記のような期待システムに影響するという議論だったと解釈できる。すなわち「何が意味のある研究開発目標か、いつまでどの水準を達成せねばならないか」（①への影

図表1－2●期待システムの構成要素

①研究開発の目標	いつまでに何をどの水準で達成するか
②目標の達成に必要な代替的な手段・アプローチ	現在の様々な制約や機会のもと、どんな手段が採り得るか
③評価の技術や指標ならびに基準	どんな方法によって、またどんな指標によって成果を評価するか。またどの水準で、成果に満足するか

響),「現在の状況下で,いかなる選択肢が利用可能か」(②への影響),「どんな技術が使えるか,どんな指標が重要であるか,どんな基準が適用されるべきか」(③への影響)といった問いによって,期待システムが変化を受けると考えられる。しかし,確かに外部環境によって技術的パラダイムが規定され,開発レースのパターンが影響されるとは考えられる一方,外部の要因だけでこれを説明し切れるものではない。

第1に,環境的要因が1つの期待システムを技術的パラダイムとして確定するならば,環境変化が起こるたびに期待システムが変容することになる。逆に環境が安定的ならば期待システムも変化しない。こうした論理的帰結は非現実的であり,期待システムに一定の慣性と革新のメカニズムを想定する必要がある。

第2に,環境的要因が1つの期待システムを技術的パラダイムとして確定するならば,常に2つ以上の期待システムが存在してはならないことになる。しかし,実際の研究開発には様々なプレイヤによって多様な期待システムが持ち込まれ,産業全体として多様性が保持されている。

第3に,期待システムはプレイヤの個別的努力によって形成されるが,そこでは協働関係が重要である。この期待システムと協働の間の相互規定関係についての議論を行わなければ,技術的パラダイム論は不十分である。

(3) 技術的パラダイムの自己強化・革新メカニズム

まず,技術的パラダイムを開発レースのリーダーであるプレイヤの期待システムだとみなす。そして,技術的パラダイムの慣性と革新をプレイヤ間の相互作用による自己強化と革新のメカニズムとして捉える。外部環境を一定と仮定すると,コミュニティ・レベルにおける技術的パラダイムの自己強化メカニズムは以下の通りである。

a. 技術的パラダイムの存在
b. 大多数のプレイヤによる資源の集中投下
c. 技術の実現
d. 過去の資源投下の正当化と技術的パラダイムへの肯定的評価

 e.　技術的パラダイムの微調整

 この自己強化メカニズムは技術的パラダイムの革新に対して開かれたものである。例えばc.における技術の成長率が著しく低下した場合，ないしは突発的に新しいアプローチが出現して既存のアプローチによる成長率をはるかにしのぐ成長率が達成された場合は，新しいアプローチの方へと技術的パラダイムが移行する。この新パラダイムの発生は後に述べる分業と深くかかわる。それ以外の状況ではe.からb.へのポジティブ・フィードバックにより，自己強化的循環が継続する。なぜなら，確かにいかなる技術的意思決定も完全ではなく，技術的パラダイムとして選択された期待システムも最善のものではないかもしれないが，遅かれ早かれ目的の技術が実現するだろうというプレイヤの合意によって事前にそれは正当化されており，また資源の集中投下によってその技術が実際に実現されることによって事後的にも正当化されるからである。

(4) 期待システムの機能的等価性と技術的パラダイムへの収斂

 先に述べた通り，実際の研究開発過程ではどのアプローチが確実に成果をもたらすかについては全く不確実である。利用可能な手段・アプローチの選択肢それぞれに対して，それがどの程度成功するかを主観的に予想し，最も魅力的な選択肢をプレイヤは採用する。従って，誰がどの選択肢を採用するかは多様であって良い。ここで期待システムが，事前に優劣の付けられない形で併存する可能性が開かれる。すなわち，同じ目標を追究する人々であっても，過去の経験や現在の事業範囲の違いから，ますます多様なアプローチを持ち，自らの正当性や存在意義が吟味されぬまま共存するのである。

 このように機能的等価な複数の期待システムが共存することは，いずれがより良いのかが事前には決定できないという消極的理由に加えて，次のようなシステム観を前提としている。すなわち，各システムの優劣は何らかの変数の絶対量の大小によって法則定立的に決定されるとするシステム観ではなく，システムを構成する諸変数間の結び付きは多様であり得て，それにもかかわらずほぼ等しい結果をもたらす可能性があるというシステム観である。

 以上のような期待システムの機能的等価性という前提を，本章の基本的立場

とする。さらに，この点を積極的に評価するならば，各プレイヤは当初独自の期待システムを携えて開発レースに参加すると考える。しかしそうした前提にもかかわらず，前項の議論にもある通り，技術的パラダイムの自己強化メカニズムの存在は，ある1つの期待システムへ多くの人々が収斂することを促す。すなわち，正当性や存在意義があいまいなままよりも，自己強化メカニズムに組み込まれた方が，早晩技術は実現するという安心感（リスク削減効果と言っても良い）があるからである。

　異なる期待システムを採用することは，全く未開拓な領域に単身飛び込んでいかなければならないことを意味する。多くのプレイヤにとって技術的パラダイムは最も目標達成に近いアプローチを提供するものだから，他のアプローチを採用することのリスクは大きい。技術的パラダイムが多くのプレイヤを惹き付けることで，不確実性を削減するための探索的作業は，それに必要な膨大の費用を彼らの間で十分に分散させつつ行われる。これによって社会的に単一のアプローチのみが開発主体の安心感の下で十分な進化を遂げることができるのである。

(5) 組織レベルでの分析：逸脱の論理

1) 期待システムと分業構造

　本項ではとくに，プレイヤの間で成立する分業構造に注目する。なぜなら，研究開発はその複雑さが増すごとに，それが経済的にペイされる限りにおいて，次第に職務分轄（task-partitioning）と専門化へと不可避的に向かうからである。本章では分業構造を次のように定義する。すなわち，実際に検討される技術的な手段・アプローチの組み合わせである職務分轄が観察可能な社会関係として反映されたものであり，かつ資源・能力が組織内で体系的・継続的に蓄積される基本構造である。

　いかに職務が分割されるかは一意的に決定されるものではない。フォン・ヒッペルは，開発主体らは技術的相互作用を効率的に実現するため，最適解としての職務分割を創発させると述べる（von Hippel, 1990）。しかし，相互作用の効率性が職務分轄のあり方を決定するという論理は非常に強力ではあるが，開発目標等が一定という仮定に加えて，企業内部の資源のあり方が一定である

と仮定している。しかし現実の開発過程では，時を経て実際に経験を積むごとに企業内部の資源のあり方は変化するだろう。

　こうした分業構造が期待システムとどのように関係するだろうか。同じ技術開発目標（本章 p.42 **図表1－2**の①）を追究するとして，資源のあり方の差異によって職務分轄の仕方が異なれば，②の段階で手段・アプローチには複数の組み合わせが併存できる。すなわち，分業の経済性は協働目標を基準に人々の活動を機能分化させた結果必然的に生じるものであり，その合理的分化のあり方には機能的には等価である複数のものが考えられ，従って既存の分業体系に準ずることが絶対である必然性はない[26]。例えば，同一機能を持つ製品 X_1，X_2 があるとする（添え字は開発主体1，2を意味する）。製品 X_1 を開発する開発主体1が職務分轄の結果，技術Aと技術Bを統合する必要が生じた場合（分業1），製品 X_2 を開発する開発主体2にとっては技術A'と技術B'の統合が必要かもしれない（分業2）。そして実際の開発過程での経験蓄積を通じて，分業1ないし分業2という別個の構造に従って，各企業内部での資源的背景は深化する。すなわち，職務分轄が期待システムの，期待システムが資源蓄積の，資源蓄積が職務分轄の前提であるという自己強化的メカニズムが見出される。しかし，短期的には分業1からなる製品 X_1 の性能が分業2からなる製品 X_2 の性能を上回ったとしても，長期的には逆になる可能性もあるため，いずれの分業構造が有利であるかは事前には不明であり，プレイヤの主観的判断に従うわけである。そして，本章では職務分轄と資源蓄積の構造的基盤を分業構造と呼んでいるので，期待システムと分業構造は相互規定的関係にあると考えられるのである[27]。

2) 技術的パラダイムからの逸脱

　以上の議論から，個々の開発活動のダイナミズムは，あくまでその一側面であるが，期待システムと分業構造の相互規定関係として捉えることができる。ここから導かれる1つの論理的帰結は，組織の技術開発の方向性を操作する際に制御すべき変数として期待システムが直接的重要性を持つのは当然であるが，と同時に組織の分業構造もその対象でなければならないという点である。すなわち，分業構造の変更によって開発活動のダイナミズムに対し一定の影響力を

行使し得るということである。

　例えば，マネジメント側の意思決定として低リスクな開発を要請するならば，技術的パラダイムに迎合的な開発を行うのが合理的である。この時，技術的パラダイムとしての地位を得た期待システムを内部化すべく様々な方策を講じるであろう。例えばリバース・エンジニアリング，戦略的提携，産官学の共同研究開発，基礎研究を通じた吸収能力の向上といった外部からの知識移転の効率化施策は，開発レースをリードする外部のプレイヤの期待システムを学習する有効な手段であると考えられる。ただしこの知識移転策は，同時に組織の分業構造をも外部のプレイヤのそれと一致させることによってより効果的となる。そしてこれは，産業レベルで標準的な分業構造の出現という帰結をもたらす。

　以上では，個々の組織におけるマネジメント側の意図的な施策として技術的パラダイムへの迎合の方法を述べたが，逸脱の方法がこのように意図的に行われることは現実には少ないだろう。なぜなら企業とは本質的に営利集団なのであり，企業の研究開発は常に過去の経緯や現在の競争圧力の制約ゆえに，その意思決定は理論的世界におけるほど自由な立場には置かれていないからである。

　さらに，逸脱の論理の妥当性を高めるために，マネジメントの意思決定が経済合理性を強く志向したものであると仮定しよう。この仮定の下では，技術的パラダイムに対して迎合的な組織改革ができない場合がある。

　資源制約や競争圧力といった外部環境からの逆風にさらされたプレイヤは，企業内部にすでに蓄積されたものを最大限活用しようとするであろう。この時，企業内の分業構造を温存する方向に意思決定は向かう。なぜなら，分業構造は資源蓄積の基盤であり，彼らにとって最も効果的に開発活動を行える職務分轄がすでに反映されたものだからである。すでにあるものとしての期待システム・分業構造の価値を放棄すること（すなわちサンク・コストや機会費用を甘受すること）は，研究開発のリスク削減に対して支払われるリスク・プレミアムであり，そうしてでも開発レースに勝利できると確信するだけの資源的余力のある企業は，パラダイム迎合的な開発活動を行うのが合理的だろう。しかし，マネジメント側の意思決定において状況が不利であればあるほど，組織として分業構造の温存という現状維持的な意思決定へと向かう可能性が高いであろう。本章では，いかなる開発主体も当初は独自の期待システム・分業構造を持ち込

むと前提するから，開発活動それ自体としては逸脱へと向かう可能性が高いであろう。

5 結　語

　以上で概観したように，シュムペーターの議論によれば，イノベーションを実現するか否かは，個々のプレイヤが企業家精神（アニマル・スピリットと言っても良い）を発揮できるか否かに依存することになる。しかし，この企業家精神がどこから供給されるかという点については，あいまいな点がある。「創意，権威，先見の明」などによって特徴付けられる企業家の到来のメカニズムは，明示的には議論されていないように思われる。

　またイノベーションの経営学において，分析レベルの差はあっても，産業・組織両方の議論の中で，個々のプレイヤはおおむね現状維持を志向し，自己破壊的な改革については消極的であるとの人間観があるように思われる。アバナシーらの議論で，ドミナント・デザインの確立から再び流動期に移行する契機は，成熟産業の硬直性から外れた小規模かつ流動的な企業の到来であるが，そうした企業の存在は与件として扱われているようである。組織レベルの分析でも同様に，競争優位維持という企業経営上の要請から，企業の資源構成は現状維持的に維持・再生産される傾向があり，この傾向を撹乱するのは，大きな環境変動か，（環境変動の1つとしての）破壊的技術の到来というように考えられている。

　しかし，このような説明論理に依拠する限り，自らイノベーターたろうとする人々に対する示唆を導出し難い。と言うのは，通常人々は現状維持的に行為するけれども，逸脱的なイノベーターから外生的に与えられる新技術によって，活動が撹乱されるだけの人々を描き出すならば，イノベーションに到達しようとしたプレイヤたちの戦略性という重要な要素を看過することになるからである。

　近年以上のような考え方に対する見直しが進んでおり，本章では動態的な，ないしは等比級数的な発展の論理として，ナショナル・イノベーション・システムのフィードバック・ループを紹介した。そのメカニズムによれば，小さな

成功からの収益を一部開発活動の原資に組み込むことで次第にイノベーションが育っていくと考えることができ，またそうした実績の積み重ねがそうした開発活動の正当性を固めていくとの見方が示された。

　以上の着想に基づいて，技術的パラダイムの構築とそこからの逸脱者の登場の一連のメカニズムを描き出すことにした。まず産業レベルでの分析では，技術的パラダイムを開発レースのリーダーであるプレイヤの期待システムだとみなした。技術的パラダイムとはドシィの用語法であり，業界内部で共有された問題解決過程をヒューリスティクスと呼んで，技術進歩の軌跡（技術的トラジェクトリ）が漸進的かつ着実に行われる背景となるものとされた。また我々はこのヒューリスティクスに対して，パラダイム論の社会構造や社会制度への着目を引き継いで，期待システムという用語を充てた。このレースに参加するプレイヤたちは当初，自らの過去の経緯や現在の状況に応じて，独自の期待システムを携えてくるが，彼らのうちの大半は技術的パラダイムのリスク削減効果ゆえに単一の期待システムへと収斂していく。しかし，期待システムとはそもそも複数のものが機能的に等価な形で共存し得る。この時，技術的パラダイムはその自己強化メカニズムによって維持されているに過ぎず，今後長期にわたってその地位にあり続けるか否かは不明ということになる。従って，技術的パラダイムのたどった過去の軌跡である技術的トラジェクトリは，今後の開発レースのパターンを予測する上で信頼できるツールではあまりないという帰結が導かれる。

　次に組織レベルの分析では，期待システムと分業構造の相互規定関係に注目した。技術的パラダイムに多くのプレイヤたちが収斂する過程では，彼らはその期待システムのみならず分業構造も収斂させざるを得ない。これに対し，逸脱的なプレイヤは期待システムと分業構造の両面においてパラダイム依存的なプレイヤと異なるであろうと予想される。

　この時，激しい競争環境に置かれながら分業構造を改変させる余裕もなく，かつ退出することもできないプレイヤは，当初から持っていた独自の期待システムと分業構造を温存することになる。すなわち，逸脱的と見える開発活動も，実は当初誰もが持っていた独自性が，やむにやまれぬ状況不適応ゆえに温存された結果であると予想される。

第Ⅰ部 技術的パラダイム革新のメカニズム

　次章以降では，技術的トラジェクトリによる未来予測の妥当性と開発目標の転換ないしは苦境における状況不適応を，日亜の青色LED開発グループの事例という文脈で具体的に議論したい。まず第2章では青色LEDをめぐる市場と技術の動向を1980年代を中心に確認して，事例分析の備えとする。第3章では青色LED開発の事例の詳細を報告するとともに，その分析を試みる。

●注

1　Granovetter（1985）を見られよ。
2　Granovetter（1985）を見られよ。
3　Van de Ven and Garud（1994）を見られよ。また生物学的進化論のアナロジーをより明示的に導入しているものとして，Rosenkopf and Tushman（1994）が挙げられる。両論文は，*Evolutionary Dynamics of Organizations* と題された論文集に収められたもので，生物学的進化論のアナロジーが経営学研究の広範囲に浸透し，一定の勢力を築いている様子がうかがわれる。
4　より広い文脈では，このような見解は組織論や戦略論の一領域にも採用されている。「個体群生態学（population ecology）」と呼ばれる領域では，進化論のアナロジーが積極的に導入されている。Hannan and Freeman（1977, 1984）などを見られよ。また企業間の市場での棲み分けや技術連携に着目する「ビジネス生態系（ecosystem）という概念が近年着目されている。Gawer and Cusumano（2002），Iansiti and Levien（2004）を見られよ。
5　Monod（1972）を見られよ。
6　Schumpeter（1926）を見られよ。
7　例えばAbernathy and Clark（1985），Clark（1985），Abernathy and Utterback（1987），Utterback（1994）などを見られよ。
8　網羅的なレビューとしては，藤本（1997），沼上（1999）などを見られよ。
9　Schumpeter（1926）p.35より引用。
10　同上，p.201より引用。
11　同上，p.183より引用。
12　Clark（1985）を見られよ。
13　Abernathy and Utterback（1987）を見られよ。
14　Abernathy and Clark（1984）を見られよ。
15　Abernathy and Utterback（1987）p.41より引用。
16　Tushman and Anderson（1986）を見られよ。
17　藤本（1997）によれば，組織能力とは「安定的な活動と資源のパターンであって企業間の競争成果の差異に影響を与えるもの」である。
18　Praharad and Hamel（1990）を見られよ。

19　Teece（1986）を見られよ。
20　Nelson（1991）を見られよ。
21　伊丹（1986）を見られよ。
22　Tushman and Anderson（1986），Christensen（1997）を見られよ。
23　Kuhn（1962）を参照。
24　資源・能力依存視座という語は，藤本（1997）の用語法に従った。とくに，資源依存理論と言う場合，resource dependence theory を意味する場合があることに沼上（1999）は注意を喚起している。例えば，Christensen（1997）第5章はこの resource dependence theory を議論している。
25　第6章に登場する解釈レパートリ（interpretive repatoire）と類似の概念である。他方，パラダイム論に見られるように，プレイヤの開発活動を支える社会構造や社会制度にとくに着目したいので，便宜的に異なる名前を充てた。
26　Simon（1945）は専門化の経済性について，その一般的傾向は認められるものの，いかに専門分化するかという問題は，たいていの場合，相互に矛盾し合う管理原則が共存することによって未解決なまま放置されていると述べる。例えば，von Hippel（1990）が技術開発における不確実性の削減や技術者の相互依存関係の確保のために Simon（1969）の準分解可能性原理に対応した機能分化のあり方を示したのに対し，楠木（1998）は製品技術の機能的な複層性に着目し，部門横断的な分業の定義があり得るとして，これを「システム分化」と呼んだ。
27　例示した2つの分業構造の優劣は，最終的に製品 X_1，X_2 の性能に依存する。分業構造の違いは必ずしも評価の技術や指標の違いを意味しない。と言うのは，これらはより広い研究者コミュニティによってすでに共有されることも多いからである。発光デバイスを例に取ると，その機能から考えて発光効率が最重要な評価対象となるのは自明であろう。

第2章

青色 LED 開発史の概観

その市場と技術

1 はじめに

　本章の目的は，青色 LED 開発史の詳述に先立ってその背景を考察することである。

　本章で確認したいのは，青色 LED は1990年以前の状況下ではきわめて挑戦的な開発目標であったが，その開発インセンティブはかなり高かったという点である。これを確認するためには，2点に注目する必要がある。第1に，市場動向から見て新技術のニーズがあるか否かである。第2に，そのニーズを満たすための技術的解決の方向性である。

　当時のオプト・エレクトロニクス産業は成熟段階に入りつつあり，新技術の登場により，成長機会を模索する素地があった。LED 市場は，光部品部門において高い地位を占めている一方で，成熟産業に典型的な特長を有していた。また LD 市場は，光ディスク産業からの需要に支えられ急速に成長してきた一方で，当の光ディスク産業の成長が1990年頃から鈍化し始めていた。

　以上のような状況で，青色発光デバイスは1つの重要な技術目標となり得た。それまで赤，だいだい，黄，黄緑色までは実現されていたが，純緑色，青，紫色はいまだ実用には耐えられないものであった。これを「半導体の空白域」と呼んで，産業全体は2000年の実用化を目指した。青色 LED は，既存の LED と組み合わせることで応用範囲が拡大される。また高密度な光ディスクである

DVDの基幹技術として，短波長LDの開発が待望されていた。

以下では，産業全体に脱成熟化を望む基盤があり，青色LED開発の誘因となっていたことを述べる[1]。

2　市場概況

電子工業年鑑からのデータを見ると，オプト・エレクトロニクス産業は1980年代後半，劇的な成長を経験するものの，1990年代に入ると穏やかな成長へと移行していた（**図表２－１**）。LEDの属する光部品の総生産額が，LSIのシリコン・サイクル同様に景気変動に敏感に反応することや，また顧客側の生産の多国籍化や輸出入の増大ゆえに為替変動の影響を受けることが原因で，乱高下を繰り返すのが特徴となっていた。ただし一貫して正の成長を続けていた。ユーザー側の在庫調整などで売上高が伸び悩んだとしても，光産業全体としては様々な新製品が継続的に市場化されるため，長期的傾向としては成長を継続していたと考えられよう。

図表２－１●オプト・エレクトロニクス産業の発展

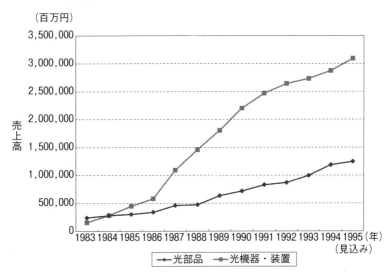

出所：『電子工業年鑑』各年度版より作成。

(1) LED市場

　LEDでは液晶ディスプレイ市場が規模を拡大したため，光部品産業の中での相対的地位も低下したが，依然売上げにして12～13%程度（1996年度見込み）を占める重要な産業であった。これは液晶等の表示ディスプレイ，光ファイバに次ぐものであった。成長率の動きは光部品と同様のパターンを示すが，一貫して低い値で推移していた。成長率は1992年には前年度で100%を下回るなど，成長期と言うよりも成熟期に入った産業のような特徴を見せていた。

　供給サイドから見ると，産業組織そのものも上位数社が業界を支配しており，その上位の座をめぐる競争は存在したものの，比較的安定した構造を保っていた。89年度には4社市場集中度が75.5%に急増し，その後もじわじわと伸び続け，92年度に最高の77.5%を記録した[2]。

　LEDの場合，新しい製品（例えば高輝度化など性能が向上したり，新しい発光色が得られたりするもの）の単価は普通数百円程度だが，LED全体で見た場合，単価は十数円である。すなわち典型的に規模の経済性と経験曲線効果が利く産業であり，激しいシェア争いと累積生産量の獲得競争が特徴的な産業であることが分かる。

　需要サイドの特徴として，LED全体の生産額が1987年に662億円と落ち込んだが，1995年には見込みで約920億円と回復した。過去十数年の間，LEDはLDの約2倍の市場規模を誇っていた。その販売額のうちで約半分という最も大きな比率を占めてきたのが，個別表示用LEDだった（1989年実績で371億円）。個別表示用LEDはAV関連機器などの民生用電気・電子機器の表面実装という用途で顧客がほぼ固定されており，LED事業は供給先の市場動向に引きずられることを避けられない状況であった。

　上述のようなLED市場では，脱成熟のための画期的な品種なり応用商品なりの上市を期待する基盤が存在していた。脱成熟志向のLED開発は，個別表示用LEDに加えて，数字・文字表示用・光源用LEDなど比較的小規模な市場を拡大する方向に向かっていたと考えられる。

　以上見てきた通り，LED事業全般については，低成長であること，市場集中度が高く，価格は低水準で安定していること，顧客は白物家電を中心に固定

化されていることなど，成熟市場としての特徴を典型的に持つことが明らかとなった。市場を活性化する要請が強かった時代背景にあって，青色LEDはその市場活性化能力が早くから認知されていた。

(2) LD市場

　LDについては，ここ10年ほどで倍以上の成長を遂げて，1994年生産実績は546億円，95年生産見込みは751億円規模となった。

　LDは用途に応じて発光波長がいくつかに分類される。中でも1.3μm（光通信用），0.78μm（CD読み取り用）の2種類の生産額が，全生産額の約78%という大きなウエイトを占めていた。光産業は2～3年ごとに約1兆円程度の伸びを見せ，94年には4兆円産業にまで成長した。この売上げの3～4割程度は光ディスク産業が担っており，その重要性は最も大きかった。この光ディスク産業が，LDの重要な需要先であった。

　光ディスク技術の歴史は短波長LD技術の歴史であり，2つの技術はその誕生から長らく蜜月状態にあった。1960年代後半からコンピュータの外部記憶装置として開発が始まった光ディスク技術は，本家のコンピュータ産業からいったん離れて，フィリップスのビデオ・ディスク研究開発（1972年）を経由して実用化へと向かった。ビデオ・ディスクの開発では光学式以外の方式も候補に挙がっていたが，折しも1970年にベル研がGaAlAs系赤色LDの室温連続発振に成功して以後LD技術の進歩と重なって，光学式が優位に立つことになった。1979年には松下やソニーがGaAlAs系LDの実用化に成功し，またソニーとフィリップスが780nmLDを光源として用いる合意に達し，1982年にはCDプレイヤが発売されるに至った。

　光ディスク産業は，1989年まで急速な成長を遂げる（**図表2－2**）。その牽引力となったのがCDプレイヤであり，若干規模は劣るが，レーザー・ディスクやCVDなどのビデオ・ディスクである。いったんこの成長の波は収まりを見せ，成長の第二波は1992年頃から始まる。この成長は主にCD-ROMドライブ・ユニットの急速な成長であり，92年度実績生産高が600億円のところ，1995年見込みで2,989億円にまで拡大した。

　LDの生産額は順調に伸び，1985年から1988年にかけて生産高がいったん減

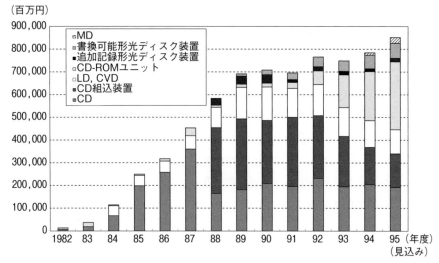

図表2−2 ●光ディスク装置の生産高推移

出所：『電子工業年鑑』各年度版より作成。

少したが，これは生産量拡大後の価格の急落によるものと考えられる。LEDも同時期に生産高の急落を経験している。

　1989年以降，光ディスク産業の成長に沿った形でLDの生産量はゆっくりと成長を続けた。CDプレーヤーの国内生産高の低下は，生産拠点のアジア移転などに起因するが，その減少分をCD-ROMユニットの成長が支えた。こうした組み立て型製品はアジアへの移転が進んでおり，またバブル崩壊の余波を受けて光ディスク産業の伸びが1989年以降鈍化した。LD自体の生産は国内に留めおかれており，輸出の増加によってLD市場は継続的に成長する可能性はあったが，光ディスク産業の成長鈍化は，新たな高付加価値製品の上市を期待する素地となっていた。

　以上のようにLD事業は，主要な需要先である光ディスク産業の堅調を前提としてこれまで成長してきたが，光ディスク産業の成長鈍化が青色LDの実現を望む素地となっていたと考えられる。

3 応用技術

 以上から，市場の脱成熟を期待するオプト・エレクトロニクス産業において，青色 LED や LD の開発を行う素地が十分存在していたことが明らかとなったが，具体的にどのような応用が検討されていたのか，簡単に見ていく。

(1) 青色 LED の応用技術

 赤，だいだい，黄色などの LED は早くから輝度が数 cd（カンデラ）級のものが開発され，また断続的に発光効率は上昇してきた。化合物半導体の組成やデバイスの設計を工夫することによって，これらは達成された。しかし，これらの色のみでは応用範囲が限定されてしまうため，市場の飛躍的成長を期待することはできなかった。

 技術は他の技術との組み合わせによって，新たな応用が見出されることが多い。LED の場合も高輝度赤，だいだい，黄色，黄緑色を組み合わせて，ビルボード用 LED ディスプレイなどが市場化され，1990年代に入って300億円程度の市場規模を有していたと推定されている。LED ディスプレイは LED の低消費電力，長寿命，耐衝撃性，高応答速度，小型・軽量・薄型などの諸特徴を活かし，LED をマトリクス状に配列したものである。

 しかし赤，だいだい，黄，黄緑といった色の組み合わせでは表現力に限界があった。ここに純緑色や青が加わることによって，フルカラー動画を表示できる可能性が古くから認知されていた。

 100インチを超えるディスプレイでは，従来小さな蛍光管や CRT 管を並べたものが主流であった。これを低消費電力などのメリットを持つ LED が代替するのである。メンテナンスの観点から従来は取り付け困難であったビルの壁面などが，新しく開拓し得る用途である。フルカラー LED ディスプレイの市場は，実用化されれば1,000億円の市場へと成長すると言われ，LED の需要を牽引する1つの応用として期待視されていた。

 信号機の光源としての応用は，電気料金の節約や安全面でのメリットが注目されていた。電球とカラー・フィルタを組み合わせた現在の方式だと，太陽光

が電球の反射板に照射すると，全部の信号が点灯しているように見える。LEDの場合，反射板を使用しないためこうした危険がない。日本国内の道路交通用信号機の市場規模は数百億円が見込まれており，これに鉄道用信号機や輸出分を加算すると，かなり大規模な市場になると考えられていた。

　その他より小規模な需要先として，スキャナー，コピー機，ファクシミリ，プリンターなどの光源用途は，フルカラー化の基幹技術として青，緑色LEDの開発が期待されていた。また照明や液晶ディスプレイのバックライトの用途がある。現在青色LEDが実現したことによって白色LEDの開発が可能となったからである。とくに照明用LEDは，現在用いられている蛍光灯や電球よりも原理的に高効率であるためこれらを代替する可能性があり，潜在的市場規模は無限といってよい。

(2) 青色LDの応用技術

　青色LD開発の主要な受け皿はDVDメーカーであった。DVDは東芝を中心とするSD規格とソニー・フィリップス連合のMMCD規格が1995年12月に統一されてできた，マルチメディア対応光ディスクの規格である。音声，画像，数値などのデジタル・データを12cm光ディスクに記憶させるため決められた，高度な圧縮技術とその読み取り・復元に関する規格である。既存のCDプレーヤー，CD-ROMドライブとの互換性が確保されており，マルチメディア用プラットフォームとして普及する見込みであった。

　映像用DVDは現在のVTR4,500万台中2,000万台，音楽用DVDは現在のCDラジカセ2,000万台全て，パソコンではネットワーク・コンピューティングの進展度合いにもよるが，将来CD-ROMドライブに替わるものとして普及が見込まれ，各社はハード・ソフト合計して4兆〜10兆円規模の市場に成長すると見ていた[3]。

　このDVDの高密度化を支える基幹部品の1つが短波長系LDであった。光ディスクの大容量化のためには，いかに高密度にデジタル・データを刻むかが問題となる。光ディスクの基本的な構造は，記憶媒体に細かな凹凸（ピットと言う）が刻まれており，その凹凸を通して反射されるレーザー光を受光することによってデジタル・データを読み取るというものである（**図表2−3**）。

図表2－3 ●光ディスクの読み取り光源

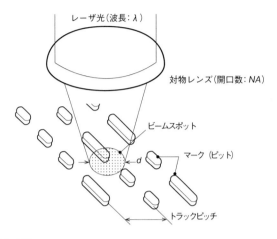

出所：榊原（1994）図1。

ピットのサイズが小さくなればなるほど高密度記録が可能となる。これを可能とするには読み取り用レーザーのスポット口径を小さくする必要がある。

　CDの読み取り用に用いられているのは波長0.78nmの赤色LDである。さらに小さなスポット口径を得るには2つの方法がある。スポット口径には「レーザー光の波長／レンズの開口係数NA（対物レンズの口径と厚みを表す指数。数字が大きいほど口径が大きく，厚みが厚い）」の2乗に比例して小さくなるという法則がある。従って，スポット口径を小さくするためには，分子を小さくするか分母を大きくするかで対応できる。分子の側，すなわち波長の短いレーザー光を利用することでスポット口径を小さくできるが，その波長は紫外線，青紫色，青色，純緑色の順で短くなる（**図表2－4**）。この方式を採用するために，大手家電メーカーが青色LDの開発に取り組んだのである。

図表2−4 ●光ディスクのピットと読み取り光源

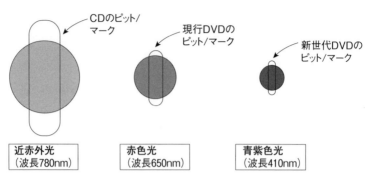

出所:『日経エレクトロニクス』(1998年1月26日) p.111, 脚注図。

4 青色LED開発史概略

　以上のような市場・技術動向を背景として，青色LEDの開発競争はどのように展開してきたのであろうか。本節では，青色LED開発史の概略を示すことにより，人工の青い光を実現するためにどんな代替技術があったのか，それぞれの代替技術を採用した個人は誰だったのか，開発競争の結末はいかなるものだったのかなどを確認し，次章の事例記述に備える。

　1970年代には，基礎的研究によって，各種半導体材料の発光色は判明していた。また発光のメカニズムの基礎理論も，完全にではないにせよ整備されていたと言える。ただし，これらの知見を実際的なコンテクストで使用する場合には，さらに追加的な努力が必要であった。

　まず視認性を確保せねばならなかった。個別表示用パイロット・ランプでは20〜30mcd，屋内用で100mcd，屋外では1cd，日光のもとでは2cdが必要と考えられていた[4]。また実際の半導体材料では，不純物や欠陥のない完全な結晶を期待することはできないので，ジュール熱の発生を避けられない。この熱によるデバイス破壊と，その結果生じる信頼性・寿命の低下を避けるには，結晶品質を極限的に改善していかねばならなかった。これらの条件は，赤，だいだい，黄，黄緑まで順次実現されてきたが，純緑色，青，青紫では不十分な水

第2章　青色LED開発史の概観

図表2－5●光ディスクのピットと読み取り光源

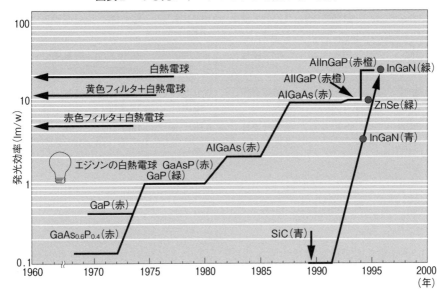

出所:『日経エレクトロニクス』(1996年10月21日) p.81, 図1。

準にあった (**図表2－5**)。

そこで純緑色より短波長の発光デバイスは「半導体の空白域」と呼ばれるようになったが、この空白域を埋めるべく、激しい開発競争が展開された。青色LEDの開発競争の概略は、以下の通りである。

(1) 第1段階：～1991年頃

青色発光を得る材料候補としては、GaN（窒化ガリウム）、ZnSe（セレン化亜鉛）、SiC（炭化ケイ素）の3種類が挙げられる（**図表2－6**）。3つの材料は禁制帯幅が2.6eV（エレクトロン・ボルト）以上という特徴を持っている[5]。

1) SiC系

3つの材料の中で実用化が先行したのはSiCである。SiCの禁制帯幅は室温で3.04eVあり、半導体の発光現象の研究対象としては最も長い歴史を有する。結晶成長技術が一番早くから模索され始め、Nがドナー、Alがアクセプタと

61

図表2－6 ●ワイド・ギャップ半導体の物性

材料	禁制帯(eV)	バンド構造	格子定数(nm)	融点(℃)	伝導形*1987年
SiC	3.04	間接遷移	a=0.308 c=1.512	2830 *35気圧	N, P
GaN	3.39	直接遷移	a=0.319 c=0.517	1727 *昇華性	N
ZnSe	2.7	直接遷移	0.567	1515	N
GaAs			0.565		
サファイヤ			a=0.476 c=1.299		

出所：松波・西野（1987）p.521，表1。

して機能する。結晶成長がある程度可能なこと，またN型，P型を得やすいという利点がある一方で，間接遷移型のバンド構造を有するという欠点もある。

　間接遷移型の場合，自由電子が正孔に結び付く際の動きが垂直でない（**図表2－7**）。垂直方向ベクトルの放出エネルギーが光子（フォトン）を発する一方で，水平方向ベクトルの放出エネルギーのベクトルが放熱する。従って，注入する電気エネルギーが光に変換される効率（発光効率ないしは量子効率という）が，対概念である直接遷移型のバンド構造を有する半導体に比較して劣るのである。

　もう1つ決定的な欠点は，SiCには三元混晶などを作る他の元素が存在しないため，複雑な構造（ダブルヘテロ構造や量子井戸構造など）を作り込むことによって高効率デバイスを実現することが不可能という点である[6]。高輝度LED，LDの作製にとって決定的な欠点である。

　1981年にPN接合型青色LEDの最初の商品化が発表され，1985年9月，三洋電機がSiCを用いて青色LEDを開発，サンプル出荷（単価200円）した。しかし，輝度が7 mcdと非常に暗く，また発光効率も0.02%と実用向けとしては不満足なものであった[7]。

第2章　青色LED開発史の概観

図表2－7 ●直接遷移と間接遷移

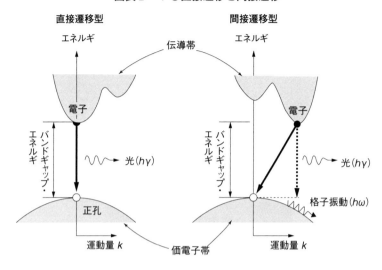

出所：『日経エレクトロニクス』（1994年2月28日）p.95，図2。

2） GaN系

　GaNは禁制帯幅が3.39eVで，図表2－6中3つの材料の中で最も大きな値を示す。SiCと異なり直接遷移型であり，高効率な発光デバイス材料としての魅力がある。もう1つSiCとの違いは，十分な大きさのバルク単結晶が実現されていないため，基板にサファイアを用いるエピタキシャル成長以外に，結晶成長する方法がなかったことである。後でも述べるが，サファイアとGaNの結晶構造は大きく異なっており，界面の不整合に由来する転位やクラックが著しい。格子欠陥は，結晶中で原子が結び付かず，空洞になっている部分である。クラックは，その空洞部分が連鎖した結果できる，ウェハ内部にできる亀裂である（**図表2－8**）。

　1969年，アメリカRCA研究所のマルスカ（Maruska）らが初めて結晶成長に成功し，1981年にHClによる基板の熱処理によって上記の問題に対する一応の解決が見られたが，さらなる改良が必要とされた。

　GaN系LEDの先駆けは，スタンフォード大に移ったマルスカらが1971年に試作したMIS（metal insulator semiconductor）構造のLEDである[8]。発光効

63

図表2－8 ● GaN の結晶欠陥

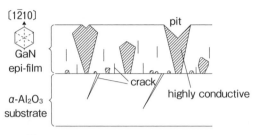

出所：赤﨑（1996）p.38, 図2。

図表2－9 ● GaN 表面の顕微鏡写真

出所：天野・赤﨑（1991）p.64, 図2。

率は10^{-3}％と低く，かろうじて紫色発光していたと言われる。1978年には，当時松下技研に勤務していた赤﨑氏らが，MIS構造で発光効率0.12％のLEDを試作した。この方式は，1981年松下技研からサンプル出荷されたが，量産にまでは至っていない。同年，赤﨑氏は名古屋大へと移籍している。GaNがMIS構造を採用するのは，P型化が何らかの原因で妨げられており，PN接合ができなかったからである。

一方で，青色LDの開発は，1980年代後半から開始されたようである。1986年，赤﨑氏らのAlNバッファ層の導入によって，GaNのエピタキシャル成長に成功したことが契機となったと考えられる。同氏らは，1990年に初めてGaN/AlGaNのダブルヘテロ構造で，室温励起発光（PL: photo luminescence）に成功しており，LD開発の可能性を示した[9]。発光波長は紫

外域で，視認性はほとんどない。また励起発光は，注入発光と区別される。励起発光は，光などの外部エネルギーを照射することによって電子を叩き上げ，これがもとのエネルギー準位（価電子帯など）に戻ることによる発光メカニズムを指す。注入発光は，電圧を印加してキャリア（電子や正孔）を注入し，それらの再結合による発光メカニズムを指す。通常実用化された発光デバイスは，注入発光が基本である。

3) ZnSe 系

ZnSe は禁制帯幅が2.7eV で，青色発光するためには禁制帯端近傍発光が必要となる。このため結晶の高純度・高品質が絶対条件となる他，紫，紫外域発光ができないという欠点がある。直接遷移型で，高効率発光の可能性があるが，Zn を含むことから融点が低いと考えられている。また，相対的に結晶が頑健ではない。ただし，エピタキシャル成長に用いる基板の GaAs は，ZnSe との格子整合の条件が非常に良かった。この点は，新たに開発されたエピタキシャル成長法の適用にとって，大きな利点であった。

1971年，MIS 型 LED が試作されたが，発光効率は10^{-3}% 程度である。ZnSe は電気的制御の困難も指摘され，「ZnSe での P 型は不可能」という理論計算も提出された。一応のブレークスルーは，1984年に西澤氏ら（当時東北大教授）が蒸気圧制御温度差法によって作製した PN 接合型 LED で，順方向電流が 2 mA で 2 mcd というものである。さらに，1985年に松下電器が Cl ドープ N 型 ZnSe を，1986年に松下電器とフロリダ大の共同チーム，ないしは 3 M が N ドープ P 型 ZnSe を発表して以来[10]，ZnSe は実用化への視野に入り始めた。LD の可能性は 3 M の1991年の発表まで待たねばならない。

4) SHG レーザー

注入発光による LED，LD の実現は，上記の通り非常に困難なものであった。しかし，全く異なる原理で青色発光を得る研究が一方で進んでいた。すなわち，外部光源を波長変換する第二高調波発生（SHG）レーザーである。日本コロンビアやソニーが SHG 方式のレーザー光を用いた光ディスク・プレイヤを試作するなど，開発が比較的進展した技術であった[11]。ただし，波長変換のための

素子を必要とするため、コスト高・サイズの問題などを抱えており、評価が大きく分かれていた。ただし、用途レベルでは他の代替技術と共通しているが、技術の仕組みなどが大きく異なるため、これ以降あえて取り上げないことにする。

(2) 第2段階：1991〜1993年頃

1991年頃から、各研究機関から新たな研究成果が提出され始める。青色発光デバイスが軌道に乗り始めるのが、この時期である。

3月には赤崎氏らと豊田合成が青色LEDの量産化を発表した。材料はGaN、ピーク波長が480nm、光度は30〜70mcdと三洋のものと比較して約5〜10倍の明るさであった。ただし、このLEDはMIS構造を採用したものと言われている。また青色LDについては、アメリカ3M社が液体窒素（77K）で低温パルス発振を実現した。材料はZnSe、ピーク波長は512nm、出力1.5mWであった。

(3) 第3段階：1993年〜

さらに2年後の1993年、青色発光デバイスにとって大きな転機が訪れる。

1) 青色LED実用化

LEDについては、1993年9月、ノース・カロライナ州立大学が光度100mcdの青色LEDを発表した。材料はZnSeを用い、ピーク波長は490nmであった。しかし2ヶ月後の11月末、日亜がGaNを用いて光度1cd、ピーク波長450nm、発光効率2.16％の青色LEDを発表した。従来品の7mcd、30〜70mcdを2桁以上しのぐ輝度で、米国の100mcdよりも10倍の値であった。関連特許128件申請中で、来月からサンプル出荷（単価は3,000円）、4月からは量産を開始し単価格は500円の予定であると発表された。この段階で日亜はLDの開発に目途を付けていたとしている。一方、同年12月、アメリカCree Research Inc.がSiCを使用し、光出力22μW、ピーク波長482.5nmの青色LEDを発売している。

1994年4月には日亜が信号用青緑色LEDを発表した（光度2cd、ピーク波長が500nm）。同年10月、明るさ2cdの青色LEDを発表し、サンプル出荷が開始された（単価格1,000円）。また1995年9月には、ソニーと日亜が高輝度緑

色LEDを発表した。電流20mAでの光出力と外部量子効率は，ソニーのもので3.5mW，7.2%，日亜のもので3mW，6.3%と発表された。同年同月，日亜はInGaNを用いて輝度6cd，外部量子効率4%，ピーク波長525nmの純緑色LEDを発表した。これで赤，緑，青それぞれのLEDで2cd以上のものが出揃い，フルカラーLEDディスプレイ開発が本格化した。1996年には，日亜が高効率ワンチップ白色LEDを開発した。青色LEDをベースに蛍光体を合わせて白色光を引き出した。以上の青色以外のLEDは全て青色LEDの応用技術である。

2) 青色・緑色系LD技術の躍進

　LDについては1993年夏，秋にかけてソニーが青，緑色レーザー光の5秒間室温連続発振を確認し，実用化への第1歩として高く評価された。1994年1月，アメリカBrown大学とPurdue大学が共同で，青緑色LDの20秒間室温連続発振を確認した。ZnSeとZnTeの多重量子井戸（MQW）構造を採用し動作電圧を低減させた構造である。1995年11月，ソニー中央研究所は，ZnSe系，ピーク波長510nm，青緑色LDで4時間30分の連続発振に成功している。同年12月，日亜がGaN青紫色LDで室温パルス発振を確認した。ピーク波長は410nm，パルス幅は1μ秒，最高パルス出力は数十mW，寿命は室温で数時間だった。1996年2月にはソニーが波長515nmで101.5時間の室温連続発振を記録した。同年末，日亜はGaN系青紫色LDで室温連続発振35時間を記録する。この記録はさらに伸びていき，現在では青色LDの量産化が達成されている。

5　結　語

　本章では，市場で新技術のニーズがあったのかを確認した。オプト・エレクトロニクス産業には，脱成熟を望む条件が揃っていた。そこで青色LEDおよびLDは，オプト・エレクトロニクス産業が新市場を開拓するための1つのボトルネックとして，早くから認知されていたのである。光の3原色という観点から，純緑色および青色が待望されるのは当然であったし，光ディスクの高密

度記録のためには短波長光が必要であるということも、もはや自明であった。

従って長期の開発目標として、人工の青い光を実用化するということが、半導体関連技術の開発者たちの間ですでに広く共有されていたと考えられる。ただしこの長期目標の実現に対しては、複数の代替技術が存在していた。SiC、ZnSe、GaN、SHGレーザーなどである。

ここに開発競争におけるプレイヤたちが抱えていたジレンマが見出される。長期目標を実現するインセンティブはきわめて大きい。一方で、それをいかに実現するかがきわめて不確実である。いずれの代替技術も個々に長所と短所を有しており、いずれを選択したとしても、それは一種のギャンブルであった。

次章では、青色LED開発をめぐる開発競争の進展を詳述し、青色LED開発の最大のボトルネックであったGaNの結晶成長技術とP型化プロセスの開発までを詳述する。

● 注

1 青色LED開発が行われていた時代背景を確認することが本章の主たる目的であるため、最近の青色LEDや白色LEDなどの市場・技術動向はアップデートしていない。1990年代の見込みデータもそのままとしており、実績値については他で参照されたい。
2 『マーケットシェア事典』を参考にし、筆者が計算したものである。
3 麻倉（1996）p.8。
4 鎌田（1991）p.68。
5 以下、材料ごとの研究開発の歴史の詳細は、藤田（1985）、松波・西野（1987）などを見られよ。
6 鎌田（1991）p.71。
7 この時の結晶の電子密度は $4*10^{16}cm^{-3}$ と高い。
8 この時期の様子は、補遺を参照のこと。
9 赤﨑・天野（1993）p.671。
10 岸野（1997）p.12。
11 『日経エレクトロニクス』（1990年8月6日、p.144）によれば、Arレーザーを使って波長488nm、光出力3mWの青色発光を得て、従来のCDの4倍の記録密度を持つ光ディスクの再生実験に取り組んだ。ソニーではYAGレーザーを用いて波長532nm、光出力1mWのレーザー光を使用した光ディスク・プレイヤ（MUSE方式）を試作した。その他、日立、松下、イビデンと豊橋技術科学大学、Philips、デュポン、富士フイルムと東工大、パイオニア、IBMなどが開発に取り組んでいた。

第 3 章

技術的パラダイムからの逸脱

青色 LED 開発史の考察

1　はじめに

　本章の目的は，青色 LED の基礎技術が蓄積されてから実用化に至るまでの歴史を概観し，前章までの議論を具体的な文脈で確認することである（**図表 3－1**）。

　事例では，青色 LED の半導体材料として，GaN の他に SiC，ZnSe が登場する。いずれの材料も固有の問題を抱え，実用化がきわめて困難なものばかりであった。それにもかかわらず，制御性のよい結晶成長法が当時注目を浴び，比較的安価で相性の良い GaAs 基板が存在していたことから，ZnSe の研究は他をしのいでいった。ところが現在の開発動向を見ると，ZnSe の研究はむしろ後退しており，GaN と SiC の方が人気を集めている。

　以上のような開発競争において，GaN という不人気な材料を研究し続けた開発者が存在した。赤﨑氏や中村氏である。現在の評価では，赤﨑氏が GaN 系青色 LED の基礎技術を確立し，その実用化は中村氏が担ったとされている。中でも興味深いのは，青色 LED 開発の最大のボトルネックであった結晶成長技術と P 型化プロセスの開発である。

　以下では，青色 LED 開発史を 2 つの段階に分けて記述する。第 1 に，ZnSe を中心として支配的な研究潮流，すなわち中枢が構築され，一方で GaN の研究が辺境として位置付けられていく過程である。とくに ZnSe を中心とした中

第Ⅰ部 技術的パラダイム革新のメカニズム

図表3－1 ●青色LED開発史の行為システム図

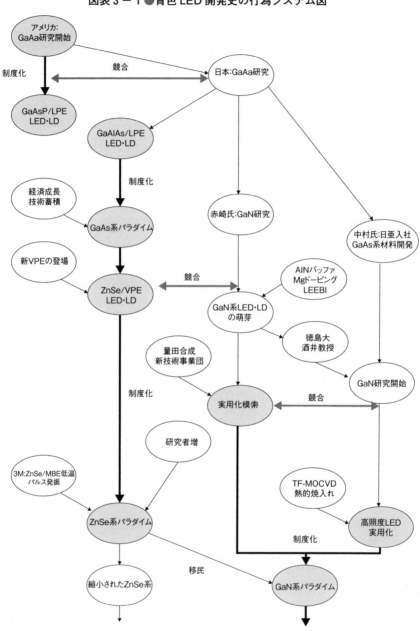

枢は，結晶品質の向上という長期目標の実現に対して，GaAs系の研究伝統に立脚したものだったことを述べる。

　第2に，GaNを用いた基礎技術が確立された後で，急速に技術的成熟が実現した過程である。この急速な技術的成熟は，確立された基礎技術を直接利用したものではなく，むしろそれと並行してほとんど独立した（全くの独立ではない）活動から生じたものである。これが日亜時代の中村氏の業績である。さらにGaAs系の研究伝統を撹乱させる反則事例が提出されながらも，新たに準拠すべきパラダイムが新たなリーダーによって提示されなかったことが，青色LED開発史の特徴的な点である。

2　中枢と辺境の構築過程

(1)　開発前史

　発光デバイスの研究は，1920年代にまでさかのぼる。1950年代には，Ⅲ－Ⅴ族半導体の発光現象に関する理論的・実証的整備が行われた。1962年，発光デバイス実用化の第1歩がMIT，GE社，AT&T社でほぼ同時に実現し，ともにGaAs系材料を採用していた。折しもMaimanのレーザー光研究と時期的に重複することによって，GaAs系Ⅲ－Ⅴ族化合物半導体の研究が盛んとなった。LEDの実用化は1968年にモンサント社によって実現した[1]。これは液相成長（LPE: liquid phase epitaxy）装置によって作成されたGaAsP赤色LEDで，1970年代の各種発光デバイス開発の原型となった。

　当初LEDの開発競争は強力な特許によって抑制されていた。開発はアメリカに集中し，日本はGaAs／GaAsPエピウェハを輸入し，加工・組立のみを行っていた。しかしこのLEDの輝度は実用には不十分で，価格も電球の数十倍というものであった[2]。この時Siの単結晶成長技術が日本でも育ってきており，この技術の化合物半導体への応用によって，西澤・スタンレー電気らは温度差液相成長法とGaAlAs系LEDを発表した[3]。1976年のことである。輝度は大きく向上し（60mcd），これが発光デバイス開発を日本がリードするきっかけとなった。

当時の日本は半導体製造装置産業の勃興期にあり，半導体メーカーらは欧米で開発された装置技術を自前で再構築するか，外部の製造装置商社や機械メーカーらとの協働によって洗練させる必要があった[4]。半導体技術についても，市場規模や技術水準は未成熟で，開発プロジェクトの規模も相対的に小さかった[5]。

しかし1980年代に入ると，日本の半導体関連産業は，市場の拡大と国産技術ストックの充実に伴い急速に成長し，関連プロジェクトの規模は拡大の一途をたどった[6]。1975年度の半導体産業の設備投資額は，個別半導体と集積回路を合計して122億円に留まっていたが，1984年度には6,685億円と急増した。これらの数値は，国内の設備投資総額に占める割合として計算すると，1975年度では0.2％しかなかったが，1984年には4.0％と上昇している。

また研究開発投資の推移を見ても，集積回路に限った12社ベース調査であるが，1975年度の215億円から，1984年度に2,164億円へと急増している。膨大な設備投資を要する半導体産業では，上位12社で産業の全てをほぼカバーしていること，また個別半導体の研究開発投資は集積回路に比べて非常に小さいことから，上の数値は半導体関連産業の研究開発投資の伸びをよく示していると考えられる。国内の研究開発投資総額に占める割合は，1975年度の1.3％から，1984年度に4.2％へと拡大している。また半導体産業の生産額を1970年から1990年まで見ていくと，1984年をピークとする設備投資ラッシュの影響で生産高が上昇する時期を除いて，安定的に指数関数的伸びを見せている。

この時，半導体関連産業は明確な分業構造を発展させたと考えられる[7]。通常発光デバイス開発は，結晶成長技術，材料となる化合物半導体，デバイス構造など，複数の補完的な技術領域が並行して進歩することによって前進する。1970年代から1980年代前半にかけては，これらの活動は未分化であった[8]。

しかしこれらの実質的担い手が，新しい結晶成長技術を専門的に行う集団と，実際の結晶成長とデバイス設計を専門的に行う集団の2者へと分化していったのである。

結晶成長技術は，液相成長（LPE: liquid phase epitaxy）装置から気相成長（VPE: vapor phase epitaxy）装置へと，より複雑な制御方式へと進歩していった。この技術進歩によって，新しい半導体材料の開発や，完全性の高い単結晶

の成長，薄膜を積層させた複雑な構造のデバイス開発などが可能となった。一方で，結晶成長装置は比較的広範な顧客を対象とし，汎用性を持たせて開発される。例えば，同じ結晶成長法でも異種材料を扱う場合には，基板の種類，成長温度や速度，材料の流量などを個別に最適化せねばならない。

当初は，2つの技術開発の間には互恵的関係が維持されていた。高効率デバイスを狙う最適化努力は新たな装置技術を生み，この知識が装置開発業者へと還流していた。次第に2つの技術開発の間には明確な分業構造が構築され始め，専門化の経済性が高度に追求されるようになった。

1980年代に急速に普及した電子ビーム・エピタキシー（MBE: molecular beam epitaxy）装置や有機金属化学気相成長（MOCVD: metal organic chemical vapor disposition）装置は，かつて構造が未分化だった時代に半導体結晶の物性に関する基礎研究レベルで開発されたものだった。これが次第に，装置専門のスピンアウト型企業によって開発・供給されるようになった。

MBE装置は高真空中でイオン化した材料原子を電界によって飛ばすもので，MOCVD装置は有機化合物ガスを利用したエピタキシャル成長技術であった。いずれも1980年代を通じて技術的に困難な課題を抱えていた[9]。MBE装置については，高真空チェンバーを使用するために高価格かつスループットが小さいといった問題があった。またMOCVD装置については，当時①液体に比べて不安定な気体の制御，②材料ガスの高純度化と低価格化，③毒性の高い材料ガスに対する安全性確保と毒性除害設備，という課題の解決が望まれていた。これらが，専門家らの集中的努力によって解決されるべきとみなされていたのである。

> GaAsなんかも，最初はMOCVDなんて方法は誰も思い付かなくて，他の方法でやっていて，MOCVDが良いっていうのはロックウェルが特許出したわけですよね。で，それをごちゃごちゃやって良くなって。GaAsなんかでMOCVDの研究やっている人なんて，もういないですからね。それは装置屋さんに任せましょう。こっちはこっちでやりましょうという風になってますからね。
>
> 昔は中研にも内作部隊とかいたんですけど。今もいますけど，20人ぐらい。

第Ⅰ部　技術的パラダイム革新のメカニズム

図表３－２ ● MBE 装置

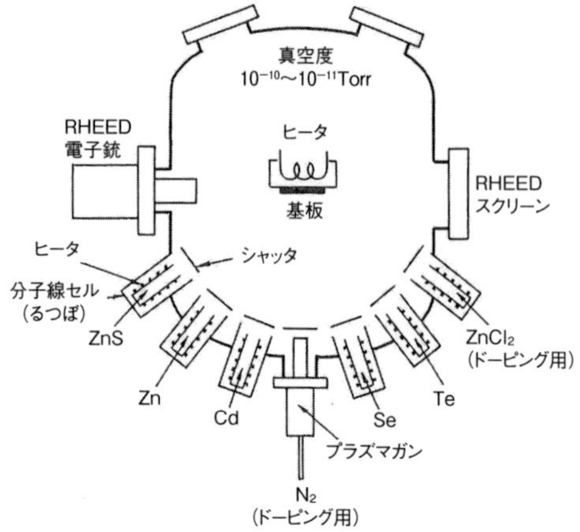

（図中ラベル：真空度 10^{-10}〜10^{-11}Torr、RHEED 電子銃、ヒータ、基板、RHEED スクリーン、ヒータ、分子線セル（るつぼ）、シャッタ、ZnCl$_2$（ドーピング用）、ZnS、Zn、Cd、Se、Te、プラズマガン、N$_2$（ドーピング用））

出所：藤田・石橋（1997）p.72, 図2.20。

旋盤とか。昔はもっと大きかったみたいですよ。ガラス細工の専門家とか。それもだんだん小さくなって，結局外に頼んだ方が安くて腕が良いとかそういうことになって[10]。

　84年から日本酸素は始めたんですけど，それから２，３年はビジネスになってないと思いますよ。ほんとにまだ，顧客から言われた通り作るというスタンスで。本当にこれで作ったらできるんだよということを言い出すのは，80年代の後半じゃないですか。メーカー自体が自分のデザインを主張し始める。それまでは，顧客に言われるがままに，適当にやる，形状変更してやるとか，注文に応じてやるとか。…
　日本真空とか日本 AMC というところがありますけど，基本的に客の注文に合わせて。〔もともとは〕配管屋。ガス配管。そういうチューブ使って。配管ジャングルみたいなのを作って。溶接配管ですから，ステンレス・チューブをうまくバリなしでやるのは，けっこう難しい。今は誰でもできるんですけどね。マニュアル通りにやれば。昔は職人仕事だった。

やっぱ文化は違いますね。装置の場合は，ガスの流れのダイナミクスとか，ガス切れの問題とか，ガスが対流しない構造とか，いろいろ気をつけなきゃならないことがありますし，一方，成長の方は，このガス増やすとどういう電気的特性になるだとか，全然話は違いますね。たぶん，エピをやってたから装置もできるだろうというのは全然当てはまらなくて[11]。

発光デバイス技術の進歩は，結晶成長技術の進展を受けて，結晶成長・デバイス設計の専門家らの努力によって着実に実現されてきた。発光効率の変化がたどった軌跡は，ここ20年間に断続的向上を示していた[12]。また発光デバイスの短波長化も赤から黄色，黄緑色へと順次進展していった。1990年前後には，この短波長化の軌跡があまりに明確であったことから，その延長線上の予測として「青色は21世紀の技術」という業界全体の一致した見解が生まれたと言われる。とくにVPE装置という新しい結晶成長技術の登場が，当面の短波長化，高輝度化，高効率化を約束したとさえ考えられていた。

(2) 青色LED開発をめぐる競争関係

青色LED開発のためには，禁制帯の大きい半導体材料が必要である。禁制帯が大きいほど，電子と正孔の再結合による放出エネルギーが大きい。青や紫などの短波長光は，だいだいや赤のような長波長光と比較して大きなエネルギーを必要とするため，青色LED開発のためには限られた材料しか使用できないことが以前から分かっていた。

1980年代後半までの報告によると，青色発光する各種化合物半導体デバイスは，外部量子効率10^{-3}％から0.1％の間でゆっくりと進歩してきていた[13]。量子効率とは，LEDに注入したキャリア（電子や正孔）が，光子（フォトン）に変換される割合を言う。キャリアと結晶外に放出される光との割合は，とくに外部量子効率と言われる。

しかしこの時の輝度は，2〜10mcd程度と実用には耐え難いものであった。実用化と呼ばれるには，個別表示用パイロットランプで20〜30mcd，屋内用ランプで100mcd，屋外用で最低1cd，日光の下では2cdが必要とされる。既存の青色LEDは，幅広く使用可能な水準から見れば，数百分の1程度の性能し

図表3-3 ●発光デバイスの技術的トラジェクトリー（模式図）

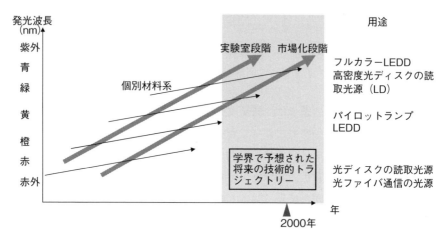

出所：藤井（2001）p.211, 図3。

か有していなかったのである。開発の端緒を掴んだばかりの青色LEDの実現可能性は，未知であると言って良かった。1980年代前半から，赤﨑氏の研究室で青色LED開発を始めた天野 浩氏（現名古屋大学教授）と小出康夫氏（現独立行政法人物質・材料研究機構グループリーダー／統括マネジャー）は，青色LED開発の不確実性について，次のように語る。

　　〔青色発光デバイスについては〕今となっては夢と言えるんでしょうけど，当時は海のものとも山のものとも分からない，何だか得体の知れないものというのが，近いんじゃないでしょうか。まぁ，その世界を自分で体験できれば良いんじゃないかということで。当時は，誰もやってませんでしたから。…私，マスターのとき，〔年に〕1,500〜1,600回実験やりましたよ。失敗の数がそれだけですね。最初は何もないですからね。テキストも論文も。1日2回とか3回とか成長してダメだったら，だいたい下宿に帰って，どうしてダメだったのかなぁ，って考えて，その夜寝る前とか，朝起きるぐらいの時に，ここ間違ってたんじゃないかっていうようなアイデアが浮かんで，大学に行って実験してやっぱりダメだったっていうようなことを何回も何回も繰り返してやっていくうちに，少しずつ形が良くなっていったっていうのが[14]。

第3章 技術的パラダイムからの逸脱

　大学は，たぶん，赤﨑先生がたまたまそういうのをやっていて，ラッキーやったと思うんですけどね。他の先生でも，GaNに賭けてみるんだったら，できたと思うんですよね。ただ残念ながら，ZnSeの方に。その選択肢はどうやるかというのは，申し訳ないけど，これがものになると思ってやってないですよね，確信はあるかもしれないけれども，A，B，Cがあって，Aにするんだというのは，結果的には運以外には言いようがないと思いますよね[15]。

　こうした高い不確実性にもかかわらず，1980年代後半から，結晶成長・デバイス設計の研究者らは，材料としてZnSeを選択する方向へと収斂し始める。
　この傾向を，国会図書館に収められた国内雑誌における論文数で見てみると，GaNの場合1980年代を通じてほぼ横ばい（ないし微増）であるのに対して，ZnSe系の研究は着実にその数を伸ばしていた。論文の実数値で見た場合，例えば80年代前半については，両者の間にはきわめて小さな差しかないように思われる。しかし公刊論文の背後には，より多くの学会発表が存在している。工学系では単著の論文・研究発表は少ないので，研究者人口の差は論文数で見たよりも大きいと推測される。また世界での研究動向も，おおむね類似したパターンをとっていた[16]。
　このZnSeへの収斂のきっかけとなったのは，エピタキシャル成長に適した新しいVPE装置の導入であった。
　エピタキシャル成長には，基板ウェハと薄膜成長する物質との間で，結晶構造の相性（格子整合）を考慮する必要があるというのが，以前からの常識だった。堆積される薄膜の結晶方位は，基板の結晶方位の延長上に形成されるため，格子定数が異なると，成長層が圧縮ゆがみや引っ張りゆがみを受け，弾性ゆがみエネルギーを蓄積してしまう。成長層が十分薄ければ，このゆがみエネルギーも吸収されるが，一定の厚みを超えると，このゆがみが「弾け」てしまい，成長層自身の格子定数を維持しようとするのである。その結果，格子欠陥やクラックが著しい結晶膜しか得られない。結晶欠陥が増加するとそれが電気抵抗となって，結晶内の注入キャリアの移動度が低下する。その結果光電変換効率は低下するし，発熱によるデバイスの劣化が促進される。
　こうした常識的な考え方は，歴史の古いGaAs系の研究蓄積に由来していた。

第Ⅰ部　技術的パラダイム革新のメカニズム

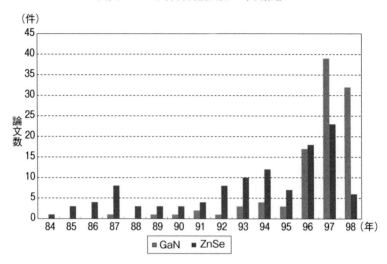

図表3－4 ●材料別論文数の年次推移

出所：藤井（2001）p.212, 図4を修正。

ZnSeはGaAsという安価な基板と格子整合が良く，GaNの結晶品質と比較すると，7～8桁高水準であった。1980年代からソニーにおいて開始されたZnSe系LD開発に，1990年代に入って参加した石橋　晃氏（現北海道大学教授）は，ZnSe系材料が選択された経緯について，次のように語る。

　〔GaNは〕やっぱり基板が基本的にはないから，全くのヘテロ〔エピタキシャル成長〕ですよね。これはまぁ，そういうので〔デバイスを〕無理やり作っても，結局ディスロケーション〔転位〕だらけで，普通は急速に劣化しちゃうんでものにならないと。まずは，結晶屋の感覚で言うと，基板の上に入るものはできればホモ接合が良いんだけども，しょうがなく一歩譲ってヘテロになったとしても，〔格子〕定数ができるだけ合って，ディスロケーションなんかは入らない方が良いというのが常識。ですから，こういうのが出ても，まだ本命とはならないというか，後のスケーラビリティのところでいつか大きな壁があるだろうと思っちゃったところが，その当時の常識的判断だったと思うんですけどね[17]。

第3章 技術的パラダイムからの逸脱

さらに，開発者たちの動向を決定付けたのが，1991年アメリカ３Ｍ社のZnSe系MQW構造青色LDの低温パルス発振であった。先の石橋氏は，当時の様子を次のように語る。

> 僕の感じではですね，91年以前というのはけっしてZnSeだけではなくて，SiCも一部やっていただろうし，ナイトライドも赤﨑先生がやっておられたわけです。まず全体のパイが非常に小さい中で，SiCとZnSeとナイトライドがいて，その中では割とZnSeが一番良いと思っていた人の割合が多かったかもしれませんね。ところが，91年を境にパイの大きさがわっと大きくなって，そこがほとんど３Ｍを追随しようとしたために，ZnSeのところがぱっと広がったと。そんなイメージだと思いますけどね[18]。

低温パルス発振とは，放熱による劣化を抑制するために液体窒素（N_2）で冷却しながら，かろうじてレーザー発振することである。実用化水準に到達するまでは，低温連続発振，常温パルス発振，常温連続発振，超寿命化（光ディスクに応用する場合は２万時間が目安）という段階を経なければならない。後に３Ｍ社のLDの寿命は数秒程度と明らかになったが，結晶成長装置メーカーには３Ｍ社と同じMBE装置への注文が相次ぎ，３Ｍのアプローチのヘゲモニーは確たるものとなった[19]。と言うのは，GaAs系LDの開発競争では，低温パルス発振から約７～８年経過すると，常温連続発振に到達するという経験則が存在していたからである。当時の学界の様子を，後藤 順氏（日立製作所）は次のように語る。

> 〔３Ｍの場合〕チェンバーは，リベールかどこかから買ってきて，Ｐ型のやつのラジカル・ソースというやつは，オクスフォード・リサーチという会社のラジカル・ソースを買ってきて。ZnSeのＰ型〔化するアクセプタ〕は，Ｎなんですよ。これのソースがなかなかなくて，苦労していて，MOCVDの場合は，NH_3とかを使ってやっている人もいたんですけど，こういう高真空だとなかなか難しいということで，プラズマを炊くんですけど，N_2ガスを流して。これは買ってきてるんですよ。○大にしろ，△大にしろ，みんなこれを買ったんです。うちも買いましたけど。数千万円ぐらいで[20]。

こうした技術の論理は，市場の論理とも結び付いていた。1990年を前後して，青色発光デバイスの早期実現を要請すべく，オプト・エレクトロニクス産業でLED市場の地位が低下し，光ディスク技術の記録密度向上への市場圧力が高まっていた。DVD規格競争の前哨戦はすでに始まっており，DVDの市場化を1998年冬季長野オリンピックに合わせようという動きがあったため，タイミングとしても最適だったのである。

一方，GaNが忌避された最大の理由は，高品質なGaNの結晶成長が不可能と思われたことである。

確かにGaNの禁制帯幅は3.39eVと大きく，高効率な発光デバイス材料として期待されていた。しかし禁制帯幅の大きい化合物半導体は，原子間の結合力が小さい。従って高品質の結晶成長が難しいとされる。さらにGaNには昇華性があり，液相が確認されたことがない。1万気圧以上もの高圧下で結晶核を発生させる人造ダイアモンドと同様の方法を用いる必要がある。このことがVPE装置の適用をきわめて困難にしていた。

GaNは，現在でもバルク単結晶が困難と言われており，基板に他の物質を用いたエピタキシャル成長以外に単結晶膜を得る方法が開発されていない。Si（シリコン）などバルク単結晶が得られる場合は，ウェハそのものに不純物をドープして，導電性を制御できる。しかしバルク単結晶がないGaNのような材料は，ウェハ基板の上に薄膜成長させ，その薄膜に不純物をドープするしかない。さらにGaNには安価かつ相性の良い基板物質が存在しなかった。かろうじてサファイアが基板ウェハとして採用されていた。現在ではSiCなどを基板に採用する方法もあるが，SiCの単結晶基板そのものが開発されたばかりで，まだ高価である。したがって当時の技術水準では，ZnSe以上の結晶品質をGaNで実現することは，もはや不可能であると判断されていたのである。

しかし，ZnSeが青色LEDの作成にとって最適な材料であったわけでもない。ZnSeはⅡ-Ⅵ族化合物で，Ⅲ-Ⅴ族のGaNよりも原子間の結合力が小さく，その結晶が非常にもろい。一般に，化合物半導体のもととなる元素が周期律表の左右両端に近づくほど，原子間の結合力が弱く，融点も低くてもろいと言われている。青色の光エネルギーは元来非常に強い上，LDにするとさらに強力になる。したがって，ZnSeは自ら発する光エネルギーによって崩壊する恐れ

も認識されていた。デバイスの信頼性や寿命という観点からすれば，ZnSe は，魅力に欠ける材料なのである。ZnSe のこうした欠点は，３M 社の中でも認識されていたことであると，GaN を採用していた赤﨑氏は述懐する。

　３Mに私が行ったらね，大変なことになったんですよ。やっぱり彼らは，やってる人は知ってたんですよ。ZnSe の怖さを。もろさを。
　私はマテリアル・リサーチ・ソサイエティの帰りに，ミネアポリスに行って，こういう仕事を持っていったら，階段教室にいっぱい来てたんですよ。でね，ビデオ撮らせてくれって言うんですよ。私はそれだったらやらないと言ったんですよ。講演というのとペーパー出すのとは違うんですよね。…ビデオで撮るのと，OHP 使いますよね，データまで全部詳細に撮るわけですよ，ゲストとして迎えてて。僕は何もいらないから，僕はしないと言ったんです。そしたら，講演だけでも，と言うんで，僕はしましたけど。向こうはやってるがゆえに，知ってたんじゃないですか。わたしは最初からそう思ってましたよ[21]。

　また，禁制帯幅が約2.7eV というのは，青色発光の必要最低ラインである。もし単色性の高い青色を得ようとするならば，GaN よりはるかに厳しい結晶品質を確保せねばならなくなる[22]。結晶欠陥や不純物が存在すると，禁制帯の途中に別のエネルギー準位が生まれ，バンド間発光が妨げられる。すなわち，放出される光エネルギーはその分小さくなり，発光波長は長波長方向にずれるのである。従って ZnSe の場合，文字通りに「完全」な単結晶膜が実現しないと，青色発光できないことになる。事実，ZnSe 系の LED や LD は青緑色発光のものが多かった。これとは対照的に，GaN はもともと禁制帯幅が大きいので，バンド間発光の場合，青色を通り越して紫外域へ達してしまう。発光色の制御のために，あえて Zn などの不純物をドープするほどである。

　結晶成長装置についても性能軸のトレードオフがあった。MOCVD 装置に比べ MBE 装置は原子レベルの制御性の良さ，その場観察の容易さなどの長所があった。しかし，そのメカニズムの複雑さゆえに相対的高価格，量産に向かないなどの欠点があった。MOCVD 装置は相対的安価に加えて，スループットの大きさ，すなわち量産技術を確立しやすいという決定的長所があった。赤

外域LDの量産に用いられるなどの実績もあった。しかし，ZnSeやGaNのような新しい材料開発のためには，有機ガスの毒性やその供給体制についてまだまだ問題があった。

　以上のように，ZnSeを中心として開発競争が制度化されていったが，必ずしも客観的にZnSeがGaNよりも優れているという確証は存在しなかったのである。3M社は，基礎研究レベルの成果として，MBE装置による青色LDのパルス発振を報告したに過ぎない。それにもかかわらず，ZnSeを中心として中枢が構築され，一方でGaNの研究は辺境へと追いやられていったと考えられる。以下では，この辺境から基礎技術が確立された後で，急速に技術的成熟が実現した過程を振り返る。

3　辺境からのイノベーションの発生過程

(1)　基礎技術の確立

　1970年代，GaN研究は，塩化物をソースにしたHVPE法による結晶成長と，導電性制御のために様々な不純物のドーピングが行われていた。しかし，GaNはドーピング以前にすでにN型化しており，P型化については高抵抗化するばかりで容易には実現しなかった。

　RCA研究所やスタンフォード大学で研究を続けたマルスカ（Maruska）らは，P型GaNの必要ないLEDを開発した。これはMIS型と言われ，構造的に問題の多いものであった。発光層が絶縁体であるため駆動電圧が高く，発光効率が10^{-3}％ときわめて悪い。また絶縁層をきわめて薄くしなければならないことが，強い電界による絶縁破壊や，リード線蒸着技術を困難にするなどの問題を生んでいた。したがって実用的観点からすれば，発光効率，信頼性，生産技術いずれの面でも優れたPN接合型LEDの実現のために，開発努力が衰えることはなかったのである。

　GaN系青色LEDに関する基礎技術を確立したのは赤﨑氏である。松下技術研究所に勤務しGaAsの結晶成長で成果を上げる傍らで，1974年にGaNの結晶成長に着手した。応用物理学では元素の電気的特性（元素周期表の族に依

存）に精通することが重要とされ，赤﨑氏自身の発言から，GaAs がⅢ－Ｖ族化合物であることが GaN に関心を寄せる１つの理由になったと推察される。

> 私は〔松下電器東京研究所に〕着任と同時に，GaAs を中心とするいまだ草創期のⅢ－Ｖ族化合物半導体の研究を始めました。私の基本方針は「結晶成長からデバイスまで一貫して行う」というものです。これは，半導体は結晶が基本ですから，研究を進めるには結晶成長に軸足をおいて研究するということです。GaAs の次に GaP，さらに GaAsP 混晶等へと半導体の種類も，またデバイス応用も電子デバイスから光デバイスへと広げていきましたが，あくまで基板結晶作製，各種エピタキシャル成長，その物性研究，デバイス応用を一貫して行うという方針の下，それらの新しい結晶成長技術の開発に力を注ぎました。そして，…GaAsP 赤色発光ダイオードなどを開発しました。…次いで，気相成長法と不純物拡散により GaP の緑色発光ダイオードも開発しました。しかし，これらの材料では，青色発光は原理的に不可能です。
>
> 半導体で赤色，緑色発光を開発すると，次は青を……，と考えるのはごく自然ですね。こうして，1970年代初めころ，まだ誰も実現していない"（新しい p-n 接合型高性能の）青色発光デバイス"を求める私の旅が始まったわけです[23]。

また，先の小出氏も同様な点を指摘する。

> 例えばですね，化合物半導体の世界では，赤とか他の色の発光ダイオードというのは，できてたわけですよね。そしたら，次は青だと。青ならこの材料だと。決まれば，それに集中すれば良いんですよね。〔赤ならこういうやり方があって〕というような知識を使えるわけですよね。その知識さえ蓄えておけば，青の材料の特徴を見ていけば，ここは赤と似ているね，だから赤のこのやり方が使えるね，ここは赤と違うね，っていうのが見えてくればですね。ただ単に今日は失敗したから，もうダメだという風にはならないですよね[24]。

応用物理学の世界では，赤﨑氏のような研究者を「クリスタル・グローワー（crystal grower）」と呼ぶ。彼らは工学者として新たな半導体材料を開発して

その可能性を示すこと，また科学者としては半導体の真性の物性を解明することを使命とする。1980年代から結晶成長技術の研究を行ってきた酒井士郎氏（現徳島大学教授）は，以上の２つ使命を，「有益さ」と「面白さ」として表現している。

　　私らが技術を選ぶ時にはですね，キーワードは２つで。「面白い」ことか，「有益」なことかですよ。私自身が選ぶのにね，１つの選ぶ基準にしているのは，この技術が開発されれば，別の技術がぶっ壊れるであろうということ。これが，もともとの発想の原点ですよ。
　　私が82年からやっていたGaAs on Siももともとはそういうことで，Siは１枚1,000円ぐらいなのに，GaAsは10万円ぐらいするんですよ。かつ大きさは全然違うんですよ。Siはでっかいのに，GaAsは小さい。Siの上にGaAsを載せることができれば，Si並の大きさのこんなでっかいGaAsをSi並の値段でできるやないかと。で，その当時はバルクのGaAs作って，引き上げでやってたんですけど，この分野は必ずつぶれるなということで。その延長線上でGaNもやってるんですけど，発想的には。技術屋の発想なんてみんなそうですよ。「面白い」か「大事」か。
　　学者の世界では，けっして世の中に認められてなくて，そんなこと関係ないんですよ，世の中がどう騒ごうが，そんなこと関係ないんですよ。自分が面白いと思ったら面白い。それで十分満足してやっている人はたくさんいる…ほんとたまたま。日が当たるか当たらないかなんて。で，当たらないからといって，別に悲観するわけじゃないんですよ。それで良いんですよ[25]。

逆に言えば，デバイスを実用化して利益を追求することは副次的な意義しかなく，むしろそうした作業は企業に委ねられるべきものと考えられているのである。

以上の使命にとって，結晶品質を向上させることが必須の作業となる。不純物や結晶欠陥が多い半導体は真性の物性を示さず，最終的に工業品としての信頼性や歩留まりを確保できないからである。P型化できないGaNも，劣悪な結晶品質に原因があるというのがGaAs系研究を行って以来，赤﨑氏が持ち続けた確信であった。

先ほどモスクワ〔1968年の国際会議〕のこと言いましたよね。私はGaAsの世界最高純度のを持っていきました。GaAsはね，1967年までは，〔結晶欠陥が〕10の17〜18乗ぐらいあったんですよ，多いときは。〔この数値が大きいほど結晶品質が悪い。〕これを私は，VPEという方法で，14乗ぐらいにしたんですよ。で，このネガティヴ・レジスタンス〔不正抵抗〕が出てきたんです。それ以外にも，今まではバックグラウンド〔結晶性〕が悪いために隠されていたいろんな本当の性質が出てきた。イントリンジック(intrinsic)って言うんですけど。…GaAsでも結晶を良くしていくと，本当の性質が出てきますよ，ということを，ずっと言い続けていたんですよ。
　ところで，時が移ってGaNになった。1985年まで〔の結晶品質〕は，全部19〜20乗でしたね。これと同じように考えて，少なくとも2桁か3桁減らすことが先決であると。私はしょっちゅう言い続けてたんですよ。…
　だから，松下に行っていた時の一番の教訓は，これですよ。〔GaNについて〕ペーパーは書けなかったですけど。苦労ばっかりしていて。…ただ考えてみると，その間に得たのは，〔結晶欠陥を〕2桁ぐらい下げれば，きっと先が見えるだろうと，半ば信念みたいなもの。〔アイデアというのは〕やらないと出てこないですよ。…私が〔GaNの〕P型やるときも，GaAsという体験を通じて，私が会得したものです。私が体感したものです。それをやってないと，そういう実感は湧いてこないですよ[26]。

　1970年代にはMOCVD法，MBE法などHVPE法に代わる新しい結晶成長法が生まれつつあった。とくにMBE法は高真空中での反応によってエピタキシャル成長を行うため，意図しないドナー濃度を少なくできるという期待がかけられた。
　赤﨑氏らはMBE法によるGaN成長を通産省中核プロジェクトからの助成（1975年開始）により行った。ただし，MBE法自体がまだ揺籃期にあったため，並行してHVPE法による研究も進められた。1978年には中核プロジェクトの目標であるMIS型LED（発光効率0.12％）の試作に成功し，1981年には松下技研からサンプル出荷された。しかし，実用には発光効率も輝度も不十分という理由で量産にまでは至らなかった。
　これは例外的なことではなく，例えば1981年に三洋電機はSiC系青色LED

（発光効率0.02％）をサンプル出荷したが量産には至らなかった。SiCは1920年代から研究されており，また禁制帯幅は3.0eVと十分に大きいが，発光と並行して熱放射（つまりエネルギー損失）を伴うこと，3つ以上の元素の組み合わせ（三元混晶）が不可能といったことが，技術の将来性を大きく制約する原因として問題視されていた。従って，SiCを研究する場合には，他の応用（熱や力学的な耐性を利用したもの）を念頭に置く分には問題はなかったが，少なくとも発光デバイスには適さないと考えられていた[27]。

1981年に赤﨑氏は名古屋大学へと移籍した。企業では，たとえ基礎研究所と言えども，GaNのように実用化にはほど遠い材料開発は難しい。ここで，以前から懸案であったMOCVD法の適用が始められた。しかしその頃，GaN研究はますます衰退し，日本でGaN研究を行うのは赤﨑研究室のみとなっていた。

> 窒化物というと，どちらかと言うと，半導体というよりはセラミックという風に見られた時期もありましたよね。窒化物ってだいたい絶縁体なんですよ。どちらかと言えば，ゲテモノですね。何か芽が出てくれば良いんじゃない，という風に見てられた方が多かったんじゃないですか[28]。

彼らは，まずMOCVD装置の立ち上げから作業を進めた。信頼できる市販の装置は存在せず，高額であったこと，またどのみちGaN用に最適化するために改造が必須であったことから，研究室の実戦部隊である学生たちが部品を購入して組み立てたり，町工場へ出向いて加工してもらったりと，地道な作業が続けられた。当時の様子は，実際にMOCVD装置の立ち上げを行った天野氏の発言から垣間見えるので，少々長いけれども引用する。

> 当時，建物が移転する話がマスター1年の時にあって，どうせなら新しい装置を作ろうということで，やっぱり装置，成長法も新しい方が興味というか，やる気が出るもんですから。当時，豊橋技術科学大学から小出康夫先生〔当時博士後期課程〕がお移りになられて，一緒に設計から組み立てを行いました。
>
> まず設計図を作りますね。その時にポイントになるのは，まずガスを何に使うか。水素を使うか，窒素を使うか。これがけっこう重要な問題になって，

反応の制御の仕方が変わる。ただし，水素というのはハンドリングが非常に危なくなるので，そういった安全対策も考えなきゃならなくなる。こういった配管で設計図を作ると。この時，設計がまずいと，原料が供給されなくなっちゃうということが起きるんですね。ですから，まずは設計図を書いてそれから組み立てるんですけど，実際には配管を曲げたり。ステンレス・パイプを。ベンダーって，曲げるやつとかね，後はカッターがありまして，それを切ったり曲げたりして組み合わせていくわけですよ。その時に，半導体で重要なのは，ゴミを入れないこと。ですから，切るときもゴミが出ないように切るというのは当たり前ですけど，汗かいて中入っちゃったらそれがずっと後に残るわけですから，そういうのがないようにする。漏れがあれば，水分とか酸素が膜の中に取り込まれてしまうので，それがないようにリーク・チェックと言って，真空に引いて，真空がどの程度それが引けるかとか，逆に圧力をかけて，圧力がどの程度まで抜けないかというのをチェックしたりしました。後は，加熱方法ですけど，誘導加熱といって，高周波の電流をコイルに流すと。その中で磁場ができるので，その磁場によって中のグラファイトに電流が流れて，加熱すると。その巻き方とかですね，うまく巻かないとマッチング，整合性が悪くてですね，なかなかパワーが十分伝わらないということで，その巻き方も注意して，投入したパワーがほとんど効率よく伝わるように，何回か試行錯誤してやるわけです。電流を流すと高周波ですので，銅パイプを使うんです。中空の。もう1つの理由は，中を冷やさないと，水を通さないと，加熱されちゃってボロボロになっちゃう。で，銅パイプをきれいに巻くというのはそう簡単じゃなくて，バーナーであぶってガラスの筒にぐるぐる巻きつけていくわけです。手作業で。

　一番のポイントは，MOCVDというのは，ガスのフローの制御が一番大切なんですね。それは最初の設計だと全然ダメで，何回も何回も苦労して，まともな膜が付くような形に少しずつ石英管を，今回こうやったけどダメだった，少し曲げようとか，ないしはこれをちょっと動かそうとか，そういうのを何回も何回も繰り返して。ガスバーナーが研究室にあったもんですから，高温のガスバーナーを使ってうまいこと細工するわけですよ，曲率とか長さとか。それはもうすぐできましたですね[29]。

一方で，研究室の責任者としての赤﨑氏は，学会や研究会を通じてGaNの優位性について主張し続けた。

> みなさん（ZnSeを）分子線エピタキシー（MBE装置）でやってたんですけど，MBEという方法は，確かに上手い方法だと思うけれども，私はあれは軽石だと呼んでいた。火山が爆発するでしょ。それの灰みたいなやつがたまる時に，空気なんかと一緒にぐちゃぐちゃっとなる。それで，中スカスカなんです。…
> ジンク・セレン自体が柔らかい。それが1点。それから，加工しやすい。それは良いんだけども，それが欠点にもなる。ある時，私は電子顕微鏡で見た。電子線を当てる。もちろん試料は薄いですよ？だけれども，電子線を当てて，すこーし格子が動くんですよ。こういうのはね，いわゆるロバストじゃないと。だから，実際のあれにはなかなか耐えられないだろうと[30]。

しかしながら，そうした主張にもかかわらず，研究予算を集めるには大きな苦労が伴った。学術研究という公共的な使命を担っている大学の研究者であっても，あまりに不確実性の高い研究テーマを掲げていると，研究費の調達が困難になるのである。とくに最先端の半導体デバイス開発などを行う場合，他の領域に比較して大きな費用がかかると言う。赤﨑氏らの最大の障害は，この研究費をいかに調達するかということであった。以下は，赤﨑氏，平松和政氏（現三重大学教授），小出氏による当時の回想である。

> うちの研究室はこれやるんだよ，と，もちろん他のテーマを選んだ学生もいるんですけど，天野君なんかはそちらに惹かれたんでしょうね，だから何人かの人は，ついてきてくれたと。だけれども，それはやっぱり何年もそれを維持をしてくにはね，相当なあれがないと。資金を集めてこなきゃならんし。あらゆる手段を講じて資金を集めましたよ。もう教授の仕事はそれですよね。方針を決めて，それから資金を集めてくる。もう湯水のごとく金使ってましたよ。もう赤字で有名でしたよ。でも，少しずつ戻ってきましたから，最後には返したんですよ[31]。

〔企業との共同研究は〕具体的に何年計画で，年度ごとの目標が決められて，報告書をそれなりに出して，発表義務というのがありますしね，評価もされますしね。…〔科研費よりも〕厳しいですよね。科研費はあんまり厳しくないですよね。額が違いますもん，全然。科研費で一番大きいのでも，一般のAでも，せいぜいで4～5,000万ですからね。それもほとんど当たりませんし。日本で同じテーマでせいぜい何件かという程度ですしね。それとは1桁違いますからね。実際にモノを製品にまでどう結び付けていくかが問われますからね。まぁ，もらえばうれしいと思いますけどね。そりゃ苦しいけどね，仕事の半分は達成したような感じですよね，まず資金源を獲得するということは。…

そりゃものすごい時間ですよ，それやってたら自分の研究できないくらい。とくに工学部系って，とくに半導体関係なんてお金かかるでしょ。装置なんて1台何千万とかするでしょ，高いのになると1億超えますからね。材料費とかでも，非常に高級なガスとか基板，サファイアとかたくさん使いますので，何百万とか，1千万超える額の消耗品を使ってるわけですよね。そういうのを，うまくお金を持ってきて，それをうまく運用するというだけでも，すごい仕事ですよね，プロフェッサーとしてね。とくに半導体やってる，とくに最先端のデバイスやってる先生は，必要な能力じゃないですかね。…わたしなんかは，〔発表義務や評価の〕プレッシャーというよりは，むしろお金がなくてプレッシャーですよね。お金がなくて競争できないという。とくにいまナイトライド関係が，研究人口が猛烈に増えちゃったもんですからね[32]。

当時赤﨑先生は，還流してましたよね。当時，GaNみたいのはお金つきにくい。ついたとしても，ゼロじゃないにせよ，わずかな。当たりやすいテーマで取ったお金をGaNに。うちもそういうことやってますけど，今や。何かまだそう分かってない，マチュア（mature）でない，この先どうなるか分からないというテーマをやるときこそお金かかりますから，こちらの方に稼ぎ頭のを置いて，ビッグマネーを取って，こちらは成熟してきていますから，あまりお金は要らない。そしてこちらを育てるためにお金を使うと。そうするには，大学の教授としてある程度軌道に乗ってきてないと，難しいかもしれないですね[33]。

こうして，かろうじて維持・継続されたGaN系研究の当面の課題は，格子欠陥や不純物濃度を低減させることであった。p.84の赤﨑氏の発言にもある通り，GaAs系研究の経験から，GaNの本来の可能性を評価するには，こうした努力が必要不可欠であるというのが，彼の信念であった。1985年当時のGaNは，意図しないドナーの残留濃度が高く，その指標である自由電子濃度は，$10^{19}\sim10^{20}/cm^3$という高水準にあった。この意図しないドナーとは，結晶欠陥や混入不純物である。アクセプタを$10^{17}\sim10^{18}/cm^3$ドープしても，残留ドナーがその効果を相殺して，P型にはならない。そこで自由電子濃度を$10^{16}\sim10^{17}/cm^3$程度に抑えることが当面の目標として設定された。

　ここで最大の障害となったは，GaNの格子不整合である。赤﨑氏らは，この格子不整合を次のように克服した。サファイア上にまずAlN（窒化アルミニウム）を低温堆積させ，その上にGaNを成長させるという方法である。AlNの格子定数は，サファイアとGaNの格子定数の中間に当たる。低温堆積のバッファ層を導入することで，ゆがみエネルギーはうまく吸収され，格子不整合が緩和される。このことは，他の材料（例えばSiCなど）でもすでに試みられており，この方法がうまく機能したのである。自由電子濃度は$2*10^{17}/cm^3$にまで低減し，まもなく$10^{16}/cm^3$台に到達した。以下は，赤﨑氏の手記からの引用である。

　　こうして実験を繰り返すうち，いつの間にか，「GaNの場合，この（結晶性を反映する）モフォロジーの抜本的改善がかならずすべての問題解決への道を拓いてくれる」という"信念"のようなものを抱くようになった。そこで，MOVPE法について，また基板結晶の選択，前処理等を含め種々条件を変えながら実験し，日夜，打開策を探り，いわば歩きながら考えつづけた。
　　最終的に達した結論は，まず，（1）基板結晶としては，実験結果から見て総合的にサファイアがもっとも良いので当面これに絞る。そのサファイア基板とGaN結晶の間のきわめて大きなミスマッチ（格子定数，熱膨張係数等）による悪影響を軽減するには，（2）なにか柔らかい構造の緩衝層が中間層として必要ではないか，（3）その緩衝層としては，サファイアかGaNと物性（定数）が似通っている材料が望ましい。ここまで考えたとき，すぐAlN，ZnOそしてSiCとメモ書きした。そして，ZnOとSiCについては，

当時それらの研究をされている東西の大学にそれぞれ共同研究をお願いした。しかし，なかなか進展しなかった。それは，それらの結晶自体，極めて作り難い材料であったからである[34]。

またAlNバッファ層が発見される経緯について，天野氏は現場の視点から次のように述懐する。

> 小出さんはAlGaNという混晶を，私はGaNをという風に手分けしてやりましょうということになっていて，結晶の質を上げようということをテーマにしてたんですけど，先ほど言ったように，あんなような〔すりガラスを指差して〕結晶しかできなかったんですよね。
>
> で，たまたま小出さんが作っている結晶を見ると，私が作っている結晶より表面がきれいだった。やっぱり私は技術がないんだろうと思ってたんですけど，よくよく見ると，アルミが入っていると，平坦になっているような感じを受けた。その時ちょっとアルミを使ってみようというアイデアがあった。
>
> もう1つは，シリコン上のGaAsとかでやっている方法があって，それが頭の中に入っていた。シリコン上にGaAsを付ける時に，温度を下げてGaAsを付けて，温度を上げて付けると，低温だと表面にマイグレーションがないですから，一応均一に付くんですね。しかも，シリコンにダイレクトなのよりは，GaAsに近いものがGaAsの下に付いているので，GaAsが付きやすいというのが分かっていて，それも試していた。サファイアの上にGaNを低温で付けていて，その上に高温でGaNを付けていた。多少は良かったんですね。ですけどやっぱり，穴ぼこが多いような結晶しかできなくて。
>
> そのとき，小出さんのやつ，アルミっていうのを思い出しまして，たまたま調子が悪くて，温度が上がらなかった時に，最初に付ける層をGaNじゃなくて，AlNに変えてやってみたんですね。それが良かったんですね，やっぱり。取り出した時に，まったく付いてないと思うぐらいに，非常にきれいな結晶ができた。最初，原料流し忘れたかなぁ，と思いましたよ[35]。

続いて赤﨑研究室は，クリスタル・グローワーとしての第2の使命，すなわち，科学者としてGaNの物性を解明することを目指した。バッファ層効果のメカニズム解明と最適条件の分析である。1985年頃から1989年頃にかけて，電

子顕微鏡，X線回折法，CL（Cathode-Luminescence：電子線照射による励起発光）法などの多様な評価解析が精力的に行われた。これらの方法は，クリスタル・グローワーにとって標準的に用いられるものである。CL法では，ウェハに照射する電子線のエネルギーを受けて価電子帯の電子が叩き上げられる。この電子は自由電子となる一方で，価電子帯には正孔が生まれる。そこで自由電子と正孔が再結合することによって発する微量の光エネルギー（励起発光という）を観測し，結晶内部の構造を推定するのがこの方法である。

赤﨑研究室では，澤木宣彦氏（当時名古屋大学助教授，現愛知工業大学教授）を中心にGaAs系研究も行われていた。GaAs系の研究は結晶成長から先に進んで，量子構造の解明など評価解析が重要なフェーズに入っていたと見られる。GaAs系研究でのノウハウ蓄積が先の平松氏の移動という形でGaN研究に活かされ，数本の論文が発表される。以下は，平松氏の発言である。

> この時私は，むしろ〔以前の指導教授の〕西永先生の研究をやっていて，InGaAsPという四元混晶ですね。普通のⅢ-Ⅴです。現在，赤色レーザー関係のマテリアルになりますね。ドクターの2年か3年かの時に，赤﨑先生の，むしろ結晶を作る方の研究に変わったんですね。私は西永先生の時は，むしろ理論的なことをやってたんですよね。電気伝導の計算とかやってたんですよ，西永先生といっしょにね。途中からやっぱりものを作った方が良いだろうと。赤﨑先生は実験が主体でしたから。ものを作る方を主体で，装置も松下から持ってこられたものがありましたから，それを使って，赤﨑先生の指導もあって，立ち上げたんですね。…
>
> 助手で3年ぐらいは，〔博士論文で〕InGaAsPのをまとめてましたから，それを取った後に，ナイトライドの方もこれから見通しがあって，赤﨑先生からも頼まれまして。まずは天野君がMOVPEを立ち上げてきたと。で，バッファ層というアイデアにつながってきたと。私はむしろ，1986年ぐらいから，バッファ層のメカニズムみたいなところですよね，それからひずみはどうなってるんだろうとか，そういうところでいろいろと貢献させてもらったと思いますけど[36]。

第3章　技術的パラダイムからの逸脱

　Ｐ型化の転機は1988年に訪れる。結晶品質はＰ型化に十分な水準まで向上していたが，依然として高濃度のアクセプタ（Ⅱ族ＢのZn）をドーピングしてもＰ型化には至らなかった。以下は赤﨑氏の発言である。

> 　Ｐ型を作るときは，最初Znばっかり入れてたんですよ。〔天野君とともに〕2人とも最初はZnということにこだわってたんですね。Znを入れるとよく光るから。で，実験は彼〔天野氏〕がやってくれて，〔結晶品質が〕きれいに15乗ぐらいになった。さあ，ドーピングしようと。そしたらＰ型になると。来る日も来る日もZn入れてた。でもどうもならない[37]。

　そこである時に，電子線を照射するとGaNに奇妙な現象が起こることを偶然に発見する。しかし，この段階ではその発見の意味は不明なままであった。以下は，天野氏の述懐である。

> 　たまたま，今で言うインターンシップ，NTTに2ヶ月間，夏休みの間，マスターの2年の時に行かせてもらったんです。NTTでは，CLで電子線を当てて，GaAsの評価をやられてたんですけど，最後の1週間，せっかく来たんだから，私が持っていったZnを入れたGaNを評価させてもらったんですね。その時に，CLを見ていると，どんどん青くなってくんですよね。電子線当てているだけなのに。実際，電子線当てたところは，当ててないところに比べて，青の発光強度が全然桁違いに違う。みるみる上がっていく。これは非常に面白いと思った。で，当時は明るくなると思ってたんですけど，それだけで終わってたんですね。まぁ，その結果は，北京の国際会議とかで報告したりしてたんですけど[38]。

　さらに時間が経過し，試行錯誤が繰り返される中で，1989年になると，アクセプタには同じⅡ族元素でも，これまで用いていたZnよりMg（マグネシウム：Ⅱ族Ｂ元素）の方がＰ型化に適しているという事実へと到達した。アクセプタのZnが電気陰性度（陰イオン化のしやすさ）が大きく（1.7），電気的に陽性である正孔を作るならば，同じⅡ族でもMg（1.3）の方が適しているということは，教科書にも載っている事実である。ところが，これまでZnにこだわり続けていたため，それに気が付かなかったのである。ここでMOCVD

法を用い Mg をドープした。ただし，このままでは高抵抗であった。そこで，1988年の経験を踏まえ電子線を照射したところ，低抵抗 P 型 GaN が実現された。この時 PN 接合型の青色 LED を試作し，輝度は200mcd（順向電流＝10mA）を記録した。再び赤﨑氏と天野氏の発言を引用する。

　　　だけどやっぱりね，毎日毎日それ〔Zn のドーピング〕をやっていると，なぜだろ，なぜだろと思ってるんですね。あれ無意識にそう思ってるんですよ。ある時天野君としゃべっていたら，そうだ，Mg の方が良いんじゃないか，という話になって。
　　　ところが，いざ Mg を入れようと思ったら，有機金属化合物を分解する方法ですから，有機 Mg を使わなきゃいけない。それがない。輸入するのに何ヶ月かかかった。それが入ってきたら，一発ですよ。
　　　人間というのはおかしなもので，それまでずっと待っていたでしょ。それまで Zn で1年半ぐらい後れを取っちゃっている。亜鉛ばっかりにこだわっていて。夢中になると見えなくちゃってたんですね。
　　　だけどね，実験というのは難しくてね。いろんな実験をやらないと，その次の実験のやり方というのはできないんですよ。今日はこういう点がまずかったから，明日はこうしよう，またここがダメだったから，今度はここ，ということを，ずーっとやっている。で，今松下に行っているキトウ君というのにね，それ〔Mg のドーピング〕をやらせたんですよ。先生これきれいに入りましたって持ってきたんですよ。そのデータ今でもずっと使っていますけどね，うれしかったですよね[39]。

　　　〔NTT から〕戻ってきて，半導体の本でも1回見てみるかということで，それをずっと読んでいくと，アクセプタの不純物によって，P 型化のなりやすさが違うというグラフがあったんですね。そこが目に留まりまして，Zn とか Cd（カドミウム）とかいう周期律表でいう下のところというのは，実は，アクセプタにはなりにくい。それよりも，Mg とか Be（ベリリウム）とかのように，周期律表の上にある元素の方がなりやすいというのを見まして，あ，これはなぜナイトライドでやらないんだろうという風に思いまして。
　　　まず原料メーカーに聞いたんですよ。Be と Mg の原料はあるかと。で，

第3章 技術的パラダイムからの逸脱

Beは発ガン性があるということで，作ってくれなかったんですが，Mgは作ってあげますよということになったんですよね。ちょっと変わった原料なんですけどね。それを赤崎先生に頼んで買ってもらいまして，やったんです。

で，Mgを入れただけではですね，高抵抗になるだけでダメだったんです。そこで，NTTのインターンシップの時の経験で，電子線を当てると変わるんじゃないかということで。発光が変わってたってのもあったんですけど，興味としてはP型を作るということだったので計ってみると。で，実際に計ってみるとP型ができてたと[40]。

こうして赤崎氏らは，MgドーピングとLEEBI効果を合わせてGaNのP型化プロセス技術として公表し，この技術がその後のGaN系青色LEDの重要な基礎技術となった。そこで彼らは，なぜGaNのP型化が困難であったのか，Mgドーピングや電子線照射の効果とはいかなるものかについて，次のように説明していた。ドープされたMgは結晶中でGaの入るべき位置に入っておらず，格子間位置のようなところに入っている。Gaサイトに入っていない限り，Mgはアクセプタとして機能しない，つまり電気的に活性化されないのである。しかし，電子線は高いエネルギーを持ち，これが照射されることでMgがあるべき場所に移動する。これによってMgがアクセプタとして初めて機能するようになるのである。

(2) 実用化水準までの技術的成熟

以上のように，青色LEDの基礎技術が確立された後，その実用化水準までの技術的成熟は，他の開発者によって実現された。すなわち，日亜時代の中村氏である。以下では，青色LED開発以前の日亜や，中村氏が日亜にあっては傍流である半導体材料開発を担った時代を振り返る。

日亜の主力事業は，蛍光体（蛍光灯やCRT管用）部門である。蛍光体は半導体ではあるが結晶化が困難だと言われ（現在は不可能ではないらしい），粉末状のものをガラス表面に塗布し，紫外線や電子線を照射することによって励起発光させるのがその発光原理である。

日亜は1956年に資本金400万円で設立された[41]。故小山信雄氏は大協石油か

ら脱サラし，親類・知人からの借金と22人の従業員から事業を興した。当時開発・生産設備をすべて外から調達するという財政的余裕はなかった。また，蛍光体事業も後発で，徳島の小企業は大企業の厳しい品質要求に必死に応えていくしかなった。高品質のものづくりのためならば何でもやるということが，彼らの最重要課題であった[42]。しかしその後，好景気に支えられ1988年には約150億円の売上げを記録し，ニッチ的な素材産業において国内シェア50％，世界シェア25％を占めていたと言われる。

蛍光体は原料のリン酸カルシウムを適切に熱処理すればできる。その作業は理屈ではなく，ステップ・バイ・ステップの試行錯誤の末，ほんの偶然や勘を捉えて装置に体化していくという職人仕事であった。言わば，装置作りとものづくりは彼らにとって同義なのである。日亜の競争優位の源泉は，こうして作りあげた高品質の蛍光体を彼らの言う「適正価格」で顧客に売ること，それによって顧客からの信頼を獲得することによって，継続的な取引から有用なフィードバックを得て，装置改良と製品の品質改善へとつなげていったことに求められる[43]。

日亜のブラウン管用蛍光体事業が高度経済成長の波に乗って成長しつつあった1979年，中村氏は徳島大学修士課程を修了し，この地方の小企業に就職した[44]。中村氏は，日亜にとって初めての電子工学出身者であった。

中村氏はGaAs系結晶の開発を大手メーカーからの提案で行い，生産・営業も自ら行っていた。GaAsはAlやPなどと組み合わせることで高効率のLEDを作れる。この材料開発の期間，厳格な予算管理のため，ガスバーナーと石英管を使い結晶成長装置を自作せねばならないような状況もあった[45]。営業の際には商品の性能評価が必要だが，これを大手メーカーに任せると時間が掛かり過ぎるという理由で，LED用の評価・加工装置群を経営陣に購入してもらった。

しかし，いかに煤にまみれて苦労を重ねても，彼の成果は事業として成功しなかった。日亜の知名度の低さ，量産・保証・販売体制の欠如ゆえに，事業としては不発に終わったのである。月々の売上高は100万〜200万円程度に留まった。人事評価が売上げに連動する日亜において，中村氏の立場は苦しいものであった。地方の中堅メーカーである日亜は，社員の評価に実力主義を標榜し，これを「職商人気質」と称していた。すなわち，研究者としての腕は，商売人

としての腕が伴って初めて一人前とされるのである[46]。

　この期間について中村氏は不遇な10年であったとの印象を持っている。しかし，経営者にとって中村氏は企業内企業家に類するものであった。とくに小川会長にとって，日亜創業以来，蛍光体以外の製品化を実現したのは中村氏が初めてであったことが，重要な意味を持っていたとされる。後に中村氏は，「商売にはならないが，ものはよく作る」という評価を小川会長から得ていたことを知る。

　確かに，売上高の90％を占める蛍光体事業は順調に成長してはいた。しかし，経営陣は蛍光体産業がいつまでも成長するとは判断していなかった。ここで経営陣は，主力事業からの潤沢な資金を元手に新規事業開拓を志向したと考えられる。例えば，1986年の研究棟落成がその象徴的現れである[47]。この研究棟は用途が事前に決められておらず，今後の規模拡大を想定した準備的投資であった。GaAlAsエピウェハの開発にあたっていた中村氏が，これまでの倹約的な投資パターンとは裏腹に，総額6,000万円の資金獲得に成功したのもこの時である。

　1988年，GaAs系のエピタキシャル成長に関する研究を一段落させると，中村氏は次なる研究テーマを模索した。会社から与えられる評価を不満とした中村氏は，何としても事業として成立し，売上げの確保できる技術を求めた。しかしながら，知名度や量産・保証・販売体制など，現在の日亜の体制では大手企業と対等に競争できないことも，今までの経験から熟知していた。そこで，強敵に対する参入障壁は独自技術以外にはないとの結論に到達した。青色LEDは夢の発光デバイスであり，21世紀までの実用化が困難であるというのが当時の半導体産業の常識であった。そこでこの常識にあえて挑戦することは，ハイ・リスクではあったけれども自然な決断だったのである。

　また経営者にとっても，中村氏の判断は（少なくとも事後的には）合理的であった。主力事業は蛍光灯やCRTの需要減によって大打撃を受ける。LEDは電気を光に変換する際に紫外線や電子線を媒介する必要がないため，蛍光灯に比べて発光効率が優れている。青色LEDが実用化されればLEDで光の3原色がすべて揃い，蛍光灯は発光効率に優れたLEDに代替される。またCRTは他のディスプレイ・デバイス（1980年代から躍進が著しかったLCDやLED

ディスプレイなど）に代替される恐れがあった。

　研究棟落成で見たように，当時の経営者には将来の基盤事業育成のために投資する準備があった。全く不慣れな新技術を勉強するために，中村氏が酒井士郎氏と渡米することも経営陣は快諾した。

　1988年渡米時，当初の目的は MOCVD 装置を用いた GaN の結晶成長法を学ぶことであった。この渡米は中村氏が大学院時代の先輩である酒井教授に教えを請うたところ実現したものである。

　酒井教授は，1980年に GaAs 系の結晶成長や評価・解析研究によって名古屋大学から博士号を取得後，名古屋工業大学，フロリダ大学などを履歴して，1988年に現職についた。MOCVD 方式の研究は1980年から開始している。

　酒井氏は当時から赤﨑氏と面識があり，研究会などを通じて GaN の可能性には注目していたという。80年代前半というと赤外から赤色にかけて LD についての基礎的な開発が行われていたけれども，80年代後半になるとそれが次第に実用化されるにつれ，酒井氏はより挑戦的なワイド・ギャップ半導体へと関心を移行させていったからだという。以下は，酒井氏の発言および手記からの抜粋である。

　　87年ぐらいだったと思いますけど，もうちょっと短波に行くにはということで，〔GaN に着目したのは〕もちろん赤﨑先生の影響ですね。名大にいた頃，赤﨑先生は研究会をやってみえて，いろいろ話は聞いていた。赤﨑先生に呼ばれたこともあるんですけど。お前来ないかということで。赤﨑先生の業績は70年代から知っています。直接自分がやってないということもあって〔ある程度客観的に評価できる立場ではあった〕。

　　ZnSe の場合は，80年代後半になると，研究者の数がものすごく多くて，一方ナイトライドは赤﨑先生１人でしょ。大学で細々とやっていて，結果だけ見ていると対等かなと思ったんですよ。1,000対１でやっていて対等だったら，もう結果は一目瞭然。もう１つ思ったのは，ナイトライドの問題点は明らかかなと思ったんです[48]。

　　1987年には GaN 系半導体がもっとも有望だと自分なりに判断した。…当時筆者が感じていた GaN 系半導体の問題点は，①大量の N の空孔がドナー

第3章 技術的パラダイムからの逸脱

として働きp型になりにくい，② AlN, GaN, InN の成長条件が大きく異なるのでそれらの混晶の成長が困難，ということであった[49]。

　MOCVD装置は当時企業の間でも主流になりつつあったVPE装置であったし，それを用いたGaN結晶成長は，基礎研究レベルでは重要な課題であった。そこで酒井氏は日亜の経営陣と交渉し，両者はMOCVD装置の導入を決めたと言う。

　　私，89年からこっち〔徳島大学〕に来たんですけど。〔日亜は〕MOCVDでえらい先生が徳島に来るので，まぁ，一緒に始めようやということで。私もこっちの大学に来る時に，大学に設備も何にもないと。だから，日亜に金くれって言いに行ったんですよね。今の会長ですけど，当時社長だったんですが。そしたら「なんぼでも使え」って言われて。で，「この会社つぶれるほど使いますけど良いですか」って言ったら，「つぶしてみぃ」と言われましたね。これはなかなかの人やと思いました。それで，このマシーンも買って。日亜も買って。
　　当時はですね，日亜化学も何もなくて，あそこの本社ビルの6階だったかな，これ全部あるから全部使ってくれって言われて，こんな全部要りませんわと話してたんだけど，広々としたスペースがあって，そこにクリーン・ルームを作ったんです。私のオフィスもあったんです，この6階に[50]。

　一方で留学中の中村氏は，MOCVD装置の組み立て作業に1年間従事することになった。この時の経験について中村氏は，あまり良い印象を持っていない。その理由として，それまで学界で満足な研究成果を発表してこなかったことを彼自身挙げている[51]。確かに，大学の工学部という場では，学位や研究論文の本数が重視される風土が存在するものである。そこで，世界的に有名な企業や公的研究機関の出身ということであれば，事態は変わっていたかもしれない。しかし地方の中堅企業の出身ということで，中村氏が大きな感覚的ずれを感じたのも自然なことであったように思われる。

　　しかし，私がマスターしか持っていないことやほとんど論文を出していないことが知れ渡ると，手のひらを返したように態度が変わりました。

博士号を持っているドクターなら，普通の企業ではマネジャークラスのポジションにいるはずです。しかし私は平社員。…
　論文を書いていないことも大きかったと思います。
　研究者の世界は，論文が名刺代わり。たとえマスターでも，質の良い論文をたくさん発表していれば，それなりに評価してくれたはずです。自己紹介できるような論文を持たない私は，肩身も狭く，なにも研究していないとみなされても仕方なかったのです。
　次第に周囲の雰囲気が変わっていくのを感じました。
　なにか頼み事をしても生返事。ひどいときは，まったく無視されます。完全にバカにされていると思いました。そのくせ，彼らの技術的レベル，知的レベルは，ぜんぜん大したものではありません。装置の配管漏れを修理することはもちろん，チェックすることもできないのです。電気炉がなければ作れば良いのですが，それさえできません。…
　ごく簡単な実験に失敗して「できない，できない」と騒いでいる。まったく「こいつら，アホか」と思いました。
　私から見たら，彼らのレベルは子供のようなものです。実際，留学中ずっと彼らに教えたり実験装置を作ってやったりしていました[52]。

　実は，彼は能力はあるんですけど，不遇だったという点はありますわね。アメリカに行っていても英語もしゃべれないし，「何しにきたんだ」という風にみんなに見られていた。バカにされていたわけじゃないんですけど。
　その前もね，自分としてはうまくやったのに，報われないという。会社のなかでね。そういうのもあったと思いますよ。GaPにしてもGaAsにしても，全部自分でやって，うまくモノができたんだけど，ぜんぜん責任もつかないと[53]。

　1年後帰国した中村氏は，ここから実質的な青色LED開発を開始する。ただしその後，酒井氏が懸案であったGaN研究（MOCVD法によるエピタキシャル成長）を開始したため，独自技術を求める中村氏にとって酒井氏と親密な協働関係を維持する合理性は，次第に低下していったと見られる。

第３章　技術的パラダイムからの逸脱

　大学ですから，企業と同じことやるわけじゃないんで，一歩違う観点からやってますけどね。
　日亜に，90年代最初までは，ちゃんとした話ができるのは中村だけでしたから，彼としか私は話していません。どうも日亜は，関係ないみたいに思ってたんじゃないですか。
　91年にZnSeがレーザー発振したというのが出て，あの時は大変でしたね。日亜〔の中村〕が，どうしてこんなことになったんだ，みたいなことで。今からでもナイトライドやめてⅡ－Ⅵに移るみたいなこと言ってたんですよ。「まだ決まったわけじゃないから，もうちょっとやってみたら」みたいなことを言っていて，やっているうちにどんどんうまくいき始めて，もう相談にはあまり来なくなりましたけどね[54]。

　実質的な開発活動に入った中村氏は，GaNのエピタキシャル成長から着手した。デバイス開発には半導体材料がなければならないけれども，その材料が当時どこからも供給可能ではなかったため，自ら作成しなければならなかった。しかし，当時のMOCVD装置は現在のものに比較するときわめて原始的なもので，GaNの結晶は簡単には成長しなかった。
　最初に直面した問題は，導入されたMOCVD装置が化学反応を促進する熱源に電気抵抗を利用したものだったことである。この頃赤﨑氏らのMOCVD装置は高周波電界方式を採用したもので，この方法では熱源を反応室外部に設置できる。しかし電気抵抗を利用した場合，Nの供給源であるNH_3（アンモニア）が電熱線を腐食してしまう。中村氏は，電熱線をいかに腐食させないようにするかで苦労を強いられた。次第に中村氏の口数も減り，部下の１人は希望が持てないと辞職してしまう[55]。以下は中村氏自身の発言ではないが，GaN系研究で同様の問題に直面した後藤氏のエピソードであり，中村氏が経験したであろう困難を垣間見ることができる。

　　GaNの場合，ガスの流れと，後はヒーターでしたね。ヒーターが，今までのGaAsだと最高温度が800度ぐらいだったんですよ。これで，雰囲気がH_2雰囲気でしょ。これだったら，カーボン・ヒーターで，こと足りてたんですけども。GaNの場合，これが1,100度で，NH_3雰囲気という腐食性のある

雰囲気で高温ということになると，カーボン・ヒーター使えないんですよ。だもんで，いろんなことやって，結局ここで一番時間食いましたね。私の場合，外注しちゃったんですよ。すんごい時間かかるんですよ。こういう形状で，こういうコーティングで作って下さいって。で，向こうは図面書いてそれから作成に入ってってやって，来るのが2ヶ月先とかになるんですよ。そこでダメだったらまた頼んで，1年で6回しかできないんです。最初はメタル・ヒーターにして，タングステン・ヒーターとか。最初は細い1ミリぐらいのやつを。その前は太い平ヒーターでやったんだけど，すごい切れやすくて。線にしたけど，やっぱり切れやすくて。で，押さえ方とかいろいろ変えてやったけど，今度押さえるワイヤーとかが反応しちゃったりして。で，何回もやって，なかなかうまくいかなくって，またカーボンに戻そうということで，カーボンも無垢はだめなので，SiC コーティングとか，ダイヤモンド・コーティングとか。それでもやられやすいところがあって[56]。

しかし，ようやく電熱線問題が解決した後，反応室の可塑性の高さは思わぬ利点をもたらした。原料ガスの流れる方向や流量，ガス管の口径などを制御することが，石英管で作られた反応室より容易であったのである。成長条件を最適化する実験を続け，1990年9月にはツーフロー MOCVD 装置（以下，TF-MOCVD 装置）という新しい結晶成長技術を確立した。TF-MOCVD 装置は，従来45度上方向から供給されていた原料ガスを水平方向からに切り替え，H_2 ガスを垂直上方から吹き付ける方式である。

この方式は，いく通りものガス流を試行錯誤していく過程で，N の空孔を減らすために上から N 原子を押し付ければ良いのではないかという，とくに強力な科学的根拠があるわけでもない発想を試してみたところ，たまたま発見されたものである[57]。以下の引用で中村氏は「勘」に基づく試行錯誤のことを「あみだくじ」に喩えている。

> ここで考えたのは「上昇する対流を上から押さえつけてみたらどうだろうか」ということでした。ガスを熱対流で舞い上がらせないようにするために，私は考えつく限り，ありとあらゆる方法を試してみました。
> この場合，やみくもに片っ端からやっていくような消去法はとりません。

経験にもとづく勘を頼りに，ある一定の方向を探りながら結果の良さそうな方法へ手探りで進んでいくのです。あみだくじのようなもので，順番にたどりながら成功を目指すというわけです。

その結果たどり着いたのが，ツーフロー方式だったのです[58]。

こうして1991年1月には，約2年前に赤﨑氏らがLEEBI効果を発見した時とほぼ比肩する結晶品質に到達した。1990年9月段階での結晶品質は自由電子濃度 $=10^{18}/cm^3$であったが，12月には $7*10^{17}/cm^3$，91年1月には $4*10^{16}/cm^3$となった。やはり中村氏にとって，赤﨑氏らの成果が当面の目指すべき目標となっていたことは，当時から中村氏とともに開発に携わった妹尾雅之氏も述べるところである。

〔ライバルとして赤﨑先生は〕大きかったですよ。研究者として。日亜としてより，中村さんにとって赤﨑先生の存在は大きかったですよ。結晶成長がうまくいきだしたら，まず赤﨑先生のトップ・データを追い抜こうという。大きいというか，新入社員がいた頃というか，少なくとも私がいた時には，目標だったですよね。当時，赤﨑先生のグループが世界の最先端だったんで。中村にとっても，1つの学術的な目標だったと思うんですよ。1つの良質の結晶をさすというところまでは，少なからず刺激を受けていると思うんですよね[59]。

こうして赤﨑氏らの結晶品質に追いついた段階で，次にP型化プロセスの発見へと関心を移行させていく。依然として独自技術を求めるという観点から，赤﨑氏に直接の協力を求めるようなことはせず，単独で赤﨑氏らの成果の追試を始めた。まず赤﨑氏らのやり方にならってMgをドープし，次に電子線を照射した。しかし同様の効果は得られなかった。

ある時偶然にP型化されたウェハができた。蛍光体の評価用装置を使用した時であった[60]。さらに，この装置は高熱が生じるために冷却水を使用するのが通常だが，冷却水を流し忘れたときにP型GaNが得られたのである。

当時の日亜における開発プロジェクトの管理はきわめて自由度が高いもので，一定の分業（結晶成長と測定など）は行われていたものの，中村氏が明確な方針を示して，その実現のために作業を分担するというよりは，個々の作業で自

図表3-5 ● ツーフロー MOCVD 装置の概略図

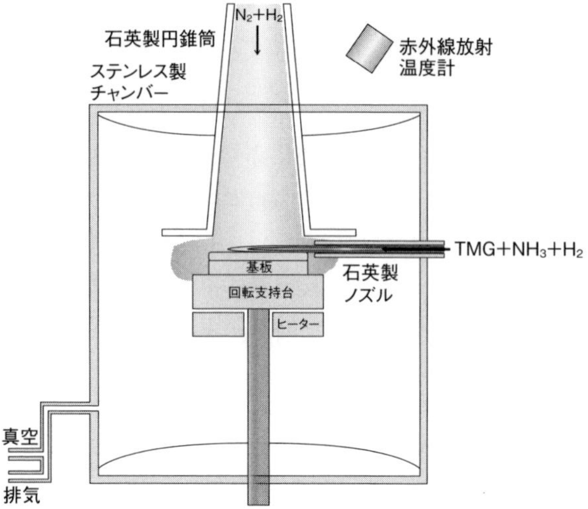

(図中ラベル: N₂+H₂、石英製円錐筒、ステンレス製チャンバー、赤外線放射温度計、TMG+NH₃+H₂、基板、回転支持台、石英製ノズル、ヒーター、真空、排気)

出所：中村（1994b）p.46，挿入図。

由に試行錯誤した結果生まれてくる成果に合わせて全体の方向を移行させていくという柔軟なものだったという。それだからこそ装置の操作ミスから生じた発見が，その後の青色 LED 開発の決定的なプロセスとして取り込んでいけたと考えられる。日亜の宮﨑和人氏と妹尾氏の以下の発言に，その点が示されている。

> 【妹尾氏】その当時，予算もなかったし，人もなかなかつけられないし，じゃあ，結果出さなきゃ仕方がないということで，いろいろごそごそやってたんですよ。じゃあ，〔中村氏が〕実際どういうことをやっていたのかというと，私も知らないんですね。うちはそういうもんなんですよ，けっこうみんなバラバラに動いていて，テーマはあるけれども，じゃあ全体としてこういうアプローチで行こうとか，そういうことは一切なかったですね。こういうテーマがあって，そういうテーマに対して，みなそれぞれ自分なりに考え

第3章 技術的パラダイムからの逸脱

て，どれかひとつ芽が出ると，じゃそれだ，ということで，次々に。
　【宮﨑氏】その当時は，中村さんがMO〔CVD装置の改造〕の方をやって，妹尾君はデバイスの方だったんですよ。
　【妹尾氏】だから，結晶ができるまでは〔デバイスの作りようがないので〕ほとんど測定要員ですよ。中村さんが反応して，出てきたサンプルをそのまま測定して，で，すぐ結果連絡してすぐ反応と。朝から晩まで中村さんは反応の部屋で，私は測定の部屋にこもって。
　【宮﨑氏】だから，P型のアニール〔焼入れ〕の方は，彼なんですよ，どっちかと言うと。あんまりそうやって分けてもどうしようもないですけどね。ある程度，そういう風に担当が分かれていまして，その担当内で好きなことやっているわけですから。それで何かが出てきたら，みんなでベクトルを合わせてこっちへ行こうと。それぞれ好きなことやるでしょ，それぞれ。細かいことまで口出ししないでしょ[61]。

　こうして発見された熱の効果を確認するために，MgをドーピングしたGaNウェハを電気炉で熱したところ，簡単にP型化が実現してしまった。ただしここで改めて，Mgのアクセプタ化の新しい理論が必要となった。なぜならば，微弱な熱エネルギー（例えば600度程度）は電子線のようにMgを動かすほどの力を持たないからである[62]。
　ここでGaNとP型化の容易なGaAsを比較すると，N供給源であるNH_3が原因であるという予想が立った。MOCVD装置によるGaAs成長ではNH_3は使用しないが，成長温度以外の条件はGaN成長とほぼ同じだったからである。NH_3がGaNを高抵抗化する原因であることを突き止めるため，今度はNH_3雰囲気中でP型GaNを400度程度に加熱すると，高抵抗I型に変化することが明らかになった。一方，同じ作業をN雰囲気中で行った時には，何の変化も起こらないことが明らかになった。従ってP型化を困難にしていた原因は，NH_3に含まれるH原子であることが判明した。すなわち通常GaサイトにMgが入っていれば，電子の不足が生じてP型化するはずのところにH原子が結び付いて，電子の過不足が解消されてしまうのである。これでアクセプタをドーピングしたとしても，P型の特性を示さず高抵抗化してしまうことが説明できるようになった。

P型化のメカニズムについては，赤﨑氏と中村氏の説明は異なっている。しかし生産性について言えば，中村氏の方法が優れていると言われる。LEEBI方式だとウェハ全体に電子線を照射するのに1日を要するが，熱的な処理時間は5分で済む。また複数ウェハの同時処理が可能になり，ウェハの奥深くまで均一にP型化することも実証された。焼き入れによるP型化プロセスが，1990年に開発されたTF-MOCVD法とともに日亜の重要な生産特許となっている。

中村氏が1989年の4月に開発を開始してから，1991年2月に焼き入れによるP型化プロセスを発見するまで，実は2年しかかかっていない。さらに1991年3月に5 mcdのPN接合型LEDを試作した後，輝度にして200倍の1 cdをサンプル出荷したのが1993年11月であるから，その期間は1年半である。後で述べるように，日亜以前から青色LEDの量産化を目指してGaN系研究を行っていた豊田合成が1 cdに到達したのが1995年と言われていることから判断すると，青色LED実用化という革新的成果は彼らの開発サイクルの速さに求められそうである。天野氏，酒井氏の次の発言に，この点が示されている。

> 日亜のアドバンテージですね。あれはすごいですね。たぶん，我々が実験するスピードの10倍以上のスピードで実験しないと，あそこまでパラメータを押さえることはできない。何から何まですべてパラメータを押さえていますから。日亜の実験というのは。たぶんかなりの装置を使って実験を遂行してるんじゃないかと推測されますね[63]。

> 彼はものすごくよく働くんですよ。見てきた中で，彼が一番速いですよ。彼はよく文句を付けてきたんだけど，こうしたらどうだ，ああしたらどうだって言うと，それもやりました，それもやりましたっていうようなことで。彼は非常に速い。エンジニアとしては第一級だと思う[64]。

彼の開発サイクルは，他の追随を許さないほどきわめて速いものだったという点を明らかにするために，以下では，中村氏と他の研究者の活動を比較しながら考察を進める。

第1に，中村氏はいわゆる「クリスタル・グローワー」ではない。クリスタル・グローワーは論文を書くために時間を費やさざるを得ない。たった1つの

第3章　技術的パラダイムからの逸脱

図表4－6●高抵抗 Mg ドープ GaN

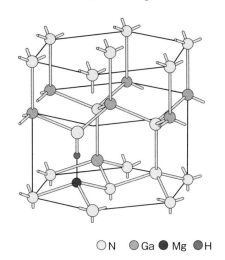

○N　○Ga　●Mg　○H

出所：中村（1994b）p.50, 挿入図。

現象を発見しただけでも，メカニズム解明と最適条件の分析といった膨大な作業が生じる。また，論文を書きやすいテーマを選択する誘引が生じる。大学に勤務するクリスタル・グローワーとしての苦悩について，赤﨑氏は次のように語る。

　　やっぱり教育という観点がありますのでね，企業で能率第一主義に，例えば，…やる気さえあれば，他のことを全部押しのけて，どんな方法でもいろいろやれますよね。ただ，大学はそれができない。それが私の悩みでしたね。
　　去年の学生は，M１だけで十何人いました，M１だけで。名古屋大学の頃も，ドクター・コースの一番多いのは，私の研究室でした。なもんですから，装置が仮に２台あってもね，もう順番待ってますでしょ。学生の教育，彼らを卒業させてやって，就職ということがあって，その中で，〔博士課程にまで〕残って〔研究しよう〕というのはほんの一部ですから，その間に書かせてやらなきゃいけない。だから学生の希望も聞いてやらなきゃならないし，必ずしもそこ〔GaN 系研究〕だけに集中というわけにもいかない。…それ

107

が大学の仕事。教育という側面もありますから[65]。

　1991年以前の中村氏は，限られた人材の中で作業を改造作業に集中させ，結晶品質の向上にだけ努めた。GaN の P 型化が可能になってからも，論文を書くことは副次的な作業であり，そうでなければ，1年半もの短期間で1cd 級の LED の量産体制を確立できるはずがなかった。中村氏にとって青色 LED 開発とは，クリスタル・グローワーの使命として基礎研究を行うものではなく，即座に発売可能な LED の開発だったのである。この点が，小出氏と日亜の妹尾氏の発言によく示されている。

　　中村さんは最初から論文を書くとかそういうことでやっているわけじゃないんですね。あくまでもブルーの LED を商品化してやると。最初から1cd 作ってやろうと決めているよね。僕の感覚からすると，〔赤﨑氏が〕松下から出したのが10mcd で世界新記録のオーダーで，それに匹敵するか，まぁまぁ良ければ論文としては万々歳，ということになりますわね。〔しかし，中村氏は〕当時の赤並のものでないと売れんと思っているわけですよね。目標がそもそもそこに決めているわけです。だから，あんな LED 作りました，で，すぐモデル・チェンジ，100mcd 作りました，今までの10倍，でもこれじゃだめと。だから，最初から製品として売れるものを作るという目標を持っていたというのが確かにあったと思いますね。それは会社じゃなきゃできなかったと思いますね[66]。

　　だから，中村1人が論文書いてるんですよ。僕らは正直言って，書かせてもらえなかったんですよね。と言うのは，論文書くとなると，そのために実験して，そのためにデータを取って，そんな時間はないというか。それは，ずっと前から。だから，学会発表は中村1人がやって，論文も中村1人が書いて。ただひたすら実験，実験で。ある意味，これも工夫の1つだったんですけどね。大手の作業計画みたいなことを，論文を書くという作業で持ち込みたくなかったと。だから，部下みんなが論文とか書き始めると，それの指導をしなきゃならない，それ用の実験も計画しなきゃいけない。本来，とにかく真っ先に商品化するというのが，疎かになってしまうという。開発していくスピードが，サイクルが非常に速くなっていくんですよ[67]。

第2に，半導体関連技術の開発を行うのは，大手企業である場合が多い。しかし，彼らはデバイス化しないことには付加価値が小さいとして，材料開発を軽視しがちである。したがって材料開発に対して，十分な資金・人材の投下をしない，投資の回収期間を短く設定するなどの問題を抱える。こうした問題は，具体的には開発投資額を管理しようとする官僚制的手続きの中に現れてくる。クリスタル・グローワーである小出氏は，1980年代後半に大企業がおかれていた状況を次のように説明する。

　　80年代末とか，GaAs がものになるかならんかの時代なんですね。GaAs が高速コンピュータに使えますとか，レーザーも赤がようやく発振してくれましたとか，そんな時代で，ブルーの開発をするということ自体，会社では，そんなお金をつぎ込んでという優先順位をトップに上げるというわけにはいかないと思いますね[68]。

　このような状況下での技術選択には，2つの傾向が生じる。第1に，材料選択が，過去の経緯との比較によってリスク回避的なものとなる。第2に，装置は市販のものを買うのが合理的となる。
　大企業で資金・人材を獲得しようとする場合，GaN は他の材料系と比較考量するほどに，その開発の困難さが強調されてしまった。GaAs 系エピタキシャル成長は，長年にわたって格子整合の理論に基づいて行われ，事実としてGaAs 系の結晶品質は定常的に改善されてきた。GaN とサファイア基板との格子不整合は，物理的に克服不能なものとして片付けられた。また赤﨑氏らのAlN バッファの論文はすでに公表されていたが，当時のGaN の結晶品質はGaAs 系の開発者たちにとってあまりに劣悪なものであった。自由電子濃度＝10^{16}／cm³ という結晶品質水準では，工業品としての信頼性や歩留まりを確保するのが不可能だと考えられたのである。GaAs 系に比肩するまでもないが，ZnSe の結晶品質の方が，実績も今後の将来性もあるように思われた。以上のような意思決定過程は，後藤氏が示す当時のエピソードの中にも垣間見える。

　　その辺は難しいですよね，選択が。結局，大企業って，新しいことを始めるにしても選択するにしても，予算をもらうにしても書類を書いて，どんど

ん上に回していくわけですよ。その書類の中には比較表みたいなのを書くわけですよ。比較表というのは，あまり学術的なこととか，勘とか一切排除されちゃって，誰でも分かるような○×表を書くわけですよ。GaNとZnSeのいろいろ物性とかね，これまでの歴史ですね。

　結局，GaAsというのがこれまでの半導体レーザーの基礎なわけじゃないですか。これとの比較表を書くわけですよ。そうした場合にですね，こっち〔ZnSe〕ばっかり○が付いちゃって，こっち〔GaN〕が×になっちゃうんですよ。だから，中村さんがいろいろ本とかに書いているのは，みんながこっち〔GaN〕をやりたがらなかったというのは，こういう意味なんですよ。〔GaNを本当にやりたければ，嘘でも良いから○を書かなければならないが〕そうすると，「責任を取れるのか」という上の人たちからの声，上の人たちを説得できるだけの根性と材料がない限り，予算がもらえなかった[69]。

　このような官僚制的手続きが強いられれば，GaN系研究を行う場合，その研究を維持・継続するためだけに膨大な時間と労力が強いられたであろう。企業として失敗は許されないので段階的な社内評価を行う必要があり，開発活動をその都度短期的に最適化して，研究を中断させられる危機から自らを守らねばならない。もちろんZnSe系研究を行うよう圧力が加わるのも必至である。

　しかしこのような「○×表」的な議論は，日亜では行われなかったという。1つの理由として，日亜が半導体については素人の企業であったことも考えられるが，蛍光体事業の堅調によって支えられ，かつ従業員が600人程度という中堅メーカーにとって，以上の「○×表」に象徴されるような予算管理のための官僚制的手続きが，大企業と比較して重要視されていなかったのである。研究資金の獲得の点でも，開発成果の生産移管の点などでもこの点が一貫しており，彼らの開発活動がきわめて俊敏であることが，以下の妹尾氏の発言にも見てとれる。

　　話聞いたりすると全然違うみたいですね。人のつぎ込み方とか，どういう風な体制でやっているかとか，ものの考え方とか。
　　ある大手さんとかは，こういう結果が出て，こういうところで今悩んでるんだが，御社ではどういう風にやってるんですかという風に聞かれたこと

があるんですけども，私らから考えると，全然思いもつかないようなことなんですよ。どうしてそんな小さいところで足踏みしてるんですかというような。

　細かいんですよ。やることはとにかく，きっちり計画立てて，この時まではこういうことやって，次はこういう風にっていう。で，ここでうまくいかないから，ここまで行けないと。私らはそういう計画を立てられる人間の集団ではないので，ここがダメだったら飛び越えてここへ行こうとか，そういう集団なんですよ。

　例えば，普通の企業とかであれば，研究所というのはほんとに純粋に「実験」をやりますよね。そこから事業所にデータを下ろしていきますよね。そこから試作検討とかをやって，工場に移すとかという感じで，流れにしても何段階にも別れてるんですけど。うちは，研究所の人間が，どっちかっていうと，製造のところまで考えるとか，逆に製造の人間が，こういうアイデアも研究所の中で使えるんじゃないかという感じで，技術の方へフィードバックするとか，けっこう交流があるんですよね。

　データを出して，データの結果如何で，次のステップへ移るとか予算を取れるとか。例えば，その当時で言えば，このデータは要らないとか，ダメだと思えば，その時点で，担当の現場の判断で，じゃあやめちゃおう，こっちやろうとか[70]。

　第2に，装置を自前で作成して高品質の結晶を作成するというような長期的視野の研究は，大企業では正当化されにくい。そうした研究は，大学の研究者の仕事であるとみなされる傾向があり，装置は外から買ってくるという選択をする可能性が高い。ソニーの石橋氏は，自身がZnSe系研究に携わる以前の出来事であると断った上で，社内で行われたであろう技術選択の意思決定を，次のように説明した。

　　当時私がディシジョンに参加してないので，厳密なことは外れがあるかもしれませんが，自分なりに思うと，やっぱり研究所ですので，遠くのというか，すごい高い目標があります。それは十分として，そのために手法まで新しいと，できないことはないかもしれませんけど，未知×未知というか，未知の2乗みたいなもんになりますよね。手段の部分は非常にファミリアー

〔familiar〕で,目標だけがかなり遠くにあるということになると,リスクがそこに集約されます。勝手知ったる我が家でとてつもないビルディングを建てるようなものなんで,それは非常に良い選択だったなぁと思うんですけどね,個人的には[71]。

また,日立でZnSe系,GaN系研究を経験した後藤氏も,次のように述べる。

> 企業ではできないですね。それこそ,こういうでっかい会社は。私が〔大学院を修了後〕会社に入って一番違和感を覚えたのはそこなんですよ。私は,こういう成膜装置みたいなものは自分で作るもんだというのが頭にあったんですけども,会社に入るとそうじゃないんですよね。買ってくるという考えなんですよ。非常にそういう意味じゃつまんないというところがありましたよ。そこを中村さんが,会社に入っても,それができたというのが,反面うらやましいというか。多数は,装置を買ってきてできる研究。その中でパラメータをいじってっていうのが,基本的にはメインでしたね[72]。

「装置は外から買ってくる」という選択は,単に短期的視野な開発ということばかりではなく,安全面を考えてのことでもある。とくにVPE装置は人体に有害な原料ガスを用いるために,責任問題が発生するのである。しかし,「装置は外から」という方針を取り続けることで,企業内に装置作成などのノウハウ・熟練を形成する風土は消滅していく。結果的に,p.101の後藤氏の発言に見られる通り,「実験が年に6回」という奇妙な現象が発生するのである。

第3に,GaN研究の第一人者として,赤﨑氏らの活動は次第に変質していった。1987年頃,豊田合成というトヨタ系の1次サプライヤが,新技術事業団の委託開発を申し出た。この企業と赤﨑氏の実績との組み合わせは,事業団にとっても好都合であった。委託開発は,大学などから生まれた成果の実用化を企業に委託して実施するものある。必要な開発費は事業団が支出し,開発成功の場合は開発費を返済するが,不成功の場合は返済する必要がない。豊田合成は,過去に半導体関連の事業経験がなかった。しかしながら,企業規模の点で仮に失敗した場合のリスク負担が十分に可能な企業だと判断された可能性は十分にある。以下の赤﨑氏の発言は,当時の経緯を語ったものである。

名古屋商工会議所が主催する講演会で，主に東海地区の経営者を対象に，半導体に関する講演を依頼されました．講演の最後に，主催者の求めに応じて私がやっていた GaN の話を 5 分ほどしました．その翌日，豊田合成の方が来られ，「非常に感動した．ぜひ，当社でやらせてほしい」と．私は最初，「かなり難しい仕事だから……」とお断りした記憶があります．ところが，非常に熱心であきらめないのです．しまいには当時の社長さんまで来られました．1986年だったでしょうか．
　一方，豊田合成さんと関係ができる前のことですが，私が名古屋大学を通じて特許出願していた低温堆積緩衝層技術の発明について，科学技術振興事業団（当時新技術開発事業団）に目利きの方がおられて，「これはとても大事な技術ですからぜひ実施させてほしい」とたびたび電話がかかってきていました．
　そのようなことで，新技術開発事業団から豊田合成に開発委託があり，同時に豊田合成さんと共同研究（文部省の「民間との共同研究A」）を行うことになりました．私としては断っていたのですが，双方の熱意に絆されたということでしょう[73]．

　従来から研究資金の調達に苦労してきた GaN 系研究で，以上のような大口の研究助成金の獲得は，研究の現場をにわかに活気付かせたであろうことは容易に推測できる．ただし，1991年に成功認定された青色 LED は，PN 接合型ではなく，MIS 構造（30〜70mA：順向電流＝10mA）のものであった．助成金は事前に開発目標が決定され，成功・不成功の認定が行われるという契約的な内容のものである．そこで，それまで半導体関連の事業経験なかった豊田合成を考慮して，開発目標が低めに設定された可能性がある．さらに企業としては失敗は許されないので，段階的な社内評価を行う必要があり，開発活動はその都度短期的に最適化される可能性が生じる．

　　ファンディングに関しては楽になりましたけど，内容はむしろ責任がついてきちゃいましたからね，責任という点では逆に重いですよ．企業の方に失敗させるわけにはいきませんからね．いついつまでに明るい LED 作れっていってなかなかできないと，本当に…．1年間ぐらい向こうの人が名大にき

てやって,〔研究用のラインを〕向こうで立ち上げていますね。会社というのは,いついつまでに何かの発表をしなければいけないとかいうのがあって,それに合わせてですね。いついつに会社でのデモがあるから,それまでに明るい LED を作れとかというのが目標ですね。で,ここのところがうまくいかないからどうしたら良いんだ,って来るわけですよね。いや,よく分からないな,と。最初の頃はそんなもんですよ[74]。

以上のような実用化開発が企業との共同研究で進められた一方で,本来の基礎研究は,若干の資金的余裕が生じたことによって,より先端的な方向へと移行していったと考えられる。以下は,平松氏の証言である。

こういう風に良いもの〔結晶〕を作るとですね,学会報告したりシンポジウムとかで発表したりすると,いろんな会社がやってくるんですね。青色 LED を作ろうと,明るいやつをね。青色 LED を実際に製品にするためのバックアップ体制という方向ですね。それから,LD を作ろうという方向にもう1つ行きましたですね。1つは青色 LED を企業化する,共同研究してという方向と,多少それで資金は余裕が出てきましたけどね,それからレーザーをやろうという。これは天野君が主体的になって。なかなかこれは難しかったですね[75]。

この傾向は,装置作製を含む高輝度 LED 開発の相対的重要性が低下していく過程を伴っていたと推察される。と言うのは,クリスタル・グローワーにとって,実用の世界を開拓することと論文を書くことが使命である以上,事業化に全精力を集中することは正当化されないからである。むしろ,GaN 系研究を LD 開発などの方向へと着実に前進させることの方が,2つの使命に適った目標であり,そうした新技術の萌芽は,近い将来企業によって事業化されれば良いと考えるのが,彼らにとって自然だからである。逆に,装置改造によって結晶品質を高め,より高輝度 LED を作製する過程は多分に熟練的なところがあり,論文を書くという目的にとっては魅力的な作業ではない。装置は外から買うとか,改造は外注するとかいった誘因が,資金的余裕が生じるにつれて発生してくるのである。この点について,酒井氏は次のように述べる。

第3章 技術的パラダイムからの逸脱

　　モノができたら，装置のことは言わないでしょうね．モノができないから装置をやらざるを得んわけで．モノができたら，装置のことはほんとは言いたくなんかはないんですよ．どう作ったかというよりは，できたものがどうであるかの方が楽しいと．裏には装置改造の泥臭い仕事がたくさんあるんですけどね，そういうのは隠して話す場合の方が多いですね．装置というのは，サイエンスの部分もありますけど，サイエンスではない部分も往々にしてありますよね．ちょっとしたことで，全然結果が違っていたり．装置を変えるとほんとに全然〔結晶が〕変わって，それが何でかと言って，サイエンスの土俵に載せようったって，構造が複雑過ぎて，ガスが目に見えないということもあって，サイエンスの土俵に載らないですよ．経験の世界．想像しているだけで，だって，本当に分かんない[76]。

また，この頃になると，中村氏の活動は赤﨑氏らの知るところとなっていたが，大学と企業というセクター間の違いもあって，大きな脅威として認識されていたわけではなかった．以下は，天野氏の発言である．

　　そうですね，例えば，バッファの方の論文とか，P型の熱処理の論文とかは，まぁ，熱しとるなぁ，という認識はありましたけど，その後インジウムを入れて非常に明るくなってというところになると，お，すごいのがいますね，という感じでしたね．〔93年末には〕まぁ，その当時だいたい情報が入っていましたから，ああ，やっぱりすごいなぁ，という．
　　というか，喜びましたよ．あ，ナイトライドがここまで育ったんだ，という．ライバルという風に思ったことはあまりないですね．私自身は．やはり，〔研究と事業化という〕フェーズの違いなのかな．むしろ，新しいネタを取られるほうが悔しいですね．ナイトライドで全く違ったやり方が，どっかで芽吹いちゃって，それが産業にされちゃう，まぁ，日本の中ならそれでも良いんですけど，アメリカとかでやられちゃうと一番悔しいですね．世界にはいろいろアイデアを持っている人がいますから，そのアイデアで負けるのが一番悔しいですね[77]。

以上の経緯の中で，赤﨑氏らと中村氏らの志向性がわずかにずれ始めているのが分かる．赤﨑氏らがAlNバッファ層とLEEBI効果によるP型化プロセス

技術の開発によって注目され始めると，LEDを高輝度化するという目標の重要性が低下していったと推察される。一方で，中村氏は高輝度LEDを事業化するということが最大の目標であり，その結果，彼らがどのように自らの資源やコミットメントを配分していくかに違いが生じるのは当然の帰結であるように思われる。

4　新たな制度化の始まり

　こうして青色LEDは，赤﨑氏らによって確立された技術を基礎に，中村氏の手によって実用化水準にまで引き上げられた。この経緯は，研究論文数の増加によっても確認できる。赤﨑氏らが作製したグラフによると，彼らのMgドーピングとLEEBI効果によるP型化プロセスの発表以来，世界におけるGaN系の研究論文数は急速に増加し始める。さらに，1993年末の日亜による高輝度LED実用化の発表は，この傾向をさらに加速させたと考えられる。この増加は，ZnSe系の研究を縮小させ，新たな研究潮流への移住という形を反映したものである。そうした移住は，企業の中央研究所に限られたことではなく，大学の研究者らにも見られたことのようである。

　GaN系の青色LEDが技術的に成熟したことが工学的に有していた意味は，格子整合の理論に対する人々の理解が大きく変わったことである。光デバイスに限らず，高効率かつ信頼性の高いデバイス作製にとって，材料結晶の品質はきわめて重要な意味を持つ。そこでGaAs系研究の経験にならい，エピタキシャル成長の材料選択の基準として格子整合に注目するのが，ZnSe系研究を支えた最大の理由であった。

　しかし，GaN系青色LEDの実用化は，格子整合の論理が事実上否定されたことを意味していた。例えば，バッファ層を導入しさえすれば，格子整合を考えないエピタキシャル成長が可能であるということが明らかとなり，材料開発の制約が大きく緩和されたのである。低温バッファ層というアイデアは以前から存在していたが，サファイアとGaNというきわめて大きい格子不整合に適応可能ということが明らかになって，その重要性が評価し直されたのである。以下は平松氏の発言である。

第3章 技術的パラダイムからの逸脱

　　バッファ層のアイデアも，SiC を Si 基板上に付けるときに，低温バッファ
　を付けて膜を作るという発想がありましたし。これは10年ぐらい前からあり
　ましたし，それから Si 上の GaAs でもですね，低温の GaAs をまず付けて，
　それから GaAs を付けるという。格子定数が非常に違う材料を作るときにね，
　一般的ではなかったんだけれども，1つの手法としては，あったことはあっ
　たんですね。そのアイデアをこっちへ持ってきたと言えば持ってきたんだけ
　ども。こういったアイデアが，なくてはならない技術の1つになったという
　のは，ナイトライドが初めて実証したんじゃないかと思いますけどね[78]。

　ただし，赤﨑氏らの AlN によるバッファ層の効果は，格子整合の論理の決
定的な変則事例と言うには，若干あいまいな点を残していた。AlN の格子定
数はサファイヤ基板と GaN のちょうど中間にあたり，これを低温堆積させた
バッファ層がゆがみを吸収すると言っても，それは AlN の固有の効果なのか，
それとも低温堆積の効果なのかが，判然としないからである。中村氏は TF-
MOCVD 装置を開発した後，GaN の結晶性を向上させる上で，赤﨑氏らと類
似の方法を導入している。すなわち AlN ではなく，GaN 自身を低温堆積バッ
ファとし，その上に GaN を高温成長させたのである。この事実は，格子定数
が大きく異なっていても，成長温度の制御によって容易に問題が解決すること
を示す決定的な発見となった。こうして，格子整合の論理の支配的な地位は大
きく揺らいだのである。以下は，青色 LED 実用化の新聞報道からまもなく発
表された中村氏の論文からの抜粋である。

　　このようにして，非常によい GaN 結晶ができるようになった。しかし，
　この GaN のバッファ層の効果も，科学的にはまだよくわからない。従来使
　用されていた AlN に比べて GaN が果たして本当によいのかも，まだ判明し
　ていない。ただ，私たちが評価したものでは，GaN バッファー層の方が
　AlN バッファー層に比べて本質的によいようだ。
　　従来 AlN をバッファ層にしていたのには，それなりの理由があった。それ
　は，AlN の格子定数がサファイア基板と GaN の中間の値であり，AlN を
　バッファとする方が格子の緩和が起きやすいという，格子定数の議論があっ
　たからである。しかし GaN 系の場合は，格子定数の議論はあまり通用しな

117

第Ⅰ部　技術的パラダイム革新のメカニズム

図表3－7 ● GaN系研究論文数の推移

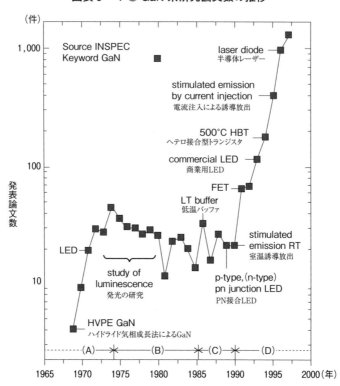

出所：『発明』(2000年6月) p.52, 表1。

いように見える[79]。

　さらに、GaAsの経験から、結晶品質が良い方が優れたデバイスが設計するうえで有望な材料であるという大前提も揺らいでいた。ZnSeの方がGaNよりも当時としての結晶品質は良かったのである。酒井氏はGaNの興味深さを次のように表現する。

118

第3章 技術的パラダイムからの逸脱

　常識に反するようなことがナイトライドにいっぱいあって，常識の反対をやれば，だいたいナイトライドの場合うまくいくとか[80]。

ところが，青色LED開発において特徴的だったのが，新たな開発潮流を築いた中村氏が企業の研究者であったこと，とくに日亜というものづくりを重視する（せざるを得ない）環境にいたことから，新たな技術的成果に対し，精緻な理論的説明を自ら与えなかったことだと考えられる。格子不整合系のエピタキシャル成長での成功は，結晶品質にかかわりなく高効率なデバイスが可能という新たな工学的意義を提示した一方で，これまでの常識に代わる新たな方法基準は，中村氏自身によって提示されたわけではなかった。

　結構この分野は，本当に日本ががんばっていて，ほとんど世界を制覇してたんですよね。でも，やっぱり中村さんのはデータとしては良いんですけど，欧米流のやり方からするとかなり異端児なんですよね。データにものを言わせるってのは，もちろん良いんです。〔ただし〕できればそこで成功したやり方っていうのを，他の分野にも普遍化したいじゃないですか。そういう時に，そこ〔理屈〕がスパッと抜けて，運が良かったとか言うんだと，ほんとに出たとこ勝負になっちゃいますよね。それはそれでもちろん悪いわけじゃないんですけど。
　中村さんは，フォアランナーというか，先行ランナーで，〔他が〕キャッチアップするのに時間かかっているのは，要するに中村さんのやられたことは事実としてある，つまり長時間のレーザーができますという解はあることは証明しているんだけれども，解に至る証明の手続きが一切ないんですよね。だから後からやる人は，証明の手続きを読んで，ずっとロジックを追うんじゃなくて，とにかく解がある，だからがんばりなさい，と言われているようなもんだと思いますけど。解があるんだったら，それに至るものが，ちゃんと定式化できてしかるべきだと。それができないというのは，そこにあるのに，それが表現できてないと言うようなもんですよね[81]。

以上の引用に反映されているように，中村氏の成果は，青色LEDの開発動向に対して大きな攪乱要因となったが，確実な研究の方向性を与えたわけではなかったのである。多くの企業は，GaN研究を開始したが，容易に日亜の水

準に追いつくことができず，次第に「ナカムラ・マジック」という言葉が用いられるようになる。また大学の研究者らは，GaN系の物性や結晶成長機構，発光機構等の解明へと駆り立てられていく。

一方で，新たな開発動向をリードする中村氏は，LEDのさらなる高輝度化やLD開発へと開発を移行させていくが，その過程は中村氏の期待通りのものではなかった。

中村氏の期待に反する出来事は，青色LED開発が完了する以前から起こっていた。赤﨑氏らがバッファ層やP型化プロセスの開発に成功した後の出来事のように，これまで中村氏の開発を支えてきた日亜の経営側が，新たな技術を中心にして事業展開するよう求めてきたのである。

PN接合が実現し，さらに高輝度なLEDやLDへの拡張を念頭においた場合，ダブルヘテロ構造というもう一段階複雑な構造を採用する必要がある。

> 私が目指したダブルヘテロでは，真ん中の発光層を両側から違う物質同士をくっつけて二重にしたヘテロ層で挟むという五層構造，もしくは五層以上にするわけです。そのため，窒化ガリウムとは別の物質を作らなければなりません。
>
> このとき，どうしても必要になるのが，窒化インジウムガリウム〔InGaN〕。…
>
> この開発に没頭しようとした矢先です。また思わぬ横槍が入ってきました。
> 最初に青紫に光ったPNホモ接合LEDの成功を聞きつけた社長が「従来の一.五倍の明るさなら製品化できる」と言い出したのです。それからは「製品化しろ」という社長命令の連発。…
>
> 毎日のように上司の部長と課長ふたりが入れ替わり立ち替わり研究室に来て「この研究にいくら金をつぎこんできたか知ってるだろう。製品化して売上げに貢献しろ」と，そのうるさいこと。その後の約一ヶ月間「すぐにPNホモ接合LEDを製品化しろ。ダブルヘテロ構造のLEDなんかだれもできてないからできるわけない」と大変でした[82]。

中村氏は，事業化をかろうじて先延ばしにすることによって1cdという最終的な新聞発表の水準まで高輝度化を実現したが，この出来事によって，日亜

における青色LED開発は，大規模な資金・人材投入とオペレーションの組織化へと移行していく。以下は中村氏の手記からの抜粋である。

> その後，高輝度青色LEDの製品化へ向け，ツメの段階に入ります。権利関係を調べたり，量産ラインを整理して社内的な体制を作ることに意外に時間がかかりました。…
>
> 製品の売上げも順調でした。大がかりな設備投資もして，社員もどんどん増えていきます。…
>
> 青色LEDの製品化が決まったあたりから，開発課の組織はガラッと変わっていきました。約一年の間で一ヶ月ごとに新しいポストが生まれ，人事異動がありました。別の部署から部長が移ってきたり，製品化発表のあと，他所から中途入社してきた人間が青色LED製造部門の責任者におさまったりしたのです。
>
> 実際，会社からも私に対して「青色LEDはもう良いから，青色半導体レーザーの開発をやれ」と内示がでていました。…
>
> たとえば，半導体レーザの研究をしていたときのこと。レーザ発振させるための研究に没頭していた私は，試しに窒化インジウムガリウムの膜を極端に薄くしてみました。…
>
> 量子井戸構造と呼ばれるこの薄膜を使って青色半導体レーザを作ってみたら，みごとに発振に成功しました。…
>
> ところが，この量子井戸構造を使うことにより，従来の青色や緑色のLEDがさらによく光ることを発見したのです。これもひじょうに画期的な技術でした。
>
> しかし，私はレーザ部門へ移動していたため，すでにLEDの開発にはたずさわってはいません。そこで，LED部門の部下のところへ行き，この発見のことを説明しました。しかし誰も信用しません。部外者が口を出すなという雰囲気です。
>
> 業を煮やした私は結局，この技術のLEDに関する部分の特許を，会社名で申請してしまいました[83]。

中村氏は一定の疎外感を感じたという。妹尾氏は，中村氏の当時の思いを次のように述懐する。

中村さんがよく言っていたのは，最初のほうが面白いと。LEDが光だしたとか，レーザーが出たとか。その時代は全然面白くないと。厳しい立場だったけれども，部下は辞めるし，首になりそうになったけれども，やっぱり石英管加工したり，あーだこーだやったりして世界一だとかやっていた時の方が楽しいって。立ち上がる時っていうのが。作ってみて性能を計ると。良いじゃないかと。どんどんどんどん結晶ができてくると。ぴかぴか光ると。その頃の方がやりがいを感じると。よく言っていましたね[84]。

しかし，組織の一員である中村氏が，以上のような疎外感を持ったのは，企業である日亜にとっては避けられないことだったとも言える。中村氏が少人数で開発を行い，技術も未成熟であった時期とは大きく違い，設備投資などの額は大規模なものとなった。1993年度には売上高と借入金が167億円と58億円だったが，1995年には206億円と130億円に，1997年には362億円と310億円という具合に拡大の一途をたどっている。豊田合成という競合企業の存在を考慮すれば，いくら日亜が大企業に比較して官僚制的手続きからは自由であると言っても，大規模な資金・人材投入とオペレーションの組織化を通じて技術的優位の維持に関心を持つようになるのは，自然な帰結だったのである。以下は，日亜の宮崎氏の発言である。

〔競争にさらされているところでも〕まだ明るさが全然違いますからね。今の段階では，追いつかれないようにすることですよね。ひたすら走り続けるという。自分たちのスタイルで勝ち進めるところまで進んでいくと。結局ものづくりですからね。しかも，蛍光体もLEDもレーザーもそうですけど，計器で計れば，全部数値で出てくるでしょ。化粧品とか飲料水とか，感性で売っていくのとは別だと思うんですよ。Aさんはおいしいと言うけど，Bさんはダメと言うとか。そういうものじゃないですよね。測定器で測れば，これは何cdとか，何ミリワットとか，数値で出るわけですよね。そういう意味で，客観的に判断してくれるものがあるわけですよね[85]。

5 メカニズムの抽出：結語にかえて

　以上が，我々が考える青色 LED 開発史である。ここで特徴的なのは，当初アメリカに端を発した発光デバイス開発は，時間の経過を伴って，開発の「中枢」からではなく，「辺境」と言えるところから随時イノベーションを生んでいる点である。本章でいう中枢と辺境は，代替技術を中心にして構築される共同体を指す。以下では，本章の結語に代えて，技術的パラダイムからの逸脱のメカニズムを抽出し，いくつかの新たな概念開発を試みる。それらは，本事例の分析を通じて浮かびあがり，今後他の状況にもうまく応用できそうだと考えられるものである。

　まず，特許の壁に阻まれて，アメリカの先端的な技術を導入できなかった日本が，現在の発光デバイス開発競争をリードするまでに成長した。また，GaAs を中心として構築された潮流の延長線上に ZnSe 系青色 LED 開発が制度化された一方で，GaN の基礎技術が構築されていた。この基礎技術を確立した赤﨑氏が，GaN 系青色 LED の市場化に取り組み始めた一方で，地方の中堅化学メーカーである日亜に勤務した中村氏が，高輝度青色 LED の実用化を果たしてしまった。

(1) 中枢と辺境の構築過程

　本章が考える辺境とは，支配的な研究潮流が構築される過程で，それに適応していくことのできない人々が，競争空間中で疎となった部分に留めおかれることによって構築されるものである。GaAs 系の発光デバイスの場合，日本の適応は特許の壁によって阻まれていた。また日本における青色 LED 開発は，1970年代に基礎的・探索的な研究が行われていながらも，結晶成長の難しさから，GaN 系研究を維持・継続することはけっして容易ではなかった。1980年代には制御性の良い VPE 法の登場によって ZnSe を中心とした中枢が構築されたが，資源的余力に乏しく，かつ後発企業であった日亜の中村氏が，赤﨑氏によってかろうじて命脈を保っていた GaN に依拠して，次世代青色 LED 開発の基礎を築いた。

このような中枢と辺境の構築過程は，青色 LED という長期目標に向けて試行錯誤するプレイヤが，戦略的に相互行為することによって推進されたと考えられる。1980年代，青色 LED はいまだ「海のものとも山のものとも分からない」未開拓なデバイスであったため，ニーズが確実にあることは明らかではあったが，その時々の偶然や幸運に恵まれることによってしか，技術的問題を解決できなかった。ドシィは，こうした問題解決過程を「ヒューリスティクス」として概念化した。また我々は，パラダイム論の社会構造や社会制度への着目を引き継いで，「期待システム」という用語を充てた。

以上のような不確実性の高い開発競争では，いかなる技術選択も最適な経路選択である保証はない。長期的な開発目標が与えられ，いかに自身のヒューリスティクスに依拠して合理的に選択したと思っていても，それは現時点での期待に過ぎず，開発の確実性を保証するものではない。そこで当面の間，開発活動を維持・継続していくことが短期的な目標となる。この時，個人にとって，手持ちの資源をいかに効果的に活用するかということと，外部からいかに資源を獲得していくかという2点がきわめて重要になる。この2点を考慮すれば，青色 LED を実現するためには，GaAs 系研究で培われた知識に依拠してヒューリスティクスを制度化することが合理的であるという判断から，中枢が構築された可能性が高いのである。と言うのは，GaAs は今でこそ高速デバイスなどの応用も考えられているが，発光デバイスとしての開発で長い歴史を有しており，そこで培われた期待に則って開発を進めた方が，投入される資源を無駄にする可能性を減らし，また外部の資源提供者からも協力を得られやすかったのである。

GaAs 系研究で培われた期待とは，次のようなものであった。まず，高効率のデバイス，今の場合青色 LED を設計するという長期目標を実現するには，材料の結晶性を極限的に高めていかねばならない。この点は，半導体関連技術の開発に携わる人々にとって，争うことのない事実として認知されていた。この事実が，開発競争における技術的性能の評価基準として一般に採用されていたと言える。

この評価基準に準拠して競争する場合，とくに GaAs 系研究では，短期的にある1つの固定観念を有していた。青色 LED を作製するために必要なワイド・

第3章 技術的パラダイムからの逸脱

ギャップ半導体は、現在でもバルク単結晶の作製が困難だと言われている。当時可能となりそうだったのは、SiC という間接遷移型で発光デバイスには不適当とされた材料だけである。そこでエピタキシャル成長という手段に訴える必要が生じたが、この時制御性の良い結晶成長技術の確立と基板物質と成長層との格子整合を確保することの必要性が、多くの人々に認識されたのである。

このようなヒューリスティックな過程の中で、解オプションが絞り込まれる時、具体的には代替技術が選択される時、ZnSe をエピタキシャル成長させるという方法を中心に中枢が構築されていく。ZnSe は、GaAs という当時からバルク単結晶が実現していたウェハ基板を使うことができる。2つの物質の格子定数のずれは小さなものであった。もう1つ重要なのは、1980年代から制御性の良い VPE 方式の結晶成長技術が登場しつつあったことである。日本国内では、Si を中心に半導体製造装置産業が成熟しつつあり、またアメリカでは、スピンアウト型の装置メーカーが登場しつつあるのが、この時期であった。材料開発という目的にとって、結晶成長装置を開発することは必須な作業であると考えられた時代は次第に終焉へと向かい、半導体関連技術の開発は、明確な分業を構築する傾向があった。

ZnSe 系研究は、とくに企業の中央研究所が競って参入することによって、その規模は次第に拡大していった。その結果、1980年代後半には青色発光デバイス技術は漸進的に進歩していき、その過程で決定的なインパクトを有したのが1991年アメリカ3M社のLD低温パルス発振であった。赤外、赤のLD開発の経験則では、低温パルス発振してから、室温連続発振に至るまで約7～8年程度が必要とされ、とくに青色LDを基幹部品とするDVD規格競争の終息とその上市を1998年頃に見積もっていた当時の時代状況では、3M社の成果が事実上 ZnSe の勝利宣言として認知されたのである。こうして、3M社と同じMBE装置を購入したいという注文が、MBE装置メーカーへと殺到し、ZnSe系研究のヘゲモニーは確たるものとなったと考えられる。

(2) 辺境からのイノベーション

こうした支配的潮流に逆らって、GaN を研究し続けたのが、赤﨑氏である。GaN には、格子整合の良い安価かつ基板材料がない。サファイア基板は便宜

的に用いられたものに過ぎなかった。格子整合が取れていないエピタキシャル成長は，短期的にどんなに努力したとしても，最終的に高い結晶性を確保することは原理的に不可能であるとして，多くの人々から敬遠されていた。

　赤﨑氏も GaAs の結晶成長に長い間携わった経験を有していたが，だからと言って，ZnSe へと持てるすべての資源を投入することはしなかった。と言うのは，ZnSe は格子整合の理論から判断すれば優れた材料ということはできたが，もともとの物性（とくに結晶の頑健性）から判断して，発光デバイスの作製には実は向いていないという彼の期待があったからである。この期待を保持し続けることは容易ではなく，GaN の研究人口は減少の一途をたどり，国内では赤﨑研究室のみとなっていった。ZnSe 系研究からの競争圧力は，次第にこの期待を信念と呼べる水準にまで高めていった。

　きわめて不確実性が高い GaN 系研究を維持・継続するには，企業研究者という地位は不利であったため，名古屋大学への移籍話を承諾した。基礎的・学術的研究が大学の使命であるので，GaN 系研究を行うもっともらしい正当性を獲得できるからである。続いて大学の研究室運営では，当時先端的な結晶成長技術であった MOCVD 装置を立ち上げ，そのための研究資金を当時より一般的であった GaAs 系研究や ZnSe 系研究を行うことで何とか確保していった。また GaN が ZnSe よりも優れた材料であることを，学会を通じて主張し続けた。

　しかし GaN のエピタキシャル成長は，けっして容易ではなかった。膨大な試行錯誤の積み重ね，とくに結晶成長条件の最適化のために，日夜装置の改造が必要とならざるを得なかった。言わば職人芸的な作業や勘といったものが，目に見えないガス流や結晶の成長過程を制御する上で必要不可欠なものであった。この試行錯誤の積み重ねの中で，AlN バッファ層，Mg ドーピング，LEEBI 効果といった基礎技術が発見されていくが，その時に偶然や幸運に恵まれながら，苦心の末にようやく獲得したものだったのである。

　こうした経緯とは全くではないにせよ，ほぼ独立した形で，日亜における青色 LED 開発が開始された。赤﨑氏らと日亜の中村氏を媒介したのは，おそらく酒井氏の存在であったと考えるのが，自然なように思われる。そこであえて赤﨑氏や酒井氏との密接な関係を長期間維持することなく，地方の中堅企業であった日亜は，独自路線を貫くこととなる。

第3章 技術的パラダイムからの逸脱

　日亜における中村氏は，確かに苦しい立場にあったけれども，1980年代に日亜が主力事業の堅調を背景に新事業開発を通じた拡大路線を志向したこと，小川会長から「企業内企業家」としての評価をすでに得ていたことから，もっともらしい正当性を獲得できたと推察される。

　こうして様々な試行錯誤を経た結果，TF-MOCVD装置や焼き入れによるP型化プロセスの発明に到達したのは，偶然に思い付いたアイデアや，装置の操作ミスを取り込んでいくことによって実現した。しかしそうした偶然や幸運に恵まれることに加えて，彼らがそうした偶然の効用を認知し，取り込んでいく姿勢を中村氏は保持していたと考えられる。この姿勢は，具体的には開発サイクルの驚異的な速さに現れていた。

　この開発サイクルの速さは，いくつかの要因によって支えられていたと考えられる。第1に，赤﨑氏にとってきわめて不確実性の高かった段階で，GaN系の研究を維持するためには，企業研究者としてよりは，大学の研究者，すなわちクリスタル・グローワーとしての地位の方が望ましいとは言えたが，そのことが即座に活動の自由度を約束するものではなかった。結晶成長機構や発光機構の解明といった論文作成に必要な作業は開発目標を短期的に細分化する必要性を発生させた。またLDといった技術フロンティアを開拓する作業へと移行するのが，論文を書くことによってしか評価されない彼らには自然なことであったが，商業化のために結晶品質を向上させ，高輝度LEDを実現するという目的からは遠ざかっていった。

　第2に，材料開発に対する姿勢が，日亜と大企業とでは全く異なっていた点である。大企業の場合は収益性という観点から技術を選択してしまう傾向があり，その結果官僚的手続きを要求することが多い。材料開発，とくにまだ不確実性が高い段階にあったワイド・ギャップ半導体の開発についてはリスク回避的な選択をせざるを得ず，GaAs系のこれまでの実績との「○×表」がGaN系研究に不利に働き，また漸次社内発表を強いられることによって，開発目標の短期的な細分化が避けられなかった。

　第3に，赤﨑氏らの研究努力は，次第に産業界でも注目され始め，研究費の調達が容易になり始めたことである。開発規模も大きくなり，1つには基礎技術の事業化という方向，もう1つには先端的な研究関心への移行がともなった。

ここから，赤﨑氏を中心とした新たな制度化過程が進行し始めたと推察される。ZnSeからの脅威が意識の中で次第に薄れ始めたこと，新技術事業団や企業からの契約的な資源投入，そして「企業の人を失敗させてはならない」という責任が生じたことなどは，時に自己破壊的な開発を進める自由度を制約したように推察される。こうした自由度の制約は，我々はヒューリスティクスの「硬直性」として概念化できるかもしれない。定常的な装置改造は行われてはいたが微調整的なものに留まり，青色LEDの実用化のために結晶品質を向上させる上で，以前のような主要な発見が発表されることはなくなっていく。

(3) 新たな制度化の始まり

こうした偶然の取り込みに対する柔軟性は，開発競争において青色LEDの実現という長期目標に対し，短期的にどんな根拠に基づいて接近していくかという制度化されたヒューリスティクスに，大きな撹乱をもたらす前提となった。従来，高効率のデバイスを設計しようとするならば，高い結晶性を実現せねばならず，そのためには制御性の良い結晶成長技術と格子整合の取れた材料選択をせねばならないというヒューリスティクスが支配的であった。しかしながら，赤﨑氏らのAlNバッファ層，Mgドーピング，LEEBI効果によるP型化の成功，続いて中村氏によるGaNバッファ層，Mgドーピング，焼き入れによるP型化の成功によって，発光デバイス（の少なくともGaN）に関する限り，格子不整合がそれほど大きな問題ではないことが，証明されてしまった。また解オプションの絞込みの過程で，半導体材料の結晶性を短期的に評価したところで，それが長期的に優れた技術へと到達する保証がなくなってしまった。現在では，GaN系研究の興隆を受けて，格子不整合のエピタキシャル成長という研究領域が確立しているほどである。

ただし青色LED開発史に特徴的と言えるのは，これまでの常識的な考え方，言わゆる固定観念に対する反証事例は提出されたものの，それに明確な理論的説明が与えられず，フォロワたちがそれにどう適応していけば良いのかが，あまり明確に示されなかったことである。

本章の提示した論理では，新たなリーダーは，これまで支配的であった技術的性能の評価基準に代わり，新たな評価基準を提出することによって，新たな

第3章　技術的パラダイムからの逸脱

開発潮流を構築するものとして議論されていた。しかし青色 LED 開発の場合は，そうした論理が不備であったことから，追随すること自体がきわめて困難なまま長い年月が過ぎていった。例えば，以前から赤﨑氏らと共同研究し，中程度の輝度をすでに達成していた豊田合成ですら，日亜が 1 cd の青色 LED を発表してから 2 年経過しないと，1 cd 級の LED を発売できなかった。多くの大企業は，巨額の開発費と人材を投入しながらも，満足に結晶成長すらできず，開発を断念したり，ようやく開発できたとしても，日亜の先行者優位と攻撃的な特許戦略によって，市場化する機会を封じられたりしていた。

　以上のように，新たな開発潮流を構築しながらも，長い期間技術的な優位を維持できた日亜の中村氏は，開発競争に参加する人々が最も強く望む地位を獲得したかのように見受けられる。確かに我々も，序章で述べたように，革命的技術に到達し，かつその技術的優位をいかに維持するかという関心から議論している。しかしながら，中村氏が GaN を中心とした中枢の創始者・盟主の 1 人として赤﨑氏とともに名を連ねたからと言って，必ずしも彼が当初の通りに開発を続けられたわけではなかった。つまり，事業化された段階で開発の主導権は日亜の経営側に移行せざるを得ず，また豊田合成という競合企業の存在から，開発から生産までのオペレーションの効率化が不可避となって，中村氏がかつて享受した自由度は，もはや失われてしまったのである。

　以上が，本章の青色 LED 開発に対する分析結果である。現在の中村氏は，日亜を離れて，UCSB 教授となった。その原因を探るのは容易ではないし，ここでの主要な関心事でもないが，あえて我々なりの解釈を施すとすれば，かつて享受した開発活動の自由度を取り戻そうとしたのではなかったかと推察される。かつて赤﨑氏が GaN 系研究を開始し，松下から名古屋大学に移籍したことも思い出される。しかし，中村氏がその目的を実現できたかどうかにも，疑問が残る。SiC を中心とした材料開発で有名になった Cree 社（アメリカ）の技術顧問となった中村氏は，日亜と青色 LED にかかわる職務発明に対する正当な対価を求めて法廷闘争を演じた[86]。

　日亜と中村氏との法廷闘争は，2005 年 1 月に東京高裁における調停によって和解が成立した。また 2014 年 10 月，赤﨑氏，天野氏，中村氏は連名でノーベル物理学賞に輝いた。授賞理由は「明るくエネルギー消費の少ない白色光源を可

129

能にした高効率な青色 LED の発明」で,「20世紀は白熱灯が照らし,21世紀は LED が照らす」と説明した。また賞金800万クローナ（約1億2,000万円）は3氏で分けて受け取ったという[87]。

●注

1　小山（1996）p.47。
2　当時の詳細については，西澤他（1988），小山（1996），奥野（1993）などを見られよ。
3　西澤他（1988）pp.8-9。
4　インダストリーリサーチシステム（1985）pp.59-60。
5　日本電子機械工業会（1988）を参照。
6　『機械統計』各年度版を参照。
7　1970年代を通じて日本の半導体製造装置産業は大きく成長し，1980年前後に対米輸出を開始するまでに至った。伊丹他（1988）を参照。
8　Wood and Brown（1998）は，1970年代から1980年代にかけて VPE 技術が普及した過程を，ソニーによる MOCVD 装置技術の内部化過程を通じて詳細に報告している。
9　奥野（1993）p.8-9。
10　後藤順氏（株式会社日立製作所ディスプレイグループ FDP 第二製造部技師（当時），工学博士）インタビュー（2001年7月6日，日立茂原工場にて実施）。
11　酒井士郎氏（徳島大学工学部電気電子工学科教授（当時），工学博士）インタビュー（2001年7月17日，徳島大学にて）。
12　『日経エレクトロニクス』（1996年10月21日）p.81，図1。
13　藤田（1985）の Table 2 から5までを参照。
14　天野浩氏（名城大学理工学部材料機能工学科助教授（当時），工学博士）インタビュー（2001年7月10日，名城大学にて）。
15　小出康夫氏（京都大学大学院工学研究科材料工学専攻助教授（当時），工学博士）インタビュー（2001年5月16日，京都大学にて）。
16　酒井（1995）を参照。
17　石橋晃氏（ソニー株式会社フロンティアサイエンス研究所複雑領域研究室課長（当時），理学博士）インタビュー（2000年10月17日，ソニーフロンティアサイエンス研究所にて）。
18　石橋氏インタビュー。
19　小山稔氏（日亜化学工業株式会社常務取締役技師長（当時））講演（1998年10月30日，一橋大学イノベーション研究センター主催研究コンソーシアムにて）。
20　後藤氏インタビュー。
21　赤﨑勇氏（名城大学理工学部電気電子工学科教授，名古屋大学名誉教授（当時），

工学博士）インタビュー（2000年10月17日，名城大学にて）。
22 『日経エレクトロニクス』（1994年8月1日）p.20ないし中村（1994a）を参照。
23 『発明』（2000年7月）p.50より引用。
24 天野氏インタビュー。
25 酒井氏インタビュー。
26 赤﨑氏インタビュー。
27 ちなみに1993年に日亜がサンプル出荷したときは，発光効率が2.16％，輝度が1cd（カンデラ：順方向電流＝20mA）であった。
28 天野氏インタビュー。
29 天野氏インタビュー。
30 赤﨑氏インタビュー。
31 赤﨑氏インタビュー。「返した」というのは，赤﨑氏の成果は名古屋大学名義で特許が取得されており，特許料が政府と名古屋大学とに支払われているからである。
32 平松和政氏（三重大学工学部電気電子工学科教授（当時），工学博士）インタビュー（2001年7月9日，三重大学にて）。
33 小出氏インタビュー。
34 赤﨑（1996）p.39より引用。下線ママ。
35 天野氏インタビュー。
36 平松氏インタビュー。
37 赤﨑氏インタビュー。
38 天野氏インタビュー。
39 赤﨑氏インタビュー。
40 天野氏インタビュー。
41 日亜会社資料を参照。
42 徳島ニュービジネス協議会ホームページ，ないしは『日経ビジネス』（1994年3月7日）p.54。
43 『日経産業新聞』（1994年3月23日）または『ジェトロセンサー』（1994年5月）を参照。
44 『日経ビジネス』（1994年6月6日）p.81。
45 この時期の中村氏の活動については，中村（1994a）p.37または『日経エレクトロニクス』（1995年1月30日）pp.163-167を見られよ。
46 小山氏講演ないし『日経エレクトロニクス』（1995年1月30日）p.167または『日経ビジネス』1999年7月19日 pp.173-174を参照。
47 日亜会社資料を参照。
48 酒井氏インタビュー。
49 酒井（1995）p.229。
50 酒井氏インタビュー。
51 『日経エレクトロニクス』（1995年2月13日）pp.139-143。

52 中村（2001）pp.109-110より引用。
53 酒井氏インタビュー。
54 酒井氏インタビュー。この点について，酒井氏と日亜の説明には若干の相違がみられる。以下は宮﨑和人氏（日亜化学工業株式会社企画室部長代理（当時））の発言である（2001年7月16日，日亜にて）。

> 酒井先生が，日亜がGaNを研究しているのを公式に知ったのは，たぶん1993年の11月30日の1日 2日前だと思います。もしかしたら，92年頃に，中村論文を出していたから，それで知ったかもしれませんけど。日亜がGaN研究しているっていう話は，公式で言うと，89年4月にスタートして93年に発表するまで，丸秘でしたから。誰にも言ってないですね。

以上の点に関する事実関係は明らかになっていないけれども，当時の中村氏はほぼ単独で研究を行っており，彼の活動内容については，社内でもあまり知られるところではなかったという解釈が成り立つ。いずれにせよ，事実関係について多様な解釈があり得ることを最初から前提としている我々にとって，以上の説明の相違は本質的な問題にはならない。

55 『日経エレクトロニクス』（1995年2月13日）pp.142-143。
56 後藤氏インタビュー。
57 小山（1996）p.23より引用。
58 中村（2001）p.134より引用。
59 妹尾雅之氏（日亜化学工業株式会社第二部部門開発部主任研究員（当時））インタビュー（2001年7月16日，日亜にて）。
60 『日経エレクトロニクス』（1995年2月27日）p.126。一方，日亜でのインタビューによると，蛍光体の評価装置ではなくて，ボンディング用の蒸着装置を用いたという。いずれが正しいかは不明であるが，本質的な問題ではない。
61 宮﨑氏，妹尾氏インタビュー。
62 中村（1994a）p.52。
63 天野氏インタビュー。
64 酒井氏インタビュー。
65 赤﨑氏インタビュー。
66 小出氏インタビュー。
67 妹尾氏インタビュー。
68 小出氏インタビュー。
69 後藤氏インタビュー。
70 妹尾氏インタビュー。
71 石橋氏インタビュー。
72 後藤氏インタビュー。
73 『発明』（2000年7月）p.50より引用。

74　天野氏インタビュー。
75　平松氏インタビュー。
76　酒井氏インタビュー。
77　天野氏インタビュー。
78　平松氏インタビュー。
79　中村（1994a）p.51より引用。
80　酒井氏インタビュー。
81　石橋氏インタビュー。
82　中村（2001）p.163より引用。
83　中村（2001）p.167より引用。日亜の宮﨑氏のこの点に関する理解は，中村氏とは若干異なるニュアンスを含んでいるため，ここに記しておく。

　　中村さんが何を指してそう言っているのか分からないんだけども，93年に発表しましたよね。そこで，我々がしなきゃならないことというのは，ダブルヘテロのLEDの量産をしなきゃならないですよね。で，ダブルヘテロの量産をするグループと，それからグリーンのLEDをやるグループ，その時グリーンありませんでしたけど，InGaNでグリーンできますから，そのグループと，レーザーを開発するグループと。明確じゃないけど，大きく3つに分かれたんですね。
　　アバウトに一応3つに分けて，それすべてやりましょうという話。そこで，中村さんは開発寄りになりましたよね，つまり，量産の方というよりは，グリーンの開発であるとか，レーザーの開発の方になりましたよね。それから，93年に，中村さんの対外的な仕事というのが増えてきましたよね。学会とか。

84　小出氏インタビュー。
85　宮﨑氏インタビュー。
86　畠山（2001）p.85。
87　『日本経済新聞』2014年10月7日。

第Ⅱ部 | 技術的パラダイム革新の戦略

第4章

リーダー・フォロワの循環的代替

初期家庭用ゲームソフト開発競争の事例分析

1　はじめに

　本章以降はこれまでの議論を受け，我々の分析枠組みに理論的広がりを持たせるために，第2部として青色LED以外の事例を取り上げて，技術的パラダイムの変革イニシアティブが，ごくありふれた企業の通常の仕事の延長線上にどう位置付けられるかを考察していく。そのためにはまず，ドシィの言うヒューリスティクス，前章までの表現で言えば期待システムが多様であることの意義，またその多様性がいかに生み出されるのかといった問いに対し，もう少し考察を加える必要があろう。本章ではまず，一企業レベルの事業システムの構築を通じて，経営者たちがいかに不確実性に対処しようとしたか，その個別具体的なプロセスを追う。専門的技能を有する生産者らからなる産業集積のレベルについては，もう少し長い時間軸を導入する必要があるため，次章で改めて議論することにしよう。

　さて，改めて本章の目的は，1980年代の我が国で展開されたロール・プレイング・ゲーム（RPG）開発競争の事例分析を通じて，1つの分析枠組みを提示することである。とくに注目しているのは，高い不確実性を特徴とする産業初期の競争環境に直面した経営者が，懸命に目的合理的たろうと努力する一方で，彼らの意思決定が主観的側面を免れなかったという点である。

　このような研究関心を抱くに至った背景には，我が国のコンテンツ産業への

関心の高まりがある。日本のテレビ・ゲーム産業は，長らく国際的競争優位を維持してきたと考えられ，それゆえにソフトウェア分野での貿易不均衡を解消する有力な武器だと認識されてきた。しかしながら海外のゲームソフト・メーカーの攻勢によって，日本のメーカーの競争優位は揺らぎつつある。

　この点は経営学者にとっても重要な反省を迫るものなのかもしれない。コンテンツ産業への高い関心は，ジャーナリズムや業界団体による情報整備を後押ししてきた。こうした潤沢な資料をもとにして多くの経営学者は，この業界のベスト・プラクティスを分析し，得られた教訓を一般化するよう努めてきた (Aoyama and Izushi, 2003；馬場，1998；藤田，1998, 1999a, 1999b；福島，1999；小橋，1993a, 1993b, 1998, 1999；新宅他，2003；砂川，1998)。単純化を恐れずに言えば，マネジメントとは，経営者が多様な教訓から得られた知識をもとに，掲げられた目的（ないしはそれ以上）を実現しようと努力することである。当の経営者から見ると第三者である経営学者は，この一般化された知識基盤に貢献できるものと期待されている。しかしながら我が国ゲーム産業が国際的競争優位を失いつつあるということは，それと同時に経営学としてこれまで培ってきた知識基盤の信頼性も揺らぐということにもなりかねない。現実の産業を分析するこれまでのやり方に対して，深刻に反省しなければならないのかもしれない。

　ここでマネジメントの意味をあえて問い直してみるのも有益だろう。通常経営学者が用いるマネジメントという概念には，少なくとも2つの対照的な仮定が見出せる。第1に，実行主体である経営者を「合理者」と仮定する立場である。経営者は限られた数のコンティンジェンシー変数の動きを客観的に捉え，掲げられた目的の実現にとって最適な行為系列を選択する。この場合，研究者は事後的に彼のベスト・プラクティスの目的合理性を導出し，他の経営者らに教訓として伝えることができる。第2のタイプの経営者は，個人的な洞察や多くの試行錯誤に依拠する人々だと仮定される。日々の意思決定が目的合理的であろうとする点は変わらないけれども，コンティンジェンシー変数が無数にあって評価の時間軸も長期に及ぶと，彼の認知能力は厳しく制約され，その意思決定は主観的側面を免れない。このタイプの経営者を「準合理者」と呼ぶことができよう。

現実の産業を眺めると，以上2種類のマネジメントが常に共存していることがうかがわれる。また産業発展の過程を眺めた場合，段階によって一方が支配的となるということは，産業のライフサイクル・モデルでよく描かれるモチーフである。産業の黎明期では，経営者は技術や市場環境について未来にわたって信頼できる知識を持たない。こうした「準合理者」たる経営者は，複雑でダイナミックな競争環境を自分なりに理解し，時間と手間隙をかけて試行錯誤し，目的合理的な事業システムを構築しようと努力する。従って，少なくとも高不確実性下では，経営者が長期的成果の高低も見通せぬまま，短期的に試行錯誤過程をどのように導こうとするかという，事前の目的合理性を問うことが重要になる。

　以上のような理論的立場は，特に新しいものではないけれども，まだ依然手付かずの問題が残されている。試行錯誤過程にある経営者が競争環境をどのように理解したか，すなわち彼の「日常の理論」を理解することが重要だとして，単なる主観的構成物が，現実の厳しい生存競争を彼が勝ち抜く上で有効な手段足り得るかという問いである。たかだか個人の考えや認識したものという程度のことでは，企業の競争成果にどの程度のインパクトを与えるかも定かではない。他者の考えに優れた点を認めれば，やすやすと同型化圧力に屈することにもなろう。それでも何かしらの差別化要因が，この主観的構築物にあるとすれば何か。また業界レベルで見た際に，企業群の多様性が担保されるとすればどのような論理によってなのか。以上の問いに一定の解決を図ることが本章の狙いである。

　次節では本章の目的を文献レビューを通じて詳述する。第3節では経営者の「日常の理論」の果たす競争戦略上の機能を理解するため，リアル・オプション法を類推的に応用した分析枠組みを提示する。第4節ではRPG開発組織の中でもとくにスクウェアとエニックスの両社に照準を合わせ，我々の分析枠組みを事例分析に適用する。

　結論を先取りすれば，RPGという当時比較的新しい製品コンセプトの実用化に対して，市場のリーダー企業とフォロワ企業が異なる「日常の理論」を掲げて競争していた。それぞれがどのような戦略的判断に基づいて製品や事業システムの差別化を志向し，独自の優位性を確立しようとしたのか，そこでは何

が犠牲となったのかといった観点から比較事例研究を行った結果，次のような結論に至った。両社の「日常の理論」には新たな製品コンセプトの実用化に伴う不確実性に対していかに立ち向かうかについて，それぞれに首尾一貫した合理性が備わっており，相互に安易な同型化圧力に屈することはなかった。またリーダー企業は自ら自分に挑戦してくるフォロワ企業を育て，相互に戦略的ポジションを入れ替えながら新規市場をともに成長させていく側面があった。以上のような認識を持つにいたり，我々はこの一連の過程を「リーダー・フォロワの循環的代替」と呼ぶことにする。

2　同型化圧力への抵抗の論理：問題提起

　複雑かつダイナミックな産業発展の過程を分析する上で，ライフサイクル・モデルは認識基盤として長らく有効とされてきた。このモデルは「変異－選択－維持」仮定に基づく生物学的進化理論にその起源を求めることができる。この仮定下では，生物は直面する不確実な競争環境に対して盲目的と見なされる。自然科学の理論を社会科学の領域に類推することは常に危険が伴うけれども，行為者のうち優れたものが健全な競争関係を勝ち抜いて，より良い世界を創造するという考え方は，魅力的であり続けた。例えばこの類推に刺激を受けたUtterback（1994）は，ライフサイクル・モデルを骨組みとして産業発展のリアリティを再現しようとしたのである。

　発展段階の初期では，技術的知識はごく限られ，顧客のニーズや欲求はあいまいで不安定である。供給側にいる企業群は盛んに試行錯誤を行い，彼らが思い描く未来を実現しようとする。多様な製品仕様が顧客の前に選択肢として提示され，需要が次第に顕在化すると同時に，企業は初期の売上げを再投資することで技術的可能性を拡大していく。健全な市場競争は，企業に倒産リスクを負わせるけれども，それが規律付けとなってさらなる経験学習を促す。かようにして試行錯誤を本質とする生産者と消費者との相互作用は，技術と市場の安定した知識基盤を形成し，標準的な製品仕様について合意を形成するまで続き，やがて成熟産業と呼ばれる状態を招くのである。

　以上の枠組みの中では，少なくとも2つの対照的な経営者が存在している。

我々はそれぞれを「合理者」と「準合理者」として区別している。「合理者」は，日々の意思決定の中で高水準の目的合理性を発揮できるという仮定に基づいている。この仮定は，合理性は客観的現実を「確定的システム（determinate system）」と捉えることで達成されるという Thompson（1967）の主張に依拠する。確定的システムは，限られた数のコンティンジェンシー変数から成り立ち，各変数の変化やそれらを司る因果関係について事前によく知られており，システム全体の制御性も良い。Kotter（1978）によれば比較的短期の成果評価の場合にこの条件が成り立ち，競争環境に関する信頼性の高い知識に基づき，経営者は掲げられた目的実現に向かって「合理的」な行為の系列を選択できる。

ライフサイクル・モデルでは，産業が成熟期に入ると，このタイプの経営者が支配的となり，技術的ないしは市場関連の知識が広く知られた状態になっていると捉える。効率性・能率を高めようとする経営者の不断の努力内容も，ベスト・プラクティスの事後的分析によって容易に明らかとなり，ライバル企業へのベンチマークを与える。その間に強力な同型化圧力が働き，事業システムの標準化が促進されることにもなるだろう。

他方，経営者の盲目的側面も無視できない。特にライフサイクルの初期では，多くのコンティンジェンシー変数が複雑に変化し，経営者の認知能力を凌駕する。彼は懸命に目的合理的たろうと努力しても，部分的にしか自信を持って意思決定できない。比較的長期の成果評価の場合，ダイナミックな競争環境に直面するので，それらを司る複雑な因果関係を自分なりに理解し，まだ不明な部分は絶え間ない試行錯誤によって補う必要がある。この経営者は「準合理者」と呼べる。

「準合理者」の自分なりの理解，ないしは加護野（1988）の言う「日常の理論」に裏打ちされた事業システムの個別具体性（idiosyncrasy）に注目したのは Miles and Snow（1978）だった。彼らによれば，同一産業（しかもかなりの成熟産業）に属して共通のコンティンジェンシー変数に直面しているはずで，業績上の明白な差が認められない組織群ですら，実はそれぞれ独自かつ排他的な顧客セグメント，組織能力，経営管理システムを有していた。この比較組織分析は，「準合理者」の目的合理的たろうとする努力は，異なるモードの目的合理性を同時に実現することを示している。とくに産業の黎明期のように不確

実性の高い環境下では，誰もベスト・プラクティスを知り得ないし，多様かつ個別具体的な組織群が存在する傾向が強まるだろう[1]。

　こうした認識は，ワイクによる修正版進化モデルの考え方とも符合する (Weick, 1979)。元来の「突然変異－選択－維持」の進化モデルでは，プレイヤの盲目的な変異が前提とされており，この点についてワイクはエージェンシーの不在を批判する。そして突然変異に変えて「イナクトメント (enactment)」をモデル内に導入して，人々が作り出す多様な現実認識の間の競合と選択淘汰として，社会的ダーウィニズムを再定式化した。先述のように，それぞれの企業の立地や設立以来の歴史には個性があるし，それゆえに経営者自身の中で優先すべき事柄の序列，言わば彼らのプライオリティ・リストはそれぞれに異なっている。環境から大なり小なり類似した刺激を受け取ったとしても，要素ごとに異なる重み付けを行い，それらの組み合わせとして彼らなりの現実認識をイナクトしていくのであり，産業レベルでの選択淘汰とは，そうした差異を前提としたものである。

　以上のような経営者の「日常の理論」に対する研究蓄積にもかかわらず，これまで「準合理者」企業の競争戦略を検討することは稀ではなかっただろうか。その理由として1つ考えられるのは，企業の競争戦略を論じる上で事前と事後の目的合理性が一致するという強い仮定を置いていた可能性である。もしこの一致が仮定されなければ，そもそもベスト・プラクティスからの教訓が，これから同様の事業システムを構築しようとしている他の経営者にとって無意味になってしまう。しかしこの仮定は，少なくともライフサイクル・モデルに準拠する限り，不確実性がかなり低下した状況でなければ成り立たない。

　高不確実性下では経営者が事前に目的合理的だと考えた意思決定が，事後にもそうなるという保証はない。どのような組織のベスト・プラクティスであっても，市場での選択淘汰によって勝者・敗者が決定するまでは判明しないはずだから，経営者らが事前に携えている「日常の理論」の多様性が注目されるのは自然なことである。しかしながら個別の企業の立場から考えれば，そうした多様性は何の成功も約束しない。まして「日常の理論」とは個々の経営者の主観的構築物ないしは現実認識に過ぎず，ライバル企業の考え方に優れた点を認めれば，自身の考えに取り込むことを妨げるものは多くはないと思われる。

従って強力な同型化圧力にさらされながらも，それでもなお「日常の理論」が多様であり続けるのはなぜか，また個々の企業の盛衰を理解する上で「日常の理論」が企業の戦略的ポジショニングにおける差別化要因として貢献することがいかにして可能かを明らかにするのが，以下の作業目標となる。とくに産業発展の初期においては，試行錯誤と経験学習が重要な作業となるにもかかわらず，この期間の企業の生存率が極めて低いことはよく知られた事実である。「日常の理論」がますます強まりゆくライバル企業からの同型化圧力に対する備えとなる論理とはどんなものかを探る作業は，なおさら重要である。

3　リアル・オプション法の応用：分析枠組みの提示

　以下では事例分析に先立って分析枠組みを提示する。ここでの特徴の1つは，リアル・オプション法からの応用である。この手法は金融工学の分野で案出され，今日では様々なプロジェクト評価技法としても応用されているものである。
　この手法は，伝統的な割引キャッシュフロー法（DCF法）の批判から案出された（加藤, 2000a, 2000b; Luehrman, 1999a, 1999b）。ここでリアル・オプション法を応用する利点は，2人の異なるプロジェクト評価者がどのように不確実性へ対処するか，その違いを定式化できることにある。伝統的なDCF法もリアル・オプション法も，目的はともにプロジェクトの未来の成功の現在価値を見積もることなので，評価から主観性を完全に排除できない。両手法の算術的な表現の背後にあるこうした主観的性質が，不確実性に対する2つの対照的な対処を表現するのに適しているのである。
　ここで伝統的手法への批判を振り返ると，実際に資本投下してみないと得られない行為系列の選択肢（戦略オプション）の経済的価値を一切無視しているという点が指摘される。プロジェクトに対する資本投下は通常段階的で，最初のコミットメントを金融市場でのオプション購入に喩えることができる。最初の資本投下は2つの戦略オプションを創造する。すなわち成功の見込みがあればさらにコミットし，見込みがなければプロジェクトを中止するのである。この中止は支出全体を抑えることになるけれども，この選択はDCF法では仮定されていない。DCF法では1つのプロジェクトがいったん開始されると，仮

定された全実施期間必ず継続され，その間の費用が全額支出されると想定されている。

さらにプロジェクト環境がますます不確実になっていくと，資本投下によって生み出される新たな情報の価値が無視できなくなる。DCF法では，今後負担すべきリスクは現在の限られた知識に基づいて決められる。もし環境が不確実だと認識されれば，プロジェクトの成功確率は非常に低く見積もられる。こうした傾向は，特に官僚的な組織風土の下では強化されてしまい，結果的にプロジェクトの経済価値を押し下げてしまう。

こうしてプロジェクト評価者にとってこれら2つの仮定，すなわちプロジェクトの中止と環境不確実性が，プロジェクト評価者にとって，DCF法よりもリアル・オプション法による評価価値の方が高利益率に見える理由になる。これをより定式化した言い方に直すと，「経営者がプロジェクト評価の際に環境不確実性が高いと認識した場合，資本投下量をできるだけ少なく，かつ段階的に投下した方が評価額がより高く認識される」という命題が成り立つ。

さらに議論を進めるため，仮設例として次のような新規市場を考える。顧客ニーズはいまだ漠然として，需要変動も激しい。ここに2つのライバル企業が同じだけの資本を携えて競合している。経営者は通常段階的な資本投下によって見込みのないプロジェクトを中止する余地を残すだろう。一方で投下すべき資本量が少なければ，実施できるプロジェクトの規模も同時に小さくなり，結果的に事業構造の垂直的・水平的細分化を促進する。一般に，経験から何らかの教訓を得ようとすれば，その経験のために支払う費用は避けられない。もし経営者が資本投下を小規模かつ段階的なものに留めようとすれば，活動範囲の細分化の結果，得られる情報の価値も低下していくと予想される。彼は広範囲にわたる経験学習の機会をますます失っているからである。

他方，広範囲にわたる経験学習を重視して，まとまった資本投下を行う経営者がいるとすれば，それはライバルと明確な棲み分けが可能な場合だろう。この棲み分けが可能なのは，ライバル企業にとってまとまった資本投下が利益率の低下しか意味しないので，同様の戦略を採ろうとはしないからである。いったん大きな投資を行うとすべてサンクコストとなるため，不確実性が高すぎる場合にはこの意思決定は正当化されにくい。ただし何らかの方法でリスク分散

が可能ならば，ライバル企業よりも広範で深い探索を行い，結果的に効果的な経験学習を積むことができる。例えば意図的か否かを問わず，競争上フォロワであることは，市場リーダーが直面するリスクの回避を可能にするはずである。また活動領域が広範であれば，活動領域の狭いライバル企業の事業システムを容易に内部化できるけれども，完全にそうすることはない。ライバル企業の利益率は一見高いので事業システム間の同型化を促すかもしれないが，高費用体質ゆえに同水準の利回りを達成できないと容易に予想できてしまうので，この同型化傾向が緩和されてしまうのである。

　これまでの議論をまとめると，まず新規市場のリーダー企業は小規模かつ段階的な投資によって，事業の活動範囲を絞り込みながらも，そうすることで高い投資収益率を見込んで試行錯誤を行う。しかしながら経験学習から得られるものは限定的なものに留まる。一方でフォロワ企業は，リーダー企業の先行投資があるので大きなリスクを自ら取る必要はなく，リーダー企業に比べて大規模な投資と経験学習を実施することができる。学習機会を得ることで，リーダー企業を追い越すだけの知識を蓄えることが可能かもしれないが，それを市場成果として結実させるのはまだだいぶ先のことである。この段階では，リーダー企業にはフォロワ企業のやり方を真似するインセンティブはない。それは主観的な投資収益率を低下させるだけだからである。

　以上のように，リーダー企業とフォロワ企業は相互に自分たちの「日常の理論」の内部では首尾一貫した考え方を持っていて，なおかつその内部には，相互に同型化圧力から免れるだけの理由が用意されていることになる。またフォロワ企業は，経験学習から蓄えた知識でリーダー企業に挑戦していく機会が与えられる一方で，実際にはその機会はリーダー企業の先行投資があればこそ得られたものであった。このように，リーダー企業は自ら自分に挑戦してくるフォロワ企業を間接的に育て，相互に戦略的ポジションを入れ替えながら，この新規市場をともに成長させていくと考えられる。我々はこの一連の過程を「リーダー・フォロワの循環的代替」と呼びたいが，詳しい議論は本章の結論部で行うことにする。

　次節ではこれまで議論した分析枠組みを事例分析に適用する。分析対象は初期RPG開発競争である。RPGはファミコン向けソフトとして市場導入され，

その後スクウェアとエニックスの共栄関係を通じて大きなプレゼンスを持つに至ったゲーム・ジャンルだった[2]。まず1980年ごろの時代背景を確認し，続いて２大RPGメーカーの事業システムの比較検討を通じ，各社が結果的に到達した独自の目的合理性を確認する。最後に試行錯誤の過程に視点を移す。

4　初期家庭用ゲームソフト開発競争の事例分析

(1)　時代背景

　1980年頃の我が国のゲーム産業は不確実な市場ニーズに支えられ，新規参入してくる企業家らは投機的な特徴を有し，この産業の長期的な成長を楽観視する見方は決して一般的なものではなかった。1983年に任天堂が初代ファミリーコンピュータ（ファミコン）を発売したが，この事実を大々的に報道する新聞雑誌はほとんどなかった。というのはファミコンが一般家庭をターゲットとする唯一のゲーム機というわけではなかったためで，非常に広い価格帯で多様なゲーム機が登場しては瞬間的なブームを巻き起こし消滅するというパターンを繰り返していたのである[3]。

　大手家電メーカーもこの市場に参入していたが，彼らの関心は消極的なものだった。コンピュータ技術を活用する製品群の中で，ゲーム機は最もローエンドの商品だった。1970年代以来コンピュータのダウン・サイジングの潮流は決定的だったけれども，オフィス・オートメーション（OA）ブームが華やかかりし時代に業界の関心は中小型コンピュータに集中していた[4]。利益率がごく限られた一般家庭向けのゲーム機は，新し物好きのトレーニング機としかみなされなかった[5]。他方，おもちゃメーカーにとって大手家電メーカーが大量安価に供給してくれる半導体チップは，事業機会を開拓する新技術として歓迎された。このようにゲーム機に対する関心の高低はあっても，各メーカーの努力によって多様なゲーム機が発売され，最も小型であるハンドヘルド型から現在のデスクトップPCのような高汎用性のものまで多岐にわたったのである。これを裏返せば，まだ黎明期にしかないゲーム産業にとって任天堂がファミコンを発売し，まもなく累積出荷台数にして1,000万台を販売したことは，むしろ

異常事態と言って良かったということであり，この産業が近い将来に爆発的に成長するという楽観論は，当初全く存在しなかったと言える。エニックスとスクウェアに限らず，多くのゲームソフトのサプライヤもその例外ではなく，不確実な競争環境下で一攫千金を狙うかのごとく，この産業へと参入したに過ぎなかったのである。

　1976年にコンピュータが日本市場に出現して以来，RPGの商業的成功は，1986年の任天堂の『ゼルダの伝説』と，エニックスの『ドラゴンクエスト(DQ)』の登場を待たなければならない。RPGの起源は，もともとテーブル・トークRPGと呼ばれたものだった。さいころを振って架空の地下迷路などを旅しながら物語を構築する遊びである。コンピュータ・ゲームが登場してまもなく，このRPGもその1つに加わった。ただし当時のRPGの欠点は1つのゲームをクリアするのに長ければ数ヶ月を必要とした点で，反射神経や機転を競い合う『スペース・インベーダー』のようなアクション・ゲームが浸透していた日本市場には，ほとんど普及していなかった。

(2) エニックスとスクウェアの起源

　1982年，福嶋康博氏はエニックスを設立した。彼がたまたま渡米した際にアメリカでPCが普及しつつあったことに着目し，新事業を始めたのだけれども，彼自身コンピュータ技術については素人だった。しかしながらこの業界に参入する彼の戦術は，工夫を凝らしたものだった。

　DQのシナリオ・ライターである堀井雄二氏はエニックスを出版社に喩え，次のように説明した[6]。まずエニックスはプログラミング機能は持たず，ゲームのコンセプトやシナリオすら外注してしまう。また出版社と作家の関係のように，エニックスは著作権料という概念をこの業界に確立し，自らはパブリッシャと呼ばれるプロダクション機能に特化した存在となった。

　この手法がエニックス独自のものであり得たのは，かつてグラフィックスや音声効果，シナリオ作成を含むゲームソフト開発全体が1人の優秀なプログラマによって担当されていたからである。これはコンピュータの処理能力自体が低く，ソフトを開発する者も消費する者もごく限られた「オタク」仲間に限定されていたことと関連する。ソフト開発の作業を自分で担当できない福嶋氏は，

まずコンテストを開催して多数の優秀なプログラマたちと出会い，続いて彼らの作品の商品化を開始した[7]。

　PCゲームとして発売されたもののうち，特に優れたものをファミコン向けに移植し発売したところ大きな手応えを感じた福嶋氏は，DQの開発に着手した。ただしここでは開発メンバーの専門性を重視し，週刊誌のエディタやプロの漫画家・作曲家などを交えた，急ごしらえのタスクフォースを組織したのである。そもそもファミコンの特徴は高いグラフィック性能であり，時間をかけてストーリー展開を楽しませるRPGには不向きなはずだったけれども，エニックスは当時RPGのことをよく知らなかった日本の消費者市場に対してファミコン向けソフトとして売り出し，巧みなメディア・ミックスと娯楽商品としての完成度の高さから，子供のみならず大人の顧客をも獲得したのである[8]。

　DQ初期の3部作の売上げは，DQが150万本，DQⅡ（1987年）は240万本，Ⅲ（1988年）は380万本である。こうしたRPG需要の急激な立ち上がりは，PRGの品薄感となって数多くの類似ソフトの登場を許した。後述の『ファイナルファンタジー（FF）』ですら，そうした類似ソフトの1つとみなされたが[9]，現在のFFはハリウッド映画のような娯楽性と，ハードウェアの可能性を隅々まで活用し尽くした先端的コンピュータ・グラフィックス（CG）技術の活用によって常に100万本以上を売り上げるRPGシリーズの1つとなっている[10]。

　スクウェアの創業者である宮本雅史氏は，福嶋氏と同様PC技術には疎く，純粋に投機的動機によってこの業界に参入したという[11]。従ってアルバイトとして雇用した，後の中核メンバーとなる鈴木尚氏や坂口博信氏らが，実際のゲーム作りを担当することになった。アルバイトたちは当時すでにシミュレーション・ゲームやアドベンチャー・ゲーム，RPGなどストーリー性の強いゲームソフトを遊んだ経験があったので，坂口氏の提案によって，日本人にはまだ馴染みのないこうしたジャンルの普及を目指してゲーム開発が開始された[12]。

　以上のような開発メンバーらを集める上で経営者である宮氏は，PCゲーム・メーカーとして後発企業であったことを理由に何らかの差別化ポイントを求めて，開発メンバーの専門性を重視するというエニックスのDQ開発プロ

ジェクトと同じ戦術を採用した。彼が信じたところによれば、今後コンピュータ技術は急速に進歩し、処理速度はより速くなり、より安価になり、またより多くの色や音声を扱えるようになるはずだった。そうなれば先発企業が行っているような、1人の優秀なプログラマに開発作業のすべてを依存するようなことは不可能になる。そこで宮本氏はすでに美術やシナリオ作成、プログラミングなどの各分野で専門的トレーニングを受けているアルバイトを雇用していったのである。この戦術が奏功してPCゲームである『ウィル』は、グラフィクスの美しさやプログラミングの優秀さから商業的成功を収めたという[13]。さらに1985年には初のファミコン向けソフトである『テグザー』を発売し、売上げの急増によって多くのアルバイトたちを正社員として正式に雇用するに至った。この開発陣の内部化が今後最もスクウェアらしい特徴として知られることになる[14]。

(3) 2社の成長の軌跡

　当初は中小企業に過ぎなかった2つのソフト・メーカーも、次第に独自色の強い経営方針を打ち出していった。ハードウェアの性能は8ビット機、16ビット機、32ビット機と断続的に向上し、プラットフォーム間競争も激しさを増す一方だった。ハード側の技術進歩はソフト開発の可能性を拡大した一方で、その作業をより複雑かつ困難なものにしていった。とくに問題となったのは、そのほとんどが人件費によって占められる開発費の高騰だった。需要サイドの不安は解消されつつあった一方で、こうした供給サイドの困難に直面して、両社の経営方針はますます独自色を強めていったのである。

　この過程を確認するうえで①製品展開、②付加価値生産性の変遷を振り返りたい。**図表4－1**は任天堂からファミコンが発売される1983年から、ソニー・コンピュータエンタテインメント（SCE）からプレイステーションが発売される1997年までのエニックスとスクウェアのゲームタイトルを、ゲームジャンルと利用プラットフォームと区別できる形で整理したものである[15]。ここでうかがわれる特徴は、第1にエニックスは外注に依存しながらPCゲームの商業化を行ってきた経緯から、その後も特定のゲーム・ジャンルに特化することはなく、むしろ多様なゲームを数多く扱った。また採用するプラットフォームも、

第4章　リーダー・フォロワの循環的代替

図表4－1●発売タイトル一覧

	エニックス (Enix)							スクウェア (Square)						
		RPG	SLG	ADV	ACT	ETC	定価	PC	RPG	SLG	ADV	ACT	ETC	定価	備考
1983年								35							
1984年								19							1
1985年								13							1
	7月18日				FC		4,900		12月19日				FC	5,500	
	11月29日				FC		5,500								
1986年	5月27日	FC					5,500	6							3
									9月18日	FC			FC	4,900	
									12月15日			FC		3,400	DS
									12月19日				FC	3,400	DS
1987年	1月26日	FC					5,500	6	3月12日				FC	3,400	DS
									4月3日			FC		3,400	DS
									5月1日	FC		FC	FC	3,400	DS
									5月30日					3,400	DS
									7月3日				FC	3,400	DS
									7月24日	FC				3,300	DS
									8月7日				FC	4,500	
									10月2日	FC			FC	3,300	DS
									12月1日			FC		3,500	開発
									12月1日	FC				4,500	
									12月18日				FC	5,900	
									12月26日				FC	5,500	開発
1988年	2月10日	FC					5,900	3	5月13日	FC				5,900	
									7月1日				FC	500	DS
									7月15日			FC		500	DS
									12月2日			FC	FC	5,800	
									12月17日	FC				6,500	
1989年								3							
									11月30日	FC				6,500	
									12月15日	GB				3,334	
1990年	2月10日	FC					8,600	6	4月27日	FC				8,400	
	12月16日			SFC		SFC	8,000		12月14日	GB			GB	4,572	
1991年								5	6月28日	GB			GB	4,572	
									7月19日	SFC				8,800	
									10月29日	SFC				9,000	
									12月13日	GB				4,667	
1992年	1月31日	SFC			SFC		8,800		1月28日	SFC				9,500	
	9月27日	SFC					9,600		12月6日	SFC				9,800	
	12月15日	GB			GB		4,600		12月21日	SFC	SFC			9,500	
	12月15日	FC	FC				9,700								
	12月21日	SFC					9,600								
1993年	4月23日	SFC					9,600	1							
	8月27日			SFC			9,600		7月30日	SFC				9,800	
	10月29日			SFC	SFC		9,300		9月10日	SFC				7,900	
	11月27日	SFC			SFC		9,800		12月10日	SFC				9,900	
	12月18日	SFC					9,600		12月17日			SFC		8,800	
1994年	1月28日	SFC			SFC		9,600		2月27日	FC				6,800	
	2月10日				SFC	SFC	9,800		4月2日	SFC				11,400	
	3月25日				SFC		8,800								
	3月25日			GB	GB		3,900								
	7月8日	SFC					9,600		9月2日	SFC				9,900	
	12月9日			SFC	SFC		11,800								
1995年	3月17日	SFC					10,800		2月24日	SFC	SFC			11,400	
	4月21日	SFC					10,800		3月11日	SFC				11,400	
	7月14日	SFC					11,800		9月30日	SFC				11,400	
	9月29日				SFC		9,600		11月11日	SFC				11,400	
	9月29日				SFC	SFC	8,800								
	10月20日	SFC			SFC		11,800								
	12月9日	SFC					11,400								
1996年	4月12日	SFC					8,000		2月9日	SFC	SFC			11,400	
	5月31日	SFC					8,000		2月23日	SFC				11,400	
									3月8日	SFC			SFC	7,500	開発
									4月5日	SFC				8,000	
									5月24日	SFC				7,900	
	7月19日	SFC					8,500		8月2日				PS	5,800	
	11月22日				N64		9,800								
	12月6日	SFC					8,700								
1997年	6月26日				N64		8,000		1月31日	PS				6,800	
									1月31日				PS	5,800	AQUES
									3月14日				PS	5,800	
									3月21日	PS				4,800	
									4月11日				PS	5,800	AQUES
									4月25日				PS	5,800	
									6月20日				PS	7,800	AQUES
									6月20日			PS		6,800	
	9月25日				SFC				7月11日	PS				6,800	
	11月27日	SS		SS			6,800		9月25日	PS	PS				
	12月18日			SS			6,800		10月2日	PS				6,800	
	12月23日				PS				10月9日				PS	4,800	AQUES
									11月20日				PS	5,800	
									12月18日	PS	PS				
									12月23日	PS				6,800	

FC	ファミコン		RPG	ロール・プレイングゲーム
GB	ゲームボーイ		SLG	シミュレーションゲーム
SFC	スーパーファミコン		ADV	アドベンチャーゲーム
PS	プレイステーション		ACT	アクションゲーム
SS	セガサターン		ETC	その他
N64	Nintendo64			

注：スクウェアの備考欄について，数値はPC向けゲームの本数，「開発」は他社製品の開発，AQUES はコンビニ専用商品を表す。
出所：スクウェアエニックス公式ホームページ，発売タイトル一覧より作成。ジャンル分けはメーカー のそれに従った。

149

ある特定の1つにコミットするというよりは,多様性を好んだようである。PC向けゲームソフトの発売数も初期はかなり多く,数は減少するものの1993年まで開発が続けられている。

　他方スクウェアは,1つのプラットフォームに集中する傾向に加えて,製品ジャンルをRPGなどのストーリー性の強いジャンルに特化する傾向があった。この傾向から外れた時期として,1986〜1988年に任天堂ディスクシステム(DS)向けに安価なソフトを数多く供給した時期,および1997〜1998年にAQUESというサブ・ブランドを展開し,コンビニエンス・ストアを通じてRPG以外のゲーム(麻雀や競馬,スポーツなど)を供給した時期がある。第1の時期には売上高は急成長したものの,玩具店でゲームソフトを安価にダウンロードさせるというDSの技術特性,限られた資源の分散,固定的人件費などのために,商品としての粗利率が非常に低かったという[16]。この時に経験した企業存続の危機がFFシリーズを始めとするRPG製品へと結実し,また先端的CG技術開拓に資源を集中する素地を作ったようである。第2の時期は,ソフト供給をプラットフォーム・ホルダーのイニシアティブに委ねてきたそれまでの流通チャネルに加えて,1996年のデジキューブの設立によってスクウェア独自のチャネル構築を試みた時期であった。外部のコンビニエンス・ストアのネットワークを活用したために製品ラインアップを拡充する必要に迫られ,それまでRPGなどが主流だったスクウェア製品とは区別し,チャネル限定商品用のサブ・ブランドとしてAQUESラインを導入した[17]。

　また**図表4－2**は両社の付加価値生産性を従業員1人当たりの売上高および営業利益によって記している[18]。エニックスは2つの数値変動がきわめて大きいが,平均して比較的高水準を維持している。一方でスクウェアは安定的な収入を得つつも,付加価値生産性という意味では相対的劣位にある。まず売上高の変動については,スクウェアは社内開発が中心なために製品リリースのタイミングをうまくコントロールしている。FFとDQの両シリーズだけを比較してもDQの方がリリース間隔が長い[19]。DQを主たる収入源とするエニックスは外注先への厳格なコスト管理を実施しているため平均的な利益水準は高いもののリリース遅延を起こしやすく,売上高の変動を許さざるを得ない[20]。一方でスクウェアのFFは後発商品として登場しているので効果的な製品差別化が

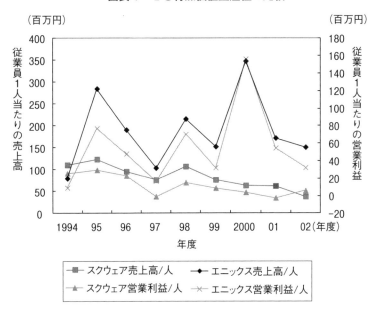

図表4-2 ●付加価値生産性の比較

必要となり，巨額の製品開発投資，取扱いジャンルやコア技術の特化とともに，ほぼ1年おきという頻度でシリーズ作品を連続投入している[21]。その後順調に売上高は増加したけれども，従業員数も増加しており，さらに従業員のほぼ8割を占めた開発者に対して成果連動型のインセンティブ報酬制度を導入したことにより開発費用の高止まりを招き[22]，商品としての粗利率を圧迫したことがうかがわれる。

(4) 分析枠組みの適用

第4節第(1)項の時代背景の項で振り返ったように，ゲーム産業が今日のような規模に成長するという期待は，当時として支配的ではなかった。こうした産業発展の初期段階では，経営者を「合理者」とみなすのは困難である。エニックスとスクウェアはRPGという新ジャンルを日本市場で浸透させたのだけれども，これは彼らが最高水準の目的合理性を駆使して実現したわけではなく，試行錯誤を繰り返すなかで達成したに過ぎない。この試行錯誤の過程を通じて

各社独自の事業システムが編み出されたのであり，その事業システムの目的合理性の事後的分析と，試行錯誤の過程を導く彼らの事前の目的合理性の分析とは，明確に区別されるというのが我々の立場である。

まずRPGの日本市場への導入という目的を掲げた彼らの事業システムの持つ目的合理性を事後的に分析したい[23]。エニックスは初のファミコン向けソフトをスクウェアより半年早く発売し，その手応えを得て各分野の専門家を契約ベースで雇用した。RPGはそうして開発された製品群の1ジャンルに過ぎない。またプロダクション機能に特化して身軽な事業システムを追究し，プロジェクトの計数管理を厳格に実施し，相対的に高い付加価値生産性を維持した。ただし専門家らの独立性が尊重されたため，またハード側の技術進歩がソフト開発側の作業量を増大させたため，開発スケジュール統制がますます難しくなった。DQシリーズだけを見てもリリース間隔は次第に広がっており，同シリーズに売上高の多くを依存するエニックスの売上高は大きく変動する傾向がある。

一方スクウェアは，今後ソフトウェア開発が専門家集団への依存を深めていくと考えた点はエニックスと同じけれども，ソフト開発者を正社員として雇用し続けた点で対照的だった。この積極的な人材内部化はRPG市場のフォロワとして技術的差別化を図る上で効果的で，ほぼ1年ごとのシリーズ展開や，ハード・ソフト両方の知識に基づいた先端的CG技術の開拓などを可能にした。その結果売上高を安定的に計上できるようになったけれども，高い人件費ゆえに慢性的な高費用構造をもたらし，付加価値生産性は相対的に低水準であった。

以上の比較から，両社は高い付加価値生産性か安定的売上高かという二者択一を迫られていたように見受けられる。こうした事態をどう理解すべきだろうか。もしもゲーム産業がこの時期に成熟期に入っており，多くのコンティンジェンシー変数の存在やそれらの間の因果関係が事前に十分に明らかであれば，両社は「合理者」のように振る舞い，それぞれの事業システムの長所・短所を認識し合い，高い付加価値生産性と安定的売上高という本質的には矛盾しない2つの方向性をともに追究し，同型化とも言える傾向を示したかもしれない。ただし実際には1990年代後半に至るまで任天堂やSCEなどのプラットフォーム間競争は終結を迎える気配もなく，またエニックスやスクウェアが上場を果たすなど急成長段階にあったのもこの時期だった。従って当時のゲーム産業を

成熟期というのは適切ではなく，また2つのライバル企業を未来にわたって信頼できる知識を持たない「準合理者」と仮定するのが自然だと考えられる。すなわち互いに独自の「日常の理論」に訴えて，試行錯誤の末に異なる事業システムを構築したと考えられるのである。

しかしながら2つの事業システムが安易に同型化しなかった理由は必ずしも明らかではない。「日常の理論」とは主観的構築物に過ぎず，ライバル企業の考え方に優れた点を認めれば，自身の考えに取り込むことは比較的容易なはずである。従って「準合理者」の競争戦略を論じる上で「日常の理論」が重要だとすれば，ライバル企業からの脅威，より具体的には安易な同型化を退ける上で，この「日常の理論」がどう機能するかを説明する必要がある。

この点について事例中で示唆的なのが，図表4－1の時期に限ってみてもスクウェアは2度も幅広い製品ラインを展開してはしばらくしてそれを断念している点である。またエニックスについて事例中では明示的に現れてはいないが，あたかも売上高の安定化には関心がないかのように，経営方針のぶれが少ない。事実，福嶋氏は，売上高の安定化を断念するかのような発言すら行っている[24]。スクウェアの製品ライン拡大は，付加価値生産性を高めたいという意志の表れであろう。またエニックスの無関心は，彼ら自身が現在の利益水準に満足していることを示唆しそうである。これら2点を，両社の効果的な棲み分けの結果だと捉えたとすれば，果たしてどのような説明が可能だろうか。

ここで我々の分析枠組みを適用してみたい。この産業では顧客ニーズのあいまいさや需要変動の激しさがソフトハウスの生存率を低下させた。またハードウェアの技術進歩がソフト開発の費用増を促進した。こうした高不確実性の下では，撤退の余地を常に保持すること，技術・市場の動向がある程度明確になるまで段階的なコミットメントを示すことの合理性は高い。いかに製品を開発・販売すべきかがおおむね明らかになれば，限られたコミットメントであっても十分対応できるし，水平的・垂直的な機能分化，プロダクション機能への特化は結果的に従業員1人当たりの営業利益を高めることにもなる。このような認識は，エニックスの事業システムの特徴をよく表している。一方で試行錯誤による経験学習の価値を過小評価するという欠点も示唆される。経験学習には一定水準の財政的コミットメントや，それに伴う幅広い試行錯誤を避けられ

ず，その節約は技術的なコア能力の犠牲を伴う恐れがある。この帰結を補足するように，エニックスはDQシリーズ以外に目立ったヒット作はない[25]。結果的に売上高の平準化が進まないのだけれども，それでもエニックスの付加価値生産性は相対的に高いため，スクウェア側の施策を安易に模倣する必要はないのである。

　これと対照的な認識に基づいたのがスクウェアだったと言えよう。フォロワとして競争するために教科書的な差別化戦略を追究し，限られた資源を特定ジャンルと先端技術開拓へ集中した。ここに人材内部化というスクウェア独自の戦術が加わり，広範囲にわたる試行錯誤を通じた経験学習は，ハード・ソフトの両面に及ぶ強固な技術的コア能力となって結実した。この幅広い専門性が，魅力的なゲーム・コンセプト，長大なシナリオ，先端的なグラフィクスや音響効果の高度な統一性を実現し，FFはハリウッド映画に喩えられるほどの娯楽商品として認知された。ここに厳格なスケジュール管理が加わり，連続的シリーズ展開が売上高の安定化を可能にしたのである。この事業システムは，伝統的なDCF法が想定しているプロジェクト管理法だと言える。いったんプロジェクトが始まってしまえば，開発が完了するまで中断する選択肢が用意されていない。こうしたプロジェクト管理への姿勢は，高い不確実性の下では正当化されにくいので，RPG分野の市場リーダーが存在し，当初スクウェアがフォロワとして控えていたからこそ可能だったのかもしれない。しかしながら従業員数の増加から付加価値生産性が劣位になることも必至であり，費用が固定的で，かつ競争環境が安定することなく不確実であり続けたため，エニックスのように製品ラインを拡大するなどの方法で収益性を改善せざるを得なかった。一方でもともと技術的コア能力を深めることで安定的な売上高を計上してきたため，収益性の改善という目的が仮にあったとしても，資源分散を伴う施策については全社的な意思統一が図りにくい[26]。抜本的リストラクチャリングを行うことも難しく，結果的に高費用体質ゆえにエニックスと同じ利益率に到達することはほぼ不可能となる。従ってエニックスの考え方に賛同するところはあっても，部分的な同型化しか達成できなかったと考えられるのである。

5 結　語

　本章の目的は，1980年代の我が国で展開されたRPG開発競争の事例分析を通じて，新たな分析枠組みを提示することだった。これまで産業分析の際には，その発展段階に応じて経営者を「合理者」と「準合理者」という2種類に分けて仮定するのが一般的だった。事例分析では，高不確実性下の2企業の経営者を試行錯誤過程にある「準合理者」とみなし，彼らの事前の「日常の理論」が後続の意思決定に強く影響していると捉えた。さらに高不確実な環境下の強い同型化圧力にもかかわらず，企業間の多様性がいかにして可能かを議論した。リアル・オプション法の類推的応用によって新たな分析枠組みが提示し，競合する2社の対照的な事業システムにそれぞれ底流する戦略的合理性を示した。

　本章の理論的貢献として，例えば産業の黎明期における市場リーダーとフォロワの関係について，競争戦略論にかかわる問題を提起できる。高不確実性下の企業間競争では，市場リーダーの認識の中ではフォロワの事業システムを内部化する動機は存在しないと予想される。またフォロワの認識の中では市場リーダーの事業システムを内部化する動機はあっても，それは抑制的なものに留まってしまうという予想が立てられる。このように市場競争でのフォロワシップについて，スクウェアがまず教科書的な差別化戦略を追究した点はとくに目新しい発見事実ではないけれども，この事例が産業の黎明期で，とくにハイテク産業のように技術変化が激しい競争環境だった点が特筆されて良いと考えられる。なぜなら，高不確実性下では倒産リスクを抑えるためにエニックス風の身軽な事業システムが一般に望ましいという主張に，一定の制限を加えるものだからである。

　また事例分析では，スクウェアによる資源の集中投入のきっかけを，エニックスのRPG市場でのリーダーシップに求めた。このようにリーダーとフォロワがそれぞれ異なる仕方で不確実な市場環境に対処しようとしており，そしてリーダー・フォロワの関係は，むしろリーダーが市場を開拓したことによって，フォロワに対してそれほどリスクを負わずとも経験学習を通じた資源蓄積の余地を与えるというものであった。換言すれば，間接的ながらもフォロワに今後

の台頭を備えさせる培養地としての機能が見出されたと言える。その後明らかになったところによれば，財務的な困難に陥ったスクウェアに最初に支援の手を差し伸べたのは，SCEだった。任天堂とのプラットフォーム間競争でしばしの勝利を収めるきっかけを作ったのが，スクウェアによる任天堂からの転身に負うところが大きかったからだろう。しかし最終的には，エニックスが事実上の救済合併を申し出るという形で決着した[27]。

確かにスクウェアは巧妙にフォロワーシップを発揮して，社内に高度なコア技術を蓄積した。そしてそれを活用すべくフルCGの映画製作にも参入したのだけれども，一般的に信じられているところでは，商業的な成功を収めたと言うにはほど遠い結果となった。プロジェクト管理としては大胆過ぎる様々な試みは，その後スクウェアに150億円もの負債を残すに至り，スクウェア退潮の大きなきっかけとなった[28]。国内でのリストラクチャリングも進められたと見られ，労働市場に放出されたエンジニアたちはかつての高報酬をもはや期待することは難しいとされた[29]。

今回の事例は，市場の立ち上がりからエニックスの台頭とスクウェアの追い上げ，そしてスクウェアの技術的優位性を至上命題とする組織風土の爛熟とエニックスによる救済という1つのサイクルを示したものである。それをリーダー・フォロワの循環的代替と呼ぶにはあまりに時間的スパンが短過ぎるとの批判はあり得る。確かにそうした循環が2回3回と繰り返されるようなものなら，循環的代替との命名にも恥じないダイナミズムと言えるかもしれない。

確かにそうした限界がある。そう断った上で，それでも本章の主張には一定の普遍性は備わっていると我々は考えている。一般的な企業の想定する経営計画の時間的スパンが短期で1〜2年，中期で5年，長期で10年以上だとすると，1980年代にRPG市場が立ち上がり21世紀に入って両社の合併に至るまでの20年間は，超長期を意味する。そこまで長期的スパンで捉えられるような現象の場合，通常採られがちな短期的視点に立てば，リーダー・フォロワの関係性はさすがに固定的に見えてしまう。また当事者たち自身も，普通はそこまで遠大な構想の下で経営判断を行うこともないかに思われる。そして自らの戦略的打ち手が生み出した優位性とその欠点とが，自分たちのかくも遠い未来を縛っているという見方は，おそらく採りづらいはずである[30]。まして循環的代替が2

サイクル目に突入するような超長期間を想定することは，あまり意味がある作業とは思えない。

本章で行おうとした作業とは，沼上他（1992）の言う「プロセス」としての競争観の確立であった。競合企業の間柄とは，通常はアイデアを盗まれぬよう用心し合ったり，市場の限られたパイを奪い合ったりして，第2章で述べた狭義の＜競争＞関係にしかない。この場合，双方の間でそれ以上何かしらの相互作用の存在を仮定しなくても，彼らの市場行動の理解はそう難しくはない。しかしそのままの仮定では，中長期的にいかにして市場がシステマティックに立ち上がり成熟していったのかを説明する上で，個々の企業の頑張りが市場全体を成長させたという見方が採りにくくなる。

長年にもわたる両社の共栄的な関係と，その傍らで新たな製品市場が立ち上がっていく過程を考えるためには，それを牽引してきた競合企業たちがどのような役割を担い，相互に影響し合ってきたかを解明することが重要となる。そして我々の日常知に照らせば，リーダー企業は必ずしも喜んでばかりはいられず，固有の苦労を抱えるものだし，またフォロワー企業もまた進んでその地位に甘んじているのではないし，隙あらばリーダー企業の弱点を攻めて市場逆転を狙う。こう言うだけでもすでに，リーダー・フォロワの関係がただしのぎを削り合うだけの関係ではなく，その競争ポジションを代替し合うものであることを示唆するし，その両社が独自の優位性の源泉を築き上げていくであろうことは想像に難くない。ひいてはそのことが市場全体で新たな技術的ないしは使用方法の選択肢を拡大させ，その深みを増していくきっかけとなる。

本章では特に，非常に不確実性の高い環境下でリーダー・フォロワ間の「日常の理論」の相違がどのように相手を意識しながら紡ぎ出され，さらに競争逆転の機会をもたらしたかを明らかにしようとしてきた。こうした関係はおそらく長い時間的スパンで眺めなければ，その意義は見えてきにくいだろう。逆に，先述の通り，長ければ良いというものでもない。また本章で眺めたようなリーダー・フォロワの循環的代替とは，おそらく業界ごとに差もあるだろう。それでもなお中長期レベルの企業間のダイナミズムを説明する視座として，ある程度の有効性を発揮できるのではないかと我々は考えている。

次章では，ひき続き産業レベルの多様性の源泉について議論していくが，分

析レベルをさらに引き上げていく。すなわち，経営者の「日常の理論」によって制御可能な自社の事業システムの範疇を超えて，1つの製品を供給するための生産者ネットワーク全体でも，本章で論じたような多様性が担保されるとすればどのような論理によるものなのかを論じる。

●注

1　また Etzioni（1961）は組織の存続要件と，具体的に掲げられた目標を達成するための要件とを区別し，「準合理者」の仮定下では組織の存続要件のみが問題となり，多様な存在様式が許容されると主張した。

2　『CESA ゲーム白書』2002年度版によれば1983年から2002年に出荷された累積出荷本数上位30位のうち，任天堂によるものは14本，両社によるものが13タイトルある。

3　詳しくは福島（1999），藤田（1999a）などを参照。

4　『WILL』（1982年6月）pp.158-159によれば，当時 OA 機器としてファクシミリ，PC，日本語ワープロ，オフコン，静電複写機などが急速に普及しつつあった。また PC の供給価格は100万円前後のシステムが最も多かったと報じられている。

5　『WILL』（1982年12月）pp.160-161は「パソコン・メーカーはいままでハードの開発には熱心だったが，質の高いソフト，付加価値の高い周辺機器の開発には，少々手を抜いていた感がある。（中略）従来，個人市場はマニア志向であり，プログラム学習派がようやくそこについていく形だったが，その限界を打破して新しいユーザー層を開拓しているのが高級ゲームソフトであり，新周辺機器なのである」と報じている。

6　『日経ビジネス』（1990年6月11日），pp.129-132。

7　詳しくは大下（2001）を参照。

8　鈴木尚氏インタビュー，2003年2月26日に実施。

9　鈴木氏インタビュー。

10　FF Ⅳ，Ⅴ，Ⅵのエピソードが象徴的である。3次元グラフィクス（ポリゴン）が最初に導入されたのはプレイステーションからで，それ以前のスーパー・ファミコンはⅡ次元グラフィクス（スプライト方式）が採用されていた。FF Ⅳはスーパーファミコン向けに発売された最後の FF だったが，その擬似3次元グラフィクスは CG アニメーション映画に肉迫したと高く評価され，技術的にも任天堂が認識する限界を超えるものだった。『別冊宝島：僕たちの好きなファイナルファンタジー』2002年11月。

11　鈴木氏インタビュー。

12　鈴木氏インタビュー。

13　『ウィル』のヒットの理由は，処理速度の遅い当時の PC 上で簡易アニメーショ

ンが可能だった点にあるという。鈴木氏インタビュー。
14 両社の従業員数比率を見ると159人対938人である（両社合併直前の決算日（2003年3月31日）連結ベースの数値）。
15 1998年以降発売されたタイトルを含めなかったのは紙幅の制約ゆえである。プラットフォーム間競争が落ち着き，特に重大な外生的な変動要因がなくなって以降，特筆すべき変化はない。
16 図表5-1のDS用（1986～87年発売分）ソフトの価格は記録メディア代も含んでおり，スクウェアへの収入はさらに少ない。
17 『日経ビジネス』1996年12月2日，pp.63-66。デジキューブは1998年店頭公開，2000年ナスダック・ジャパンに上場する公開企業だったが，2003年11月26日に競争環境の悪化による業績不振を理由に自己破産を東京地裁に申請した。
18 図表4-2は比較のためにスクウェアが店頭公開する年を起点とした。
19 FFはDQより後に発売されたが，1992年に両シリーズの第5作目が発売された。参考までにDQ Ⅵ，Ⅶ，Ⅷはそれぞれ1995年，2000年，2004年に発売されている。
20 『ゲーム批評』（2003年3月）。『日経ビジネス』（2000年4月24日）pp.105-107によれば，2000年プレイステーション向けに発売されたDQ Ⅶは，プラットフォーム間競争で任天堂を破ったSCEの地位を磐石なものとしたが，当初の発売予定は1999年であった。活発な事前広告にもかかわらず，発売が3度延期され，結果的にこのタイトルの売上げは1999会計年度に貢献しなかった。1999年度の経常利益率は21％だったけれども，売上高が前年比で約半分となり，2000年3月の決算を挟んで株価が4割下落している。
21 『ゲーム批評』（2003年3月）。
22 スクウェアが1988年に採用した報酬制度は，その先進性からゲーム業界を超えて広く知られた。適用対象は開発者に限定され，フレックス・タイム制度，年俸制給与，出来高制ボーナスなどが約束された。『日経ビジネス』（1993年2月15日）pp.41-43。
23 業界横断的な比較分析としては新宅他（2003）を参照。
24 以下は『日経ビジネス』（2000年4月24日），pp.105-107からの引用。「もちろん，経営者としては，何とか計画通り，今期中に出せないかということは検討しました。つまり，（筆者注：長大なストーリーが完成していなかったので）ストーリーのどこかを抜いてでも間に合わせられないかというようなことです。しかし，つながりのあるものですから，一部分を簡単に抜くわけにはいかない。また，開発途中の追加にしても，開発者は『これを入れればこんなに面白くなるのに』という思いで提案してくるのですから，耳を傾けないわけにはいきません。（中略）ソフト一本の開発状況で業績が大きく振れてしまう会社が上場企業としてふさわしくないという批判も承知しています。（中略）最近，証券会社のアナリストの中には，「エニックスは3年間の業績で見るべき」という言い方をされる方もいらっしゃいます。売上が大きく変動するのはゲーム業界の特質ですから，そういう目で見て

いただきたいと思っています。」
25　ゲーム関連事業を超えて全社的事業ポートフォリオを見ても，多様かつ関連性の低い新規プロジェクトをいくつか含み，いずれも大きな利益を上げるまでには育っていない。
26　その事実を背景に技術至上主義的な組織風土が育っていたと考えられる。スクウェアはしばしば，FF シリーズの旧作を新プラットフォーム上に移植したり，開発リソースを共有するシリーズ横展開タイトルを発売したりすることがあった。この作業は例外的に外注に出されるので，商品としての粗利率は高い。FF X-2 が発売された際にも，FF XI の売上げが限定的だったことの埋め合わせという側面があった。XI は FF シリーズ初のオンライン RPG として注目されたが，市場がまだ立ち上がったばかりで利益には貢献しなかった。そのため経営上の判断として X の開発リソースを大幅に再利用できる X-2 の発売を決定し，開発現場から不協和音を招いたという。鈴木氏インタビュー。
27　『ゲーム批評』(2003年3月)。
28　経営の失敗談が世に出ることは少なく，インターネット上の匿名掲示板などの情報頼みにならざるを得ないけれども，例えばハリウッドなどの CG エンジニアを大量に雇用してハワイに移住させたとか，湯水のごとく注ぎ込まれた研究開発投資でその後の CG の世界を大きく前進させた新技術が次々と生み出されたとか言われている。
29　『ゲーム批評』(2003年3月)によれば，他のゲーム・メーカーはかなりシビアな見方をしていたと言われ，FF シリーズが高度な CG を誇るがゆえに個々のエンジニアの作業が細分化され過ぎていて，通常のゲーム製作には不向きだと考えられていたからである。
30　例えば国家間の関係の場合，いったん攻撃を受けて勝敗が決するとかなり長期にわたってその状況が維持され続ける可能性が高い。紛争を解決するためにエスカレートしていく国家としての行動は，それだけ慎重で安易な現状の変更を受け付けないからである。大国のヘゲモニーが周辺国の攻勢によってひっくり返されるといったことは考えにくく，従ってリーダーシップの循環的代替という考え方には到達しづらいはずである。

第5章

不確実性下における適応的合理性の多様化

デニム・ジーンズ産地型集積のダイナミズム

1 はじめに

　本章の目的は、デニム・ジーンズの産地型集積を不確実性下における適応システムの集積群とみなすことによって、いかに優れた新製品の企画・開発（以下、プロトタイプ創出）が達成されるのかを考察することである。

　近年、岡山県倉敷市児島地区から広島県福山市周辺までを含む地域が、高価格帯（プレミアム）ジーンズの産地として世界的にも認知されている[1]。このような好調な産地型集積のあり方は、標準品の大量生産パラダイムから高付加価値・多品種少量生産という新たなパラダイムへの移行という形で論じられることが多い。そして新パラダイムの下で産業集積がプロトタイプ創出をどのように実施するかを説明するため、ピオーレ・セーブルは「柔軟な専門化」を鍵概念とする様々な地域ごと・産業ごとの事例研究を行った（Piore and Sable, 1984）。また関（1993）は「プロトタイプ創出型」と名付けた企業カテゴリーの重要性を指摘し、中小の専門企業群の水平分業ネットワークの中でもとくに中核的な地位を占めて分散協調的な新製品開発活動を主導する企業に注目した。

　しかしながら1990年代後半以降、ジーンズ産地の状況は変化している。様々な不確定要素に翻弄され、ジーンズ生産の脱産地化が深刻となっているのである。とくに親企業と下請け企業からなるケイレツ型システムの瓦解は、大資本を抱え込んだ親企業が高コスト体質に耐え切れず、また競合する製造小売業者

(以下，SPA メーカー) による中国製商品に押されて脱産地化した結果であり，顧客を失った中小の事業所数は年々減少の一途をたどっている。すなわち本事例を見る限り，水平分業的なネットワークの有効性が叫ばれ始めて以降，それがこの産地型集積に広範囲に拡大して，活性化に成功したとは言い難いのである。

　この点で本章は，次のように認識するに至った。すなわち高不確実性に直面している産地型集積は，生存可能性を模索するべく試行錯誤を繰り広げるがゆえに，現場の企業家たちの取り組みもまた，決して一枚岩的なものとして見えてこないというものである。そこで本章では，産地型集積を適応的システムの集積群として捉えることにした[2]。本章で言う適応的システムとは，産地型集積における複数のメーカーや専門企業によって構成された，デニム・ジーンズの企画・開発，生産，流通を担う集合体を意味する。そして1つの産地型集積に接近した場合，水平的なネットワークが必ずしも優れていると言うわけではなく，かつてのケイレツ型システムを再び思い起こさせるような中核企業のイニシアティブが，多様な形態を取りながら観察されることを，事例研究を通じて示していく。

　次節では既存研究を振り返り，新たな分析枠組みを構築する。ここで2つの対照的な適応システムのあり方を理念型として提示する。続いて事例研究を行い，提示した分析枠組みの有効性を例示する。デニム・ジーンズ産業のフィールド調査に当たっては二次資料を活用した他，2002年から三備地区の企業等を断続的に訪問し，1〜2時間インタビュー調査を行った。また本章の内容は，草稿段階で調査協力者や外部識者に確認を求め，正確性を期した。結論部では，事例研究から導き出した2つの適応的システムを，2つの理念型の混合形態として整理・報告する。

2　適応的システムの集合体としての産地型集積：既存研究

　本章は，いかに優れた技術的革新が行われるかという問題意識の上に立っている。この問いを共有する一連の研究は，ローゼンバーグで提示された枠組み

によってうまく整理できる（Rosenberg, 2000）。彼はまず，シュムペーターのイノベーション観がそのきっかけを外生的な要因に求めてしまっていると述べる。そしてそのきっかけが科学的発見といった経済システムの外部に由来するものであったとしても，その拡大的応用を通じてインパクトのある技術的革新へと育てていく過程に着目する必要性に言及している。また大きなインパクトを持ち得る技術的革新は無数の補完的技術（technological complementarity）の集大成であるため，この拡大的応用の過程は長きにわたるとされている[3]。

　無数の補完的技術の集積過程では，無数の経済主体が様々な要因に動機付けられながら，そうした技術を生み出し，それらを結び付けていく（Chesbrough, 2003; Hargadon, 2003）。しかしながらこの過程をうまく統制することは決して簡単なことではない。技術的革新を成し遂げるには非常に長い時間がかかるために，その担い手たちは未来の成果をきわめて不確実なものとみなし，やる気を削がれてしまう。より確かな報酬を手に入れようとして守旧的な傾向が強まり，革新的技術への投資が疎かになったり，それゆえに無鉄砲とも思えるような後発者に競争優位を奪われたりする（Christensen, 1997）。

　こうした理論的な枠組みは，閉塞感が満ちた我が国の時代背景と重ね合わされ，広く受け入れられてきたと言える。さらに補完的技術の集積過程が，より柔軟で活気のあるものとなるよう，進取の気性に溢れる企業家たちのネットワークに担われることが期待されるようになった。とくにITバブルが華やかなりし2000年前後，情報技術の進歩とシリコン・バレーの産業集積とが関連付けられ，硬直化した大企業組織の弊害に苛まれていた日本経済が，高い技術力を誇るベンチャー企業の群像に，一縷の光明を見出したと言える。そこでSaxenian（1994）が描き出したシリコン・バレーにおける情報技術産業の集積が1つの理論的・実証的な支柱となった。さらにこうした研究潮流は，政策面にも反映された。例えば『中小企業白書（2006年版）』では，安価で高品質な標準品の大量生産を担ってきた各地の産業集積の衰退に対する処方箋として，「日本的な硬い分業システム」から，アメリカのシリコン・バレーやイタリア北部の産業集積をモデルに「水平的な"ネットワーク的な"分業システム」への脱皮が重要であるとの認識が示された[4]。

　ただし企業家たちの柔軟なネットワークが担うと期待された，不確実な環境

下での知識創造のメカニズムは,その複雑さゆえにまだ十分に解明されていない(中川他,2006,西口,2007)。その点についてこれまで有力視されてきた議論の1つとして,産業集積論における Piore and Sable(1984)が挙げられる。彼らは標準品の反復生産を基礎能力とする大量生産パラダイムからの脱却と,新たな生産基盤の担い手として短納期・高付加価値・多品種少量生産を行う中小専門業者のネットワークに注目している。さらにそうした専門業者間の関係性に見られる「柔軟な専門化」に言及している。これは垂直統合型組織のような,事前の十全な課業管理に縛られることのない,独立した専門企業の技術力の柔軟な離散集合の利点を強調した考え方だと言える。また関(1993)は産地型集積の新製品開発能力を説明する上で,「プロトタイプ創出型」と名付けた企業カテゴリーの重要性を指摘した。すなわち中小の専門企業群の水平分業ネットワークの中でも,特に中核的な地位を占めて分散協調的な活動を主導する企業の重要性に注目したのである。

　上述のような考え方を踏まえて我が国の現状を観察すると,必ずしもこうした理論的予測と一致していないことが見出される。その理由は,海外の先進例の報告を含む多くの既存研究は,個別の産業集積の理念型を明らかにすることを目的として,現実を記述したとは言い難いことである。すなわち個別の産業集積を1個の分析単位として措定し,環境条件に対して理想的な適応状態を達成した統一的システムとみなし,背景にある社会事情や個々の企業家たちの動向の複雑な絡み合いをも包摂して定式化したことである[5]。例えば Piore らは,日本の機械産業を支えるケイレツ型の産業集積の他,イタリアの繊維・アパレル産業,ドイツの工作機械産業を事例として取り上げている。そしてそれぞれの国のお家芸とも言えるこれらの事例では,地域内部で柔軟な専門化の担い手である人材が囲い込まれ,景気後退期には労働需給が逼迫する分,第1次・第3次産業で雇用が吸収されたり,暖簾分けによって総人件費が圧縮されたりしながら,需要の不確実性や受給の変動への適応が果される。一方でシリコン・バレーの適応方法としては,人的資源の需給調整が小さな地域内部で円滑に行われ,若くて優秀な人材が世界中から次々と供給される一方で,過剰な労働力は域外に排出される仕組みになっており,結果的に先端的な研究開発の拠点性を維持している。

しかしながら我が国で見られる水平分業ネットワークの場合，外部環境が不確実に変化する中で，最適解が誰にも分からないままに試行錯誤を続けている過程にあるというのが実情だろう。日本の現実を見れば，階層的なケイレツ型システムでは，その上位にある親会社が人件費の安いアジア諸国へ生産拠点を移行した結果，資本や人材の余裕や経営力がある傘下企業は親会社と行動をともにした。その一方で余力のない企業は国内に留まり，どうすれば最善の選択となるのかが不明なままでの存続を目指すことになる。さらに景気後退期が続き，過剰な労働力の外部流出が深刻化している。こうした状況下で最適と言えるような戦略を描くことは困難である。とくに産地型集積の経営者は，自由に経営判断を行える立場にある自律的な行為者であり，不確実な未来にどう立ち向かっていくかという彼ら独自の戦略選択によって，他者との関係性をいかようにも組織化し得るはずである。また産地型集積全体にとっても，将来最適な適応システムが構築可能だとしても，現時点で高不確実な環境下にあればこそ，最適解に至るまでの試行錯誤の期間，多様な適応システムを内包することが適応的に合理的なはずである。そこで本章では，産地型集積の内部で多様な適応システムが実現しているプロトタイプ創出のメカニズムを明らかにすることを通じて，産地型集積の潜在的な適応的合理性を示すことにしたい。

3　対照的理念型の混合形態：分析枠組みの構築

産地型集積を不確実性を前提とした適応システムの集積体とみなす上で，本章は先例として金井（1994）を参考にする。金井はシリコン・バレーの企業家たちの高い自律性ゆえの寂寥感（solitude）に光を当てつつ，綿密なフィールド調査から2つの対照的なネットワーキング組織を抽出している。第1に，固定的なメンバーシップを特徴とするものである。第2に，柔軟なネットワーキング組織である。ただしそれらは理念型であり，実際の組織のあり方は，2つの理念型を両極に持つ連続体上のどこかに位置付けられる混合形態として観察される。本章も同様に，まず2つの適応システムを理念型として示す。さらに異質な適応システムの混合形態を分析する際，本章はとくに行為者が不確実性をどう認識し，それに対してどう適応しようとするのかという認知的特性，す

なわち経営者の態度・姿勢（attitude）の違いに着目する。これを産地型集積における専門企業経営者による不確実性への適応戦略と呼ぶことにする。

　不確実性という概念は、システム論の考え方に従うと、行為者が様々に現出する外部環境の諸相に直面し、自らの行為とその帰結の間の因果関係を満足のいく程度に確信できない状態と言うことができる。この不確実性を、以下では2つの水準に分解する[6]。まず「何が起こるか分からない」という場合である。これは起こり得る事象のすべてであり、事前に顕在化していない可能性も含まれる。これを仮に（括弧付きの）＜不確実性＞と呼ぶ。一方で外部環境における予期せぬ変動のうち、一定の側面が切り取られてしまい、何かが少なくとも一定確率で起こることは事前に分かっている場合、これを（括弧付きの）＜リスク＞と呼んで前者と区別したい。ここで行為者が認知する不確実性は、2つの対照的とも言える組織的な調整機構によって対処可能である。＜リスク＞への対応は相対的に集権的な経営管理が可能である一方で、＜不確実性＞への対応はトップの問題解決能力を超えるために、実際に問題解決に当たることができる現場への権限委譲を進めた分権的経営管理を行うことになる。

　以上の議論から2つの対照的とも言える適応的システムを考えることができる。第1は、本章でⅠ型システムと呼ぶものである。すなわち社会組織をヒエラルキーによって特徴付け、例えば最終製品市場から適応システムに流入する＜不確実性＞の程度をトップに位置する親企業がかなりの程度縮減する。またごく限定された＜リスク＞を多数の傘下企業が配分的に負担することから構成される垂直分業型の適応システムである。これは「共同体的なリスク補償システム（communal insurance system）」と名付けることができるが、便宜的にⅠ型システムと呼ぶことにする。この適応システムの典型例としては日本的ケイレツ型システムが考えられ、需要量の変動を＜リスク＞として捉える際にその効果が期待できる。すなわち親企業が需要変動を受けにくい定番品を絞り込んで、作業（とその対価）を産地内部の専門業者間で分配し、需要後退期でも生産体制が維持できるように多段階にわたるアウトソーシングを実施するのである。

　第2に、本章ではL型システムと呼ぶものである。上述のような＜リスク＞分散型の適応システムとは対照的に、例えば最終商品市場で、今後顕在化す

るか否かも明らかではない消費者ニーズを先取り的に提案したり，急激な為替変動によって利益が蒸発するのを防止したりといった＜不確実性＞への適応が要求される。この場合には親企業の＜不確実性＞を縮減する能力に依存することはますます難しくなる。しかしながら行為者の直面する＜不確実性＞が大きくなると，実際には誰がリスク資本を供給し，どこに資源やエネルギーを投入するかといった意思決定が不可避になる。また希少な資源・エネルギーを単に散逸させるだけではいかにも効率が悪い。個々の企業による経験学習の成果をそれぞれが抱え込むだけではなく，他者と一緒に何らかの形で共有する仕組みを構築する方が全体として望ましい[7]。＜不確実性＞を個々の企業努力による効率的経験学習と，対等な企業間による相互学習によって吸収しようとするこのようなシステムを「共同体的な学習システム（communal learning system）」と名付けることができる。本章ではこれを便宜的にL型システムと呼ぶ。

以上の分析枠組みは**図表5−1**のようになる。縦軸は最終製品市場における不確実性への適応戦略の違いを反映している。横軸は経営管理上の課題に対す

図表5−1●事例研究の分析枠組み

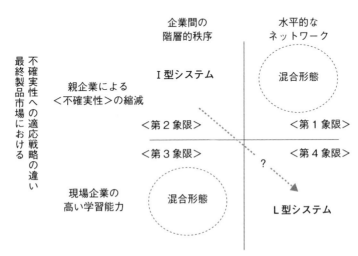

る組織的な調整機構の違いである。I型・L型の両システムはすでに定義した通りの象限に位置付けられる。事例研究の作業課題としては，不確実性の高まりによって，デニム・ジーンズ産地がケイレツ型システムから水平分業ネットワークへの移行に成功してこなかった点を取り上げる（図中の破線矢印）。続いて両システムの混合形態として，第1象限と第3象限を想定する。第1象限はI型と同じ適応戦略を共有するので，I型重視の適応システムとして，仮にI>L型システムと呼ぶ。次節では産地内部で少数メンバーによるパートナーシップ制的なネットワークが，産地外の新たな親企業であるアパレル・メーカーを開拓し，垂直分業的な＜不確実性＞の縮減を重視する事例を取り上げる。第3象限はL型と同じ適応戦略を共有するので，L型重視の適応システムとして，仮にI<L型システムと呼ぶ。次節では最終製品であるジーンズのプロトタイプ創出は川下のアパレル・メーカー群の多産多死戦略によって賄われる一方で，規模の経済性が発揮される川上工程（綿紡績・染色・デニム生地）での一貫生産メーカーが，疲弊しがちな川下メーカー群を背後から支援する事例を取り上げる[8]。

4 デニム・ジーンズ産地型集積の事例研究

(1) 未完の水平分業ネットワーク構築

本節では，デニム・ジーンズ産地に着目しつつ，例えば先述の『中小企業白書』で予測されたような形でこの産地がI型システムからL型システムへと移行してこなかったことを確認する。そのためにまず，この産地型集積の歴史を簡単に振り返る。かつて米軍からの放出品として国内導入されたデニム・ジーンズは，1965年に岡山県倉敷市児島地区で国産化された。戦後しばらく為替は円安で固定され，輸出企業にとって有利な環境が整えられていたし，経済成長は企業経営にきわめて楽観的な展望を与えていた。それ以降この産地は，幾度となくジーンズ・ブームが訪れるたびに経済的に潤ってきた。まだそれほど豊かではなく，資本が分散的だった時代に，親企業が商品の大きな流れをコントロールし，傘下企業に運転資金や設備投資を融通する中で製販のネットワーク

は構築された。プロトタイプ創出および生産工程はナショナル・ブランド（以下，NB）メーカーが，川上工程からの素材の確保や，川下の流通業者との受発注・決済の補助業務は商社が担当し，産地の専門企業群はそれぞれ知己の製販ネットワークに組み込まれて仕事量を確保していた。こうして当時我が国では，市場由来の不確実性とともに企業間の連携が，親企業の見える手によって巧妙にコントロールされていたとみなせるのである。

　しかしながらこの産地は，バブル崩壊による景気後退や1994年の中国元の切下げによって，劇的な環境変化に直面することになる。また2000年前後には中国生産品の薄利多売戦略を採った SPA メーカーの攻勢によって男性向け出荷数量は大きく減少し，これを補うために大手・中堅メーカーでは流行を追って頻繁に買い替えを行う女性をターゲットとし始めた。商社も利幅の確保できない繊維・アパレル産業から次第に撤退しつつあることも手伝って，産地内部の中小の繊維問屋や OEM メーカーが，大消費地のアパレル・メーカーに対する独自のプロトタイプ開発を開始した。ただし現代のとくに女性用衣料の流行は極めて移ろいやすい。また生産工程すべてを国内で行った商品は少数派であり，メーカーが何らかの形で海外生産に依存する比率は約7割と言われるようになった[9]。こうしてジーンズ産地はかつてない需要の不確実性やグローバル化の荒波に直面することとなった。

　さらに問題を深刻にしたのは，親企業主導による＜リスク＞分担の仕組みが，結果的にケイレツ型システムの末端に位置する零細企業群の経営力を削いでしまう傾向にあったことである。親企業の脱産地化によって顧客を失った中小の専門企業群が，突然水平分業ネットワークを構築して成果を上げられるわけではなかった。結果的に多くの中小下請け企業は廃業を余儀なくされた。

　データで見る限り，この産地型集積については事業所・従業者当たりの付加価値生産性が全国傾向よりも高い可能性がある[10]。これはデニム・ジーンズ固有の工程がこの産地に集積しているからである。

　合成繊維とは対照的に，綿などの天然繊維は素材の品質安定性や特性が自然条件によって大きく左右される。さらにデニム生地の場合，染色工程で糸を先染めし，太番手の糸を使用してわざと芯白性を残すようにしている。また織布工程で丈夫だがねじれに脆弱で，先染めされた経糸が表面に出やすい綾織り

(ツイル）という方法が採用されている。その他繊維製品に比べて多くの欠点ないし不完全性を余儀なくされたデニム・ジーンズだが，それゆえに商品劣化によって付加価値を生むという特性を獲得し，また洗い加工というこの産地固有の技術をもたらした。若者ファッションの基本アイテムとして原型を維持しつつ洗い加工の工夫でバリエーションを出すという方法は，1980年代以降この地域で考案されたもので，この工程が最終的なデザイン性を決める工程であるため，事業所数の減少が著しい繊維・アパレル業界において，この地域の洗い加工業者の事業所数や出荷額はこれまで微増傾向すら示している。また大手・中小メーカーは企画・開発拠点を倉敷市児島地区に集中させることになる。

しかしながらこの特殊工程を除けば産地としての機能は著しく後退しており，中小企業として，洗い加工との連携によって高いファッション性で独自のポジションを確立したOEMメーカーや新興ブランドを除けば（後述），後継者の途絶とともに廃業する場合がほとんどなのである。

(2) プロトタイプ創出を通じた新たな親企業の開拓

大手NBメーカーが生産拠点を海外に移して以来，中小の専門企業が生き残りを賭けて採る戦略は，産地外で再び新たな親企業を探すことである。本節では図表6-1の第1象限に該当する事例として，いわゆるプロトタイプ創出型の中核企業としてより閉鎖的なパートナーシップ制を採って産地外の親企業を求め，最終的に独自ブランドを立ち上げた事例を紹介する。

近年のアパレル・メーカーはもはや生産設備を持たず，流通企業の業態に近くなっている。ブランド価値の最大化という新たなミッションの下で組織化されたメーカーが，縮小された商社機能を肩代わりするようになった。基本的に生産部門の知識が不足しがちな大消費地のメーカーやショップに対して，OEMメーカーは商品提案力を武器に営業交渉に挑む。またアパレル・メーカーの中でも，とくにボリューム・ゾーンをターゲットにするSPAメーカーは，かつてクイック・レスポンスと呼ばれ注目された設計原理の延長線上に事業システムを構築している。売れることが確実な商品のみを迅速に生産・供給していくために，国内工場との連携は不可欠である。また様々な製品・ブランドの多産多死戦略に立脚しているために，デザイン面でも生産部門に依存する

ことが少なくない。

　以上のようなアパレル・メーカーに対し，この産地から様々なアイデアがボトムアップ的に供給されることになる。その提案を市場のニーズや需要量の素早い動きと無駄なく確実に結びつけるプラットフォームを提供するのが，新たな親企業である。

　こうして新たな親企業が市場での＜不確実性＞を巧妙に縮減してくれる一方で，産地側の対応にもいくつかの選択肢がある。まず単独でOEMメーカーを立ち上げ，プロトタイプ創出のための中核企業として振る舞うことができる[11]。ただしOEMメーカーでの企画・開発は，顧客の作業代行という側面が強く，生産コストの低減圧力はもちろんのこと，契約次第では在庫リスクまで負わされる。中核企業として付加価値のうちの自社の取り分を増やすことができる反面，縫製などの川下工程は労働集約的作業の割合が大きく，資本装備による労働代替にも限界がある。結果的には自社の取り分となるはずだった付加価値のいくらかを顧客に還元して安定した収益を確保しなければ企業存続を脅かされるという厳しい事業モデルである。

　従ってOEM生産からさらに踏み込んで，独自ブランドの立ち上げに向かう企業も存在する[12]。しかしこの場合，より多くの在庫リスクや固定資産を抱え込み，結果的に負債が増えれば倒産リスクも高まる。そこで経営に柔軟性を残すため，限られたメンバー間によるパートナーシップ制を採用する誘引が存在する。パートナーシップ制の一例として「グラフゼロ」というブランドがある。これはそれぞれに繊維関係の仕事に就く30歳前後の若手8人が2004年に立ち上げたものである。生地問屋有限会社美鈴テキスタイルの営業課長である鈴木徹也氏が，近隣の仲間8名に「生地から縫製，染め，加工と一貫生産のラインを持てるようなブランドを目指してみないか」と声をかけ，1人10万円の資金で始めたという。

　先述の通りデニム・ジーンズはその他繊維製品に比べて欠点ないし不完全性が著しいため，プロトタイプ創出にとっては最終製品市場の流行情報も重要だが，最上流工程からの細やかな品質管理が最終製品の表情を作り込む上で不可欠である。それゆえに各種メーカーに素材を提供する生地問屋は，全工程のちょうど中間に位置して全体を見渡せるポジションにいるため，専門業者間の

調整でイニシアティブを取ることができる。しかしながらグラフゼロの試みは当初あまり効果的に機能しなかった。8名による閉鎖的パートナーシップの下では，議論ばかりで企画が前進しなかったという。その反省からメンバーを4人体制に変更して現在に至っている。メンバーにはそれぞれ本業があるので，1日の仕事が終わると三々五々集まり，各自の専門性や技術力を生かしつつ，自分たちが表現したいジーンズ作りに取り組んでいる。こうした体制は産地内外の顧客からの多品種少量受注を短納期でこなしていく上で利点がある。膨大なプロトタイプを提案する上で，不特定多数の専門業者に依存するならば避けられないアイデアの出し渋りやコミュニケーション・ロスを回避できるからである。

また調査当時このプロジェクトは，閉鎖的なパートナーシップを守るために，独自に収益を上げることをあえて目的として掲げなかった。積極的な営業活動もOEM型取引も行っていないとのことだった[13]。本業が忙しく，また美鈴テキスタイルが生地問屋だったために，アパレル・メーカーとの競合を避けるという目的もあったけれども，それ以上に，共同プロジェクトでの利益配分は利害衝突に発展する危険があるからだという。そこでデザインが固まったところで顧客にプレゼンテーションを行い，デザインを貸与して生地販売や加工賃などで利益を上げることにしていた。

(3) 垂直統合型の生産システムによるプロトタイプ創出

もしも産地外に親企業を求めないのであれば，OEM生産からよりハイリスクな独自ブランドの立ち上げに向かうしかない。大手NB・SPAメーカーが狙うのは標準品を販売するボリューム・ゾーンであり，中小メーカーの試行錯誤的で作品性の高い製品は，前者から明確に差別化されている。近年活躍が目覚ましいのは，ジーンズ生産に憧れて他県からIターン・Uターンしてきた若者であり，彼らは独自ブランドの立ち上げへの意欲が高い。統計上明示的に現れることもないこうした企業は，多産多死を基本とする競争圧力に晒されることが多いと予想される。一方でどのメーカーもどのみち同じ産地型集積を利用せざるを得ず，また紡績から洗い加工までを一貫して擁する産地型集積の技術的奥行きが，デザインや加工技術など，創造的模倣のパスを複数用意している。

第5章　不確実性下における適応的合理性の多様化

中小メーカーの企画・開発競争が消耗戦となり，彼らを疲弊させてしまわないように，産地型集積が何らかの調整機構を備えていなければ，その長期的な存続は危ぶまれる。以下では図表6－1の第3象限の例として，中小メーカーらの分散的な試行錯誤を背後から支える中核企業の1つとしてカイハラ株式会社を挙げる。

カイハラはグローバル化という不可逆的な潮流に対して，深刻な為替変動にも耐性のある垂直統合型の生産システムを30年以上かけて構築し，多くの企業が退出した川上工程で大きなスケール・メリットを享受している。売上高は2007年には350億円で，他社に比べて小規模だが，デニム生地の国内シェアは約5割と言われる。また売上高シェアは某大手SPAメーカーへの販売，国内販売，海外輸出がほぼ同じ割合だという。また多品種少量生産へも対応しており，年間400種類とも言われるプロトタイプは，原綿の調達から織布，整理加工に至るあらゆる選択肢の無限の組み合わせによって生み出される。

デニム生地の供給は現在寡占化が進行しており，三強として広島県福山市拠点のカイハラ，日清紡グループで徳島県吉野川市に拠点を置く日新デニム，岡山県倉敷市に起源を持ち，現在大阪に本社を構えるクラボウがある。素材産業はスケール・メリットを追究せざるを得ないので，紡績から染色，織布，整理加工工程までの垂直統合化は，製品の企画・開発にプラスの効果をもたらす。この点について3社は対照的な対応を見せる。大手紡績メーカーは戦前・戦後を通じて成長し，旧型の過剰設備と巨大な管理組織，複雑な商慣行を現代に残した。既存資本の稼働率を上げる上で積極的な非関連型多角化を進め，紡績部門に限っても付加価値の高い細番手糸への集中や，混紡糸など製品の多様化を進めた。また顧客であるジーンズ・メーカーとは近接しているものの本業から遠い後工程では，作業を外部委託して費用圧縮を徹底している。日新デニムへは親会社である日清紡より紡糸が販売され，デニムへと加工される。またクラボウは自社ブランドでデニムを供給するけれども，国内外の専門業者へも積極的に外注し，また早くから海外へ織布・整理加工工程を移管してきたとも言われる。それでも結果的に彼らの生地は世界一高いと言われている[14]。

創業1893年で現在デニム専業メーカーであるカイハラは，備後絣の染色・織布を起源とするので，もともと後工程を本業としていた[15]。日本人の洋装化を

受けて和装用反物より幅広の反物自動織機の自社開発に成功し，一定の成果を上げていたが，国内需要は減退を余儀なくされた。その打開策として多色化した反物をイスラム圏に女性用装身具として輸出し始めた。しかし1967年にはポンド切下げが，またその4年後にはニクソン・ショックが到来し，輸出型企業として深刻な打撃を受けた。そこでまた国内需要を求めて当時国産品がなかったデニム生地に活路を求め，1970年にロープ染色機，1978年にエア織機，1980年には整理加工機，1991年にエア紡績機を導入し，国内一貫生産ラインの確立を目指した。為替変動に対する経営耐性を究極的に高めることによって，日本円が1ドル80円という超円高も乗り切った。また大手SPAメーカーによる低価格ジーンズのキャンペーンというデニム生地メーカーにとっての好機を逃さなかったのである。

　カイハラを収益面で支えるのが，まず限られた数の大手メーカーである。大口顧客の生産規模は大きく，さらに海外生産拠点を利用する彼らは，投入する素材の品質安定性に大きな関心を払う[16]。そこでカイハラの原点であるロープ染色機の品質安定性は，最大の差別化要因となり得る。このような大口顧客とは別に，多品種少量生産への対応が可能な理由は，大口顧客からの受注には変動があるため，時期によっては生産能力に余力があり，小口顧客にも対応できるからである。

　先述の通りデニム・ジーンズのプロトタイプ創出にとって最終製品市場の流行情報とともに，最上流工程からの細やかな品質管理が不可欠である。それゆえに紡績メーカーの営業担当者が欧米のトレード・ショーで情報収集に当たる一方で，専門業者間の調整に乗り出すことがある。とくにカイハラの競争優位の源泉たる染色技術に対して，紡績工程での原綿の調達や混合，撚糸方法などのコントロールは決定的な重要性を有し，これは結果的にジーンズ・メーカーの歩留まりや洗い加工の仕上がりにも影響を与える。さらにファッション性の高いニッチ市場を対象に商品開発力を鍛えておけば，若干のタイム・ラグをおいて中価格帯ボリューム・ゾーンの商品開発アイデアとして活用していける。また中小メーカーは，紡績メーカーの情報網やノウハウを利用することで独自商品の開発に取り組めるようになる。こうして産地全体としては十分に収益を確保しつつ，カイハラが中小メーカーの企画・開発競争を間接的に支援してい

くことも可能になっているのである。

5　結　語

　本章の目的は，高不確実性におけるデニム・ジーンズの産地型集積を適応システムの集積群とみなすことによって，いかに優れたプロトタイプ創出が達成されるのかを考察することだった。これまで柔軟な専門化を鍵概念として，中小の専門企業群の水平分業ネットワークが産地型集積の高いプロトタイプ創出能力を支えてきたことが，様々な事例研究を通じて示されてきた。ただし日本的なケイレツ型システムはその瓦解以降，水平分業ネットワークに完全に代替されることはなかった。本章は，不確実な状況下では企業家たちがそれぞれに固有の適応戦略を駆使すること，その結果産地型集積を適応的システムの集積群とみなせることを措定し，2つの対照的な適応的システムの理念型としてⅠ型・L型システムを定式化し，現実の適応的システムをそれらの混合形態とみなすことにした。

　本章の理論的示唆を述べる。いかに優れた技術的革新が生まれるかを考察するという目的を掲げた本章の根底には，その実現にいかに戦略的に備えるかという根本的な疑問があった。通常我々が個々の経営者の行為を戦略的と呼ぶ場合，彼らに一連の選択肢が与えられていて，その中で彼ら自身の目的や身の丈に合ったものを選択できるようになっていることが条件になろう。その際経営者たちの柔軟な水平分業ネットワークへの着目は，他者との関係構築やその構造的パターンが重要であることを教えてくれる。その一方でこの考え方によれば，経営者たちの自由な離散集合を前提とするため，極論すれば，経営成果の原因が彼らの経営判断の「自由度」や彼らを取り巻く社会組織の「柔軟性」という構成概念に閉じ込められかねない。その場合，経営者たちがいかに不確実性に対峙するかといった彼らの行為選択の個別具体的特性を捨象することになろう。さらに彼らにどんな選択肢が与えられていて，それらの長所・短所は何かといった比較考量が，不十分なままに留まってしまう危険がある。そこで本章は，企業家たちの適応戦略に基づいて構築される適応的システムの多様な形態に着目したのである。**図表 5 − 2** は，事例研究で取り上げた適応的システム

の長所・短所を比較したものである。各システムの基本的な組織化原理,生産管理上の基幹技術,純粋なⅠ型・L型と比較した場合の長所・短所が挙げられている。とくに長所については,個々の経営者にとっての利点と産地型集積にとっての利点とを区別した。また短所について,産地外部の親企業にその適応システムの命運を握られることの是非,および垂直統合型の生産ライン構築のハードルが依然として高いことなどは,深刻な問題としてさらなる議論を要するだろう。

　今後の課題として,多様な適応システムの発生メカニズムについて,すなわち,それぞれの適応の仕方がどのような経緯で生まれ,その差異が拡大的に再生産されたのかといった問題に対し,本章では一定の示唆を得たけれども,その詳細を論じることはできなかった。こうした差異の発生メカニズムは,第4章の逸脱のメカニズムを生産者ネットワークのレベルにも応用することで説明可能かもしれない。例えば,資源的余力のある中核企業や産地型集積が,その近代化という名目で独自性を失うようなリストラクチャリングを敢行すること

図表5－2 ● 2つの混合形態の比較

Ⅰ＞L型システム		組織化の原理	Ⅰ＜L型システム	
産地外の新たな親会社による＜不確実性＞の縮減重視,産地内部はあくまで傘下企業の集積体		組織化の原理	川上工程で規模の経済性を追究しつつ,川下のアパレル・メーカーの多産多死戦略を後方支援	
ICTなどを駆使したSCMの構築		生産管理上の基幹技術	川上工程での垂直統合型生産ライン	
旧来的な経営管理上のノウハウの延長線上にあり,実践に移行しやすい	純粋Ⅰ型との比較	経営者への利点	自由なプロトタイプ創出が支援される。若年ないし資源的裏付けに乏しい経営者の新規参入を可能にする	純粋L型との比較
従来よりも自律的な経営管理が鍛えられ,中核的な親企業の退出により受ける打撃が小さくできる		産地型集積への利点	市場セグメント間のポートフォリオを構成できる。メーカー間でプロトタイプ創出のノウハウを共有できる	
産地型集積の命運を産地外の親会社に握られてしまう		短所	中核企業の財務リスクが大きい,長期的な取り組みが必要	

は充分考えられる。過去のケイレツ型システムの脱産地化はその1例と言えるだろう[17]。

次章では，いよいよ第Ⅱ部の総仕上げとして，技術的パラダイム革新の戦略的イニシアティブに迫る。

◉注
1 児島地区に関する先駆的研究としては立見（2004）などを参照。
2 産業集積という概念は様々な下位カテゴリーへと分解可能であり，その分解の仕方は論者によって様々である。本章はそのうちの1つであるローテク産業を担う地方の産地型集積に注目しており，他のカテゴリー，例えばハイテク産業クラスターや都市型集積に直截的な言及をしていない。
3 その1例として，光ファイバーによる通信の原理は19世紀には発見されていたけれども，インターネットとして結実するのはそれから100年以上経過した後であった。
4 ケイレツ型システムが硬いと言われる理由としては，最終製品の組み立てメーカーが親企業として固定的であり，その部品を供給する中小メーカーが何をどう作るのかまで親企業に指導・統制されている点が強調されてきたからだろう。
5 ただしそうではない研究も当然ある。例えば東大阪で航空・宇宙産業への参入に向けて高度な機械加工技術が水平分業ネットワークによって組織されたという報告は，それが必ずしも東大阪全体の統一的リアリティを描き出しているわけではない。
6 これはKnight（1921）の議論に依拠する。
7 その典型例としてシリコン・バレーや北イタリアなどの専門企業群集積を想定している。すなわち個々の企業は試行錯誤を重ねて独自の情報や信念に基づいて新技術・製品を世に問い，産地全体で何かしらが市場から高く評価されれば良いという考え方であり，また短期的には成功したもの・しなかったものの違いは生まれたとしても，その間で仕事を融通し合い，遠い将来を見越して信頼関係を築き合う関係が重視されるのである。Wenger（2002）などのコミュニティ・オブ・プラクティスの議論を参照。
8 かつて川上の化学繊維メーカーが傘下に問屋やアパレル・メーカーを組織したことがあった。これは比較的希少な製品の配分を通じて，製造から販売までを一貫して統制するためのシステムだったのであり，本事例の性質とは大きく異なる。
9 タカヤ商事株式会社上海現地法人総経理吉川一之氏（2007年8月31日）。以下すべて職位は面談当時のものである。
10 洗い加工工程に関しては豊和株式会社取締役三道俊二氏（2006年9月19日）および株式会社ウエルズ代表取締役中元一成氏（2007年1月13日）など。また総務

省事業所・企業統計調査によれば染色整理業の全国の事業所数は，1991年の12,000事業所をピークに2004年までには半減しているが，岡山県のみを見ると7,600事業所のピークから2割強程度の減少しかない。また倉敷市統計書によれば，全国の繊維業の加工賃収入が下降の一途をたどる一方，倉敷市の加工賃収入は2001年より微増に転じている。これは洗い加工の工賃が，縫製などの他工程と比べてはるかに高水準だからである。

11　有限会社ニイヨンイチ代表取締役藤井英一氏（2004年8月27日）。
12　有限会社キャピタル代表取締役平田俊清氏（2007年1月17日）。
13　このプロジェクトは近年最終商品の販売を開始したようである。
14　倉敷紡績株式会社岡山工場工場長末永雄一氏（2002年12月10日）。
15　カイハラ株式会社社史およびカイハラ株式会社総務部次長門田輝夫氏（2003年1月8日），代表取締役会長貝原良治氏（2007年9月29日）。
16　染色の品質安定性の重要性を物語る1例を挙げると，裁断工程では原反を複数重ねて1つの型紙から同形のパーツを切り出す。また1つのジーンズを構成する複数のパーツは，同じ原反のなるべく近傍から採取される。これは1つのジーンズに使われるパーツ間の色調を一致させるためである。
17　また資源的な余力はなくても，行政や金融機関からの財政的支援は同じ効果を持つかもしれない。ただし中小企業支援の補助金，貸し渋りや貸し剥がし対策として行われた金融モラトリアム法などは，淘汰されるべき企業の延命を可能にしてしまい，経済の新陳代謝を遅らせる側面があるとも言われている。こうした政策が多少なりとも産地型集積の独自性を持続させる効果があるかどうかは，純粋に政策の費用対効果の問題になるので，今後の検証が待たれるだろう。

第6章

資源循環型経済への
パラダイム転換試論

プラスチック製食品用トレイの事例分析

1 はじめに

　本章は，技術的イノベーションの発生メカニズムを明らかにするという問題意識の下，新事業の確立によって成長を遂げた企業の戦略的取り組みについて考察する。具体的には食品用プラスチック製トレイのリサイクル事業の確立を通じた企業成長の事例分析を行い，大量生産・大量消費（以下，大量生産）に基礎を置いた現代的製造業のパラダイムが資源循環型（以下，循環型）のそれへといかに転換したのか，またその過程が一企業のイニシアティブによっていかに達成されたのかを考察する[1]。この問題に接近する上で，序章で述べた「蟻の一穴理論」を適用した事例分析を行うのが，本章の狙いでもある。

　前章までは個々の企業レベル，ないしは複数の企業群からなる生産者ネットワークのレベルでいかに業界全体での多様性が担保されるかを論じてきた。本章はいよいよ最も重要な議論へと接近していく。すなわち「いかにしてイノベーションは可能か」という問いかけである。

　前章までの議論から，まず高不確実な環境下で業界レベルの多様性がその後業界全体の健全な発展や生き残りに不可欠だとしても，その多様性が担保されるためには複雑な社会的メカニズムがあることが示唆された。また市場でのリーダー企業や中核的ネットワーカーと呼ばれる人々が，追随するフォロワたちに機会や基盤技術を供給すること，またそれによって次世代のリーダー企業

となる実力をつけていく可能性があることなどが示唆される。ただしもう一歩踏み込んで，あくまで保護・育成される側だったフォロワ企業が，リーダー企業を乗り越えて新しい業界秩序を生み出すのはいかなる論理によってなのかは，不明なままである。

以上の問題意識を受けて，研究遂行上のコンテクストとして，企業成長の理論を取り上げる。なぜなら，経営者の視点から見れば，企業は一般的に成長を志向するからである。イノベーションの直接的動機は自社の繁栄であり，そして企業成長はその過程で最も身近で切実な制約条件であり，またマネジメント対象だからである。以下では経営者が自社の成長をいかなる合理的根拠（後述の解釈レパートリ）に基づいて誘発し，弾みをつけ，さらに手懐けようとするかという観点から，イノベーションの発生メカニズムを分析したい[2]。

企業成長は事業活動の効率や信用を高め，経営資源の獲得・活用を円滑にする。従業員に対して昇級や社会的威信を与えることで動機付けることもできる。取引するサプライヤや顧客の幅を拡大することで，様々なリスクを分散的にヘッジできるようにもなる。また巨視的に見れば所属する産業の繁栄をもたらし，地域社会に対して経済的恩恵をもたらすことにもなる。Penrose (1959) は企業成長の以上のような優位性が動機となって，企業内部に蓄えられた経営資源の有効活用を多角的に進めようとする管理職能（managerial function）を重視した。さらにそうした経営資源が，従来的な使用のコンテクストから逸脱した活用のされ方をすることが企業成長の動因となるとして，シュムペーター的な意味での企業家精神のより具体的なイメージを提供してくれた[3]。

以上のような先駆者たちの議論を受けて，本章では，企業成長の理論の批判的検討を段階的に行う。すなわちイノベーションをめぐる理論的前提として，人間を行為主体とみなし，その戦略的な行為選択の幅を段階的に拡大しながら，過去の諸研究を位置付けてみたい。そこでは第1に高度な不確実性に対する組織的適応能力の主体的開発から始まり，現実の産業社会をめぐる間主観性の認識を経由して，企業家のイニシアティブによるパラダイム転換へと，我々の認識が変容していくことが示される。

続いて序章で「蟻の一穴理論」と呼んだ，本章が採用する新たな視座を提案する。ここでは野中他（2005）でも採用されたルトワクの「垂直的逆説」の論

理を応用する（Luttwak, 2001）。ルトワクの戦略的思考法の特徴は，階層的に組織されるプレイヤが複数おり，階層上位では長期的・広域的，また下位では短期的・局所的展望でそれらのプレイヤが相互作用するという視点に立つことである。そして有限資源の有効活用の観点から，短期的・局所的な働きかけを通じて，より上位の勢力地図を塗り替える可能性を垂直的逆説と呼んでいる。

第3に，事例の概略を簡単に説明し，その考察を通じて新たな視座の分析的有効性を試論する。本章の調査対象は，循環型経済をリードする企業のイノベーションである。広島県福山市の株式会社エフピコは，スーパーマーケットやコンビニエンス・ストア（以下，それぞれスーパーないしコンビニ）などで使用する食品用プラスチック製トレイの製造・販売を行う企業である。同社は，食品用トレイのリサイクル事業を業界で初めて成功させ，2005年に東京証券取引所第一部へ上場するまでに成長している。環境問題への一般的関心の高まりは，まさに大量生産という現代的パラダイムとは真っ向から対立するものであり，リサイクル原料の活用への道のりは新時代への受動的適応というよりも複雑な経緯をたどっていた。循環型生産システムを実現するためのプレイヤ間相互の働きかけは，行政や競合他社，協力企業，労働者や消費者のそれぞれの思惑が交差したからである。

本章での議論を先取りすると，まずイノベーションとして我々が考えているイメージが，そもそも過大評価されたものである可能性がある。換言すれば，ローカルで短期的な最適化を目指したソリューションであっても，人々がイノベーティブなものとして評価することもあるのではないか。そして言葉の力，すなわち社会に広く発せられるメッセージの影響力が，実体経済における技術的なイノベーションに一定のインパクトを有するとは考えられはしないか。このように考えれば，限られたプレイヤとの協調により部分的な（しかし対外的インパクトの大きい）成功事例を確立すること，より端的に言えば主要プレイヤへの焦点化戦略により，一見磐石にすら見えるマクロ環境にも一定の楔を打ち込み，イノベーションとしての評価を獲得するという論理が考えられるのである。

2 不確実性の増大と企業成長

　まず企業成長を捉える理論的素地の1つとして，外部環境と経営管理や組織構造とのフィットを重視する適合理論（congruence theory）を挙げる[4]。それ固有の特徴として企業を取り巻くコンティンジェンシー変数の影響を重視する立場なので，企業経営を行う人間の側に，その戦略的行為選択の余地がどこまで認められているかが，常に問題とされてきた。こうした適合理論は近代組織理論の出発点であり，そこでは組織メンバーは組織が掲げた目的に対して合理的に行動できるとアプリオリに仮定されていた。すなわち，彼らは新たに浮かび上がる諸問題に意図的か偶然かを問わず何らかの方法で対応し，組織全体としてのシステム適合性を高める方向で様々な調整が図られるはずだと仮定されたのである。こうした経営行動の合目的性というアプリオリな前提が真ならば，経済成長が安定的に続く限り，それに連動して経営者は企業成長を高い信頼性で実現することにもなろう。

　しかしながらそうした仮定は今日では楽観的過ぎるだろう。企業が直面する現実の諸問題とそれへの対処の困難さを前提とすると，理論としての妥当性を欠いてしまうかに思われてしまう。従って以上の論理には，人間の手による経営管理の限界と，それゆえの戦略的な行為選択の余地がどの程度あるかという理論的前提の置き方によって，これまで異なるレベルで批判的検討が加えられてきた。

(1) 組織的適応能力の主体的開発

　企業成長が容易ではない最大の理由は，外部環境の変化は常に人々の予想を上回ると同時に，それへの適応問題は時代を下るごとに難しさを増していく点である。今日のように不確実性が高く，変化のスピードも早い経営環境の下では，企業は独自の対応能力を高めざるを得ない。

　変化するコンティンジェンシー変数のうちに，時間の経過とともに着々と増大する企業規模を含めた一連の研究群として組織ライフサイクル論がある。企業は経済成長とともに成長するという最も楽観的前提に立つ理論と言うことが

できる。企業（組織規模）の成長は，マネジメントにとって最も身近で切実な制約条件であり，今後のさらなる成長に最重要と言っても良いマネジメント対象となる。

組織ライフサイクル論の初期の論者であるグレイナーは，企業の組織的な適応能力の観点で独自の前提を置いて議論している（Greiner, 1972）。まず経営管理上の新たな問題の出現は，それ以前に企業内で起こっていた問題への経営側からの働きかけが生み出したものであり，また現在の問題を解決することが次世代の問題の原因となるという，ダイナミックな論理を採用する[5]。また彼は組織内部の人々は，かつてうまく機能していたが今日では機能不全となった経営管理の手法をなかなか手放そうとしないので，社内の対立勢力と激しく衝突するようになり，非連続的な自己革新を達成すると述べる。こうした自己革新プロセスは，未来への見通しが必ずしも正確ではなく，また自身の経営管理行動の副作用までは完全にコントロールし尽くせないこと，また問題対処の方針が組織内で一枚岩的にはなり得ないなど，先述のアプリオリな前提を少し弱めた形で採用しながらも，結果的にはシステム適合性を高める方向で組織が進化することを意味している。

しかし時代は下って，経済成長を前提とすることがますます困難になった。現代の経営環境は不確実性を増し，変化に適応していく経営管理に求められる能力は，ますます高度化している。確かにライフサイクル論の仮定は現在でも正しいと言えるだろうが，見通しの不正確な部分，組織内のインパクトの制御不能な部分が増大して，言わば「やってみなければ分からない」という形で試行錯誤的な学習が不可避となってきている。そうなれば企業成長の失敗例も増えるだろうし，またこれまで企業成長としては考えられることのなかった画期的な組織形態や管理手法が編み出されることにもなろう。例えばもはや単一企業としての成長を至上命題とはせず，組織規模を小さいままに維持して企業間連携を活用する場合もあれば，企業成長を遂げるにしても成長軌道に乗るタイミングで大手に売却したり，買収側も持ち株会社制などによって組織的一体感を犠牲にしてでも事業会社の自律性を尊重したりする場合もある。こうした新たな企業成長の方向性を，自律分散系としての組織と呼んだとすれば，とくに強権的なリーダーシップなどは通用せず，新たな管理手法の開発が決定的とな

ろう。しかしそれが容易ならぬことは明らかであり、グレイナーも、システム合理性を高めるために組織メンバーがより柔軟でチームワークを重視した経営管理手法を確立すると述べながらも、その具体的あり方を見出してはいない。

企業の経営環境やそれに対応した組織のあり方は、結果的に適合的な関係になければ非効率を招くとしても、その適合のあり方は経営環境がより難度が高くなるにつれて予想も困難となり、むしろ試行錯誤的な学習を通じた経営管理手法の複雑化・高度化を避けられない。ここでどのような管理手法を新たに開発するかという組織内部の1人1人の主体的なかかわりが、企業成長の素地としてますます重要になっているのである。

(2) 支配的なパラダイムの不連続性

人間の主体的なかかわりの余地が拡大すると、企業成長の理論でもより主意主義的なアプローチが取り得るようになる。さらに現実の産業社会とは間主観的な存在であり、時代ごとに支配的なパラダイムが不連続的に存在したとする考え方が説得力を持つようになる。

先述の通り経営環境がより難度の高いものになると、ないしはそうであるからこそ、人々が主観的に「正しい」と思う方向に物事が進行し、現実の産業社会が形作られる場合が生じる。企業規模の拡大を良しとする考え方もその一例である。規模拡大を正当化する主たる要素として、一般に規模の経済性への信念が存在しており、大量生産に基礎を置いた現代的製造業の支配的なパラダイムの基礎となっている（Womack *et al.*, 1990）。例えば、とくに素材や消費材など販売単価が非常に低くならざるを得ない産業では、規模の経済性を重視するために少数企業への市場集中もある程度はやむを得ないことと認識されている。しかしながら自動車などの組立型産業の経験によれば、規模の経済性は必ずしも絶対的な基準になるわけではなく、徹底した生産合理化によって多品種少量生産が可能となることが分かった。

生産規模を追究する際に未熟な工学知識のまま資本集約化すると、生産ラインの大規模化とともに不可逆的な硬直化に見舞われ、生産車種の変更ができず、受注量の変動にも脆弱になる可能性が増す。従って無理なプッシュ営業が行われ、結果的に顧客ごとの異なるニーズに対して個別対応を行うなどの費用項目

が増加し，結果的に営業利益を圧迫するといったことが起こり得る。これを回避するには，例えば生産ラインの立ち上げ時の工学知識の充実や，中長期的な戦略的視点からのサプライ・チェーンの構築，製品ラインや部品モジュールの集約化などが考えられる。現実にそうした対応によって我が国は多品種少量生産パラダイムを確立していくことができた。

　ここで製造業とはいかにあるべきかについて，ギルバートらの用語法で言えば，複数の解釈レパートリ（interpretive repatoire）が衝突したことになる（Gilbert and Mulkay, 1984）。いずれが正しいといった判断は客観的基準によって事前に決めることができない上に，1つの考え方を実際に追究してみることによって事後的に様々な利点が現れたり，以前は欠点とされたことが克服されたりすることもある。したがって既存の支配的パラダイムを疑うことはますます難しくなり，それに対抗する解釈レパートリは，何か特別な事情がないと採用されにくくなるという事態にもなる。また個々の解釈レパートリの利点や実践法の，経験学習に裏打ちされなければならない側面によって，それをリードした企業の競争優位の長期にわたる持続可能性に貢献することもできる。例えば日本企業の新たな多品種少量生産の思想は，敗戦後絶対的な競争劣位の下で欧米のリーダー企業に対抗していくためにやむにやまれず開発された手法だったと言える。また規模の経済性に対する信念は欧米の競合企業の思考体系にあまりに深く根付いていたために，彼らは新たなパラダイムの内部化に多くの労力を費やしたのである。

　以上のように企業成長の過程では，消費者の富裕化やニーズの多様化などの外生的かつ不確実な環境変化への受動的適応という範疇を超えて，その変化に応えられる企業側の組織的適応能力の拡充を通じて，産業社会に底流し，誰もが自明視して疑うことのないパラダイムを転覆し，競合企業間の競争構造を転換させる可能性を有しているのである。

(3) 企業家のイニシアティブによるパラダイム転換

　従って企業成長の過程で支配的パラダイムを個々の企業家のイニシアティブによっていかに転換を図るかを説明しなければならないことになる。複数ある解釈レパートリが様々な企業や人々の努力の結果として何らかの技術的・経済

的成果として実体化することはあっても、どの解釈レパートリが、ないしはそれに基づくどのような実体化のあり方が絶対的に正しいのかといったことは、結論を出すことができない。多様な背景や独自の利害を有した人々がそれぞれの判断で正しいと思うものに賛意を示し、資源や時間を費やしてその実現に努力した結果として何らかの結果が生み出されるに過ぎない。支配力を持ったものはその事実ゆえにさらなる理解・協力を獲得することもある。一方で、絶対的な基準によりその正しさを示すことは難しい。

　こうしたパラダイムの形成・持続のメカニズムを説明する中では、個々の企業の影響力は常に相対的に規定されるという前提が置かれることになる。多様な人々の勢力均衡の中で、パラダイム転換として現状を変更しようとするいかなる動きも、基本的には他者の抵抗を前に漸進的なものにならざるを得ないからである。ただしこの転換プロセスにおいて一企業のイニシアティブによる小さな動きがその後の大きな変化のきっかけとなるという論理がここでは必要になるけれども、そうした議論は寡聞にして知らない。

　この論点をより効果的に議論する上で、軍事学の近年の考え方を類推的に応用することが有用である。20世紀に起こった世界大戦におけるように、大量破壊兵器の使用は対戦国の軍隊のみならず一般市民や民間施設にまで多大な犠牲を強いることになった。その結果戦勝国に対しても戦後復興や治安維持、さらに国際秩序構築に多額の費用がのしかかるようにもなった。そうした反省の下で、現在では最小の犠牲で最大の効果を上げることが、戦場での軍事作戦から国際的外交戦略に至る基本思想となっている。このことは、個々の企業のイニシアティブは相対的に限られ、現状変更への試みは漸進的なものに留まるという上述のパラダイム転換のメカニズムを説明する上で好都合である。

　野中他（2005）は、かつてクラゼヴィッツが考えた戦力の大量集中による敵軍の殲滅に代えて、ルトワクの「垂直的逆説」の論理を最新の軍事学理論として紹介している。戦略を大戦略（grand strategy）、戦域（theater）、作戦（operation）、戦術、技術から成る階層的システムと捉え、あるレベルでの革新が上位レベルの想定をひっくり返すという考え方である（Luttwak, 2001）。野中らはこの考え方に基づき、第4次中東戦争におけるエジプトのスエズ渡河作戦を分析している。イスラエル建国後の不安定な中東情勢の中で、限られた

国力しかないエジプトのサダト大統領（当時）の周到な意思決定とは，以下の2つに縮約される[6]。第1に，第3次中東戦争までに圧倒的な軍事力でイスラエルに占領されたシナイ半島のうちスエズ運河東岸のほんの数キロを，エジプトが持てる軍事力すべてを注ぎ込んで奪還することである。第2にそれを可能とするためには，イスラエルを背後から支持するアメリカへの根回しが必要となるので，エジプトはその交渉材料としてそれまでのソビエト連邦との軍事連携を解消することを約束した。この作戦の成功によって足掛かりを得たエジプトは，その後戦火を交えることなく段階的にシナイ半島を奪還することに成功していった。これを野中らはコペルニクス的転換とも呼べる戦果だとしている。

(4) 「蟻の一穴理論」の構築：分析枠組みの構築

以上の垂直的逆説のメカニズムを説明するには，人々の多様な背景や独自の利害の存在を前提し，それら相互の衝突や合意形成といった一連のプロセスとして認識することが求められる。事例でこの点を確認するのに先立って，我々が「蟻の一穴理論」と称する本章の分析枠組みを提示する。

ここで「蟻の一穴理論」と呼ぶのは，大きな堤防も蟻が穿つ小さな穴をきっかけとして，水の侵食に持ち堪えることができずに崩壊しまう様子を想定しているからである。しかし比喩的表現に留まるままでは分析的厳密さに欠けるので，社会科学の構成概念によって言い直してやって，分析枠組みとして提示する必要がある。序章でも述べた通り，本章はその方法論的な特徴として，批判的ディスコース分析（critical discourse analysis）の発想を共有している。しかし厳密には方法論というよりは，その視座そのものが有する特徴が，我々独自の分析枠組みの構築に大変有用だからである。

すなわち垂直的逆説の中で短期的・局所的な働きかけを通じてより上位の勢力地図を塗り替える可能性を我々が論じるには，たかだか人々が語ったり書いたりしたことが決定的ではないにせよ，一定のインパクトで社会構造の成り立ちにかかわっているという，ディスコースの力に依拠することが有用だと考えられるからである。科学技術が一歩一歩前進するかに見える過程でも，その瞬間・その場に居合わせた人々は限られた情報をもとにして未来の姿を予想し，複数の技術経路に対して賭けに出る。従ってその限られた情報がどう伝えられ，

どのような社会的文脈の下でどう解釈されたのかを検証することによって、蟻の一穴というべき小さな変化が大きなうねりへと変化していく論理を構築できると考えられるのである。

　前節の議論に基づいて、以下で採用する分析枠組みを述べる（**図表6－1**を参照）。まずルトワクの言う大戦略（企業の場合にはマクロ環境、以下同じ）が最上位に位置する。第4次中東戦争の事例で言えば、エジプトを取り巻くアラブ諸国やイスラエルであり、さらにその背後には当時の冷戦構造における東西両陣営の領袖（具体的には米ソ）が控えているという構図である。この水準で大きな変化が起こることは、基本的には稀である。と言うのは、国際秩序における個々の国家の影響力は常に相対的に規定されるものであり、彼らの勢力均衡の中で現状を変更しようとするいかなる動きも、基本的には漸進的なものにならざるを得ないからである。従って実態としては小さな動きであったとしても、この大戦略の水準で相互作用し合うプレイヤたちは、小さな現状変更が将来（長期にわたって）大きなインパクトを有するかもしれないというわずかな期待や可能性に対して敏感に反応する存在と言うことができる。シナイ半島をめぐっては、第4次中東戦争の戦果を受けて、エジプトがアメリカと接近してアラブ国家の大義であるシナイ半島の領有をたった一部でも取り戻したこと

図表6－1 ●垂直的逆説の分析枠組み

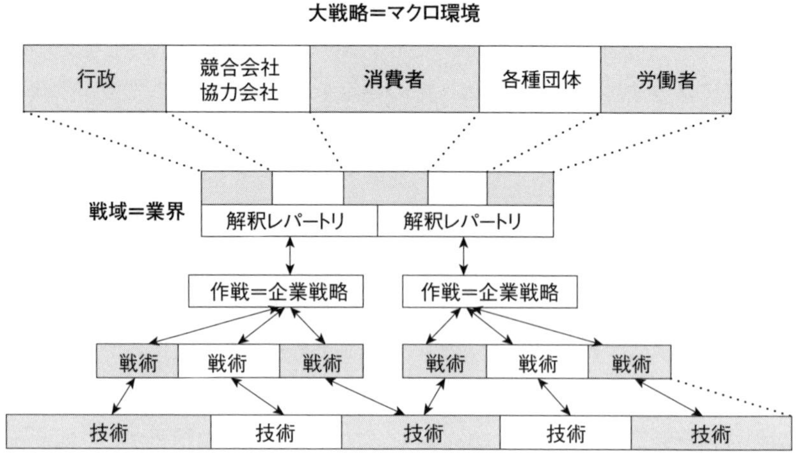

が世界に知れ渡り，その後実際の戦火を交えることなく段階的に半島の全領域をイスラエルから譲渡されることになる。中東に友好国を1つ失ったソ連にとっては，少なからずアラブ世界への影響力を低下させたことであろう。

　大戦略の下でより直接的な利害を共有するプレイヤが戦域を構成する。本章ではここに複数の解釈レパートリが競合すると仮定する。それぞれの解釈レパートリは，それを支持するプレイヤの作戦（企業の戦略）と対応しており，その戦略に応じて個別的戦術および基盤技術が備わる。イスラエルはアメリカの影響力を背景にして，この地域唯一の非アラブ国家としての基盤を確立するため，圧倒的な軍事力による領土拡大を目指して戦域をシナイ半島まで南下させたのだし，一方で財政力や装備で劣勢にあったエジプト軍は，アラブ国家の優等生としてのプライドにかけて，シナイ半島のうちでもスエズ運河の領有権にのみこだわりを見せたと言える。

　エジプトはこうしてイスラエルの不敗神話を覆して一定の軍事的被害を与えることに成功し，さらに当時アラブ圏で友好国の少なかったアメリカと水面下で取引する材料を得た。一方で過去に莫大な軍事的援助を受けながらもソ連からの劇的な離反を成し遂げた。最終的にはアメリカの仲介によりイスラエルの和平交渉の目途を付けることになる。

　具体的な戦域自体は小規模に留まるし，イスラエルにしてみればロジスティクスや防空域の先端での軍事衝突であったため，戦闘行為が本格化することは困難だったはずである。むしろこの出来事がイスラエル，米ソ，他のアラブ国家でどう認識され，それに続く交渉で戦後秩序をどのように回復すべきと論じられ，世界中の人々がそれをどのように見守ったのかこそが，大戦略の水準で少なからず影響を及ぼしたと考えられる。本章はこのようなメカニズムを経由して，企業戦略の文脈において，個別企業の限られたイニシアティブによって引き起こされるパラダイム転換の論理を探ってみたいと思う。

　具体的な研究方法としての批判的ディスコース分析については，インタビュー・データなどからディスコースの一定のパターンを読み解くことで行われる。とくに背後の利害関係にかかわる分析枠組みをあらかじめ決めておいて，それにデータを当てはめながら分析を進めるとされる。ここで言う分析枠組みとして，先述のような階層的に組織された競合するプレイヤたちの勢力地図を

念頭に置く(図表6－1)。本章で使用されるデータは数回に渡るインタビューと，対象企業の社内報，その他新聞や商用雑誌の記事などである。

3　プラスチック製食品用トレイの事例分析

　本章の調査対象は循環型企業のイノベーションである。広島県福山市の株式会社エフピコは，スーパー・コンビニなどで使用する食品用プラスチック製トレイの製造・販売を行う企業である。同社はプラスチック製食品用トレイのリサイクル事業を業界で初めて成功させ，2005年に東京証券取引所第一部へ上場するまでに成長している。また現在では食品用トレイ業界においてトップ・シェアを誇っている[7]。2013年度決算で売上高1,611億円，経常利益101億円である。この企業成長のプロセスで，大量生産から多品種少量生産へ，さらに循環型イノベーションの確立へと業界で支配的なパラダイムが変遷していっており，競合する企業間のみならず，行政や市民団体，ないしはエフピコ社内の従業員といった様々なレベルで活発な議論が戦わされた。

(1)　リサイクル事業確立の概略

　エフピコの前身となる福山パール加工紙は，1962年に広島県福山市で誕生した。1960年代は高度経済成長の中で各地にスーパーが進出し，小売りの流通形態が変化した時代であった。従来はカウンター越しに商品を紙袋や経木で包んで販売していたが，スーパーでは商品を個包にして棚に並べ，消費者が好きなものをバスケットに入れて最後にレジにてまとめて精算するようになった。以上のトレンドを捉えて福山パール加工紙は，1968年頃から食品用トレイの製造・販売を本格的に行うようになった。後発参入の立場だったものの市場の成長が著しく，企業として急激に成長を遂げた。

　1979年には自社物流の整備が開始され，エフピコ物流株式会社が設立された。当時同業他社は数多くあったが，わざわざ自社物流網を整備しようとする企業はなかった。しかし小松安弘社長（当時，故人）は今後多品種少量生産へと舵を切り直すのを見越して，物流コストの抑制のために物流機能の内部化を決断した。ただ自社物流と言えども，いまだ事業が本格化しない中で固定資産を過

剰に抱え込むことは，経営を不安定化させるリスクが伴う。またもともとの顧客である包装資材問屋などと競合する意志がないことを示す必要もあった。そこで運送会社との共同出資によって共同配送センターを設立することを選んだ[8]。顧客であるスーパーに他の包装資材も合わせて一括配送できる仕組みを構築し，従来問屋の利益となっていたマージンの削減を狙った。また配送用トラックは共同配送センターの所有とし，親会社からはリース料が支払われる仕組みを導入した。これによって流通部門の変動費化を達成した。とくに興味を引くのは，当時の食品用トレイは発泡スチロール製だったため比重が極端に小さく，通常よりも後ろに長いコンテナが搭載できるようにトラックを改造し，その見返りに廃車までリースし続けることを約束した点である[9]。これがその後のリサイクル事業に対する布石となる。

　1981年にはカラー・トレイの製造・販売を開始した。当時市場には白色の発泡スチロール製トレイしか流通しておらず，小松社長が「高級な肉もそうでない肉も同じパール色の容器で売るのは間違い。高級な肉はそれなりの質感で目を引く容器に入れればもっと売れる」と考えたことからカラー・トレイが生まれた[10]。ただし規格化された白色トレイを大量生産するために大型設備を導入していた同業他社は，形状やデザインの多様化は受け入れられなかった[11]。例えば白色トレイにカラー・フィルムをラミネートするための機械が，従来からの製造ラインの規格に合わなかったという。また当時は全国の公害問題をきっかけとして廃棄物処理をめぐる紛争が広島などでもすでに始まっており，プラスチック製の食品用トレイがまさにその槍玉に挙げられていた時代だった。そしてかろうじて始まりつつあったプラスチック材料のリサイクル運動にとって，カラー・フィルムによって着色されたトレイの混入は，リサイクル原料を汚染することに等しかった。しかし1984年には透明な蓋を導入するなどして顧客である流通・小売業の支持を集めることによって，カラー・トレイの売上げは順調に伸びていった。1989年には商号をエフピコに改め，広島証券取引所への上場も果たしている。

　1980年代の外部環境の変化は他にもある。まず業界にとってプラス要因として，核家族化や女性の社会進出などの要因によって個食完結型の冷凍食品（prepackaged meal）がアメリカなどを中心に普及したことである。これとの

関連で第2に，我が国では24時間営業のコンビニが普及し，いわゆるコンビニ弁当が一般化したことである。これらは長期的に解決しなければならない新たな技術的課題を明らかにした。例えば揚げ物など油分の多い食品や，冷凍保存状態から高出力の電子レンジで加熱する食品に適した耐久性は，プラスチック素材開発にもかかわる大きな課題だった。

またマイナス要因として，先述した通り高度経済成長期の大量生産により全国で廃棄物処理問題が顕在化したことが挙げられる。1991年には再生資源の利用の促進に関する法律（現在，資源の有効な利用の促進に関する法律）が制定され，資源再生の基本方針が定められた。第2に為替や原油の市場変動によって，化学メーカーから納入されるプラスチック製シートの調達価格が大きく影響を受けたことである。特に1970年代にオイル・ショックを経験し，プラスチック製品がいったん廃棄物になるとすべて埋め立て処分されていたことが大いに問題視され，またその最終処分場の供給もまた逼迫する有様だった。

エフピコは1989年にアメリカでのトレード・ショーに参加し，大手ハンバーガー・チェーン店がこれらの問題に直面して紙製パッケージに移行する決定を下したことを知り，このトレンドが日本へ本格的に波及することを恐れるに至った[12]。そこで1990年から他に先駆けて食品用トレイのリサイクル事業に取り組むことを決断したのである。

まず先述の自社物流を活用し，全国のスーパーから使用済みトレイを回収するネットワークを構築し始めた。消費者がスーパーの回収箱に使用済みトレイを入れると，包材問屋が納品した帰り便のトラックでこのトレイを回収する。そして包装問屋に新品のトレイを納入したエフピコ物流の帰り便のトラックが回収された使用済みトレイを積み，リサイクル工場まで持ち帰った。他社物流であれば使用済みトレイ回収費用は別料金として請求されるが，自社物流ではトレイの配送と回収を結び付け輸送コストを抑制できた。このやり方はその後「エフピコ方式」と名付けられた。

第2に使用済みトレイの回収率を上げるための取り組みが必要だった。回収・再資源化のコストを，ヴァージン原料コストの削減分で補うためには，少なくとも月300トンの回収量が必要だったが，当初の回収量は月に3トン程度だった。当初スーパーは回収箱設置に非協力的であり，また消費者の意識も低

く，回収箱がゴミ箱代わりにされることもしばしばだった。この回収率を上げるためには，トレイを廃棄物ではなく資源であるとの意識を普及させる必要があった。一定量のトレイ回収量に対して非常に小さい額ながらもインセンティブを消費者に渡すなどの工夫はできないかと，顧客であるスーパーなどに依頼して回った。また自社でも1992年にはリサイクル工場を見学者に公開した。当初見学者の半分が小学生で，残りが消費者団体や学者などであった。工場見学では再資源化の仕組みを見せ，食品用トレイは生活に欠かせないものであり，リサイクル事業は社会にとって有益であることを繰り返し説明した。

　第3に人件費の抑制策の一環として，多様な人事管理システムを導入した。ストック・オプション制度を事務職員やブルー・カラーにまで拡大し，企業成長に向けた動機付けを図った[13]。また生産や再資源化工程は，本社の課長クラスを退職させ，その退職金を資本金として製造子会社を設立させて担わせた。本社はこの独立会社に設備を貸し出し，生産要員もまたすべて子会社に転籍となり，業務を委託して加工賃を支払う形を採用した[14]。これによって本社の社員数は3分の1まで減少し，人件費を変動費化したという[15]。最後に再資源化工程のうち自動化が難しい部分である仕分け作業は，障害者雇用を推進して対応した。当初全自動化を目指したけれども，例えば即席麺などに利用されたトレイは油脂などによる汚染度が高く再資源化に適さないため，手作業で除去する必要があった。また重ねて輪ゴムなどで結束されたトレイを解く作業も機械化が困難とされた。

　第4に，トレイの薄膜化で材料の節約を目指した。これは結果的にスーパーでの保管スペースを削減する効果もあり，トレイとしての頑丈さを立体的設計によって補うなどして普及を促進した。

　このように様々な工夫を重ねて始められたリサイクル事業だったが，当初から再資源化できたのは白色トレイに限られ，カラー・トレイは現在ほど黒色トレイが一般化していなかった当時，積み木や植木鉢などにリサイクルし，商品化は断念して公共施設へ寄付するなどして在庫処分を行っていた。ところ1995年には「容器包装に係る分別収集及び再商品化の促進等に関する法律（通称，容器包装リサイクル法）」が制定され，2000年までの段階的施行が予定されることとなった。特筆すべきなのは，流通・小売業者が特定事業者と呼ばれ，資

源の回収・再資源化の義務を負うことが定められたことである。これによってエフピコの再商品化事業者としての存在感が決定的に増すこととなった[16]。そして1999年の官報（号外第143号）でエフピコの生産システムが明文化されたことがさらに大きな後押しとなり，2000年5月にはトレイ回収量が月450トンまで伸び，同社の中核事業へと成長したのである。

(2) 分析枠組みの適用

以上の概略を振り返って大量生産パラダイムから脱却し，循環型パラダイムへの移行を目指したエフピコのイニシアティブを考察する。マクロ環境（大戦略）および業界（戦域）を確認すると，まず流通・小売業に見られる変化が注目される。1970年代においてスーパーの普及，1980年代のコンビニの普及があった。また食料品の販売形態は，家庭で調理する素材の販売から惣菜へ，さらに個食完結型食品へとウエイトを徐々に移していった。そうした変化によって必然的に包装容器の消費量は劇的に増大して，さらに1970年代のオイル・ショックを受けた省エネルギー志向，公害を発端とする環境保護の問題意識などが高揚して，プラスチック製食品用トレイの再資源化が社会的なニーズとして少しずつ顕在化したと言える。最終的には1990年代を通じた包装容器リサイクル法の制定・段階的施行を通じて，プラスチック製品の製造業や消費者のみならず，流通・小売業にも再資源化の義務が課せられた。これがきっかけとなり，1979年以降の試行錯誤の末にプラスチック製食品用トレイの循環型生産システムを確立したエフピコが，同法で言う再商品化事業者として認知され，急激な企業成長とともに業界における循環型リーダーとしての地位を確立した。

ここまでは，従来的な環境変化に対する企業としての受動的適応の物語として説明がつく。しかしながら以下の点は，第2節の第(1)項（組織的適応能力の主体的開発），第(2)項（支配的なパラダイムの不連続性）の視点から眺めなければ解決がつかない問題を抱えている。

そもそもエフピコの競合他社が上述のようなトレンドを見逃していたかと言えば，そういうわけではない。エフピコの小松社長が環境保護意識の高揚について認識を新たにしたのは，アメリカで開催されたトレード・ショーで大手ハンバーガー・チェーンの変節に直面したからであった。これは小松社長にのみ

アクセスできた情報ではない。とくにこの業界の製造設備はおもにアメリカの設備メーカーから仕入れられることが多かったために，競合他社が全くそうした情報に接する機会がなかったとは考え難い。

当時市場シェアが高かった競合企業の間には，次のような解釈レパートリが支配的だったと考えられる。すなわちすでに導入済みの規格化された発泡スチロール製白色トレイを大量に生産・販売する方が，規模の経済性が発揮できるはずだという解釈レパートリである。しかしながら，環境保護意識の台頭によってそうした考え方が早晩行く手を遮られることもまた明らかだった。そこで支配的大量生産パラダイムの下，行政や業界レベルの施策として，プラスチック製廃棄物処理の調査・研究開発が進められた[17]。以上は，大量生産パラダイムを所与とした場合，ますます厳しくなる事業環境に対して，積極的な能力開発が行われたとする第(1)項の視点で説明がつく。

その一方で後発参入・低市場シェアだったがゆえに，エフピコは従来の大量生産パラダイムに乗らずに製品差別化戦略を志向し，その結果もっぱら顧客からの愛顧を求めて多品種少量生産パラダイムを追究した。おそらく最初のハイ・リスクな経営判断は流通機能の内部化であり，それ以降も多様な先進的管理手法を駆使して「乾いた雑巾をさらに絞る」ような費用圧縮を行っていった。またスーパーへのコンサルテーションや商品開発，プラスチック素材の研究開発などと相まって，他社が容易には追随できない生産システムを構築した。以上が第(2)項の視点（支配的なパラダイムの不連続性）に立脚した説明である。

しかしもう一歩踏み込んで，エフピコが循環型生産システムの確立に一歩先んじていたと言うには，もう少し慎重な検討が必要である。第2節の第(3)項の視点（企業家のイニシアティブによるパラダイム転換）に基づいて，それほど強力な資源的裏付けもないエフピコが，循環型パラダイムを牽引したとすればどういう論理によるのか，またその戦略や戦術・基盤技術にはどのような特徴があるかという問題を議論したい。

循環型の新しい解釈レパートリの確立にとって最大の弱点は，リサイクル原料は汚染された素材だという点だった。品質の安定性や再資源化に伴う様々な間接費用を考えれば，むしろヴァージン原料を使用した方が良いというのが普通の考え方だった[18]。とくに食品用トレイの生産システム全体の中でトレイ生

産者は，プラスチック製シートを石油化学メーカーから仕入れ，国内外から購入した加工機械を用いてトレイに成形することに専念していたのであり，彼らの発言権の及ぶ範囲は相対的に狭く，また享受できる付加価値も限られたものにならざるを得なかった[19]。そこで生産・消費・再資源化のサイクル確立のために，素材開発から成形加工のための金型開発，使用済みトレイの回収・仕分け工程の確立，流通・小売業への説得といった広範囲にわたって生産システムを合理化していくことは，彼らにとって非常に困難な作業だった。現在保有する生産設備を償却期間いっぱい活用し尽くすためにも，大量生産の解釈レパートリにこだわり続ける方が合理的だと判断される理由は充分にあった。また食品用商材は安全で衛生的だというイメージが最大限求められ，汚染の問題は単に技術的な理由以上の大きな障害になったとも考えられる。

　さらにプラスチックの廃棄物処理問題に対しては，従来からサーマル・リサイクル（焼却時の熱エネルギーの再利用）が主流とされていた上に，廃棄プラスチックをペレット化してプラスチック・パネルや漁礁などに再利用するアイデアが試行されたり，油化技術実用化のための試験プラントが建設されたりしていた。また比較的最近の事例では1996年に製鉄会社が鉄鉱石の還元材料としてコークスの代わりに回収プラスチックを利用する，いわゆるケミカル・リサイクルを開発し，通商産業省・地方自治体もこれを推奨したというニュースが報じられた[20]。いずれの方法も，家庭から分別回収されたプラスチック（それでもなお多種多様な素材が混入していた）を自治体を通じて一括受け入れし，これを焼却するとかペレット化・備蓄して必要時に製鉄炉に投入するという，廃棄物の処理能力としては非常に高効率なもののように思われた。もちろん食品用トレイの生産者にとっても，素材に気を使う必要のない分，最も負担の軽い方法でもあった。

　つまりカラー・トレイは再資源化にとって汚染源とみなされ，また再資源化よりも高効率な処理技術の調査・研究開発が行政・業界主導で行われていた当時の支配的解釈レパートリに比べて，エフピコが多少他に先んじてリサイクル事業に着手したところで，その圧倒的劣位が覆る見込みはきわめて小さかったのである。このように公然たる不利に直面すれば，どんなに強気な企業家精神にあふれる経営者であっても，短期的視野に立ち，手堅い選択をせざるを得な

いことも多いはずだ。従ってエフピコによる当初の狙いは，限定的な標的を定めて確実に攻め落とし，支配的な解釈レパートリが有していた市場シェアの幾何かでも占有できればというきわめて穏当なものだったと考えるのが自然であり，この時の最重要な標的は現在の主要顧客であるスーパーだったと考えられるのである。

　スーパーには陳列棚のディスプレイをともに創造して売上げ増大を目指すパートナーとして，営業マンを通じた太いコネクションがあった。もちろん顧客重視の姿勢は時として過大なサービスとして表面化する。商品数が12,000種類を超えて利益を圧迫しかねない状況になり，製品ラインの見直しが図られたこともある。しかし総じて，多品種少量生産を通じて主要顧客に徹底して仕えることが，エフピコ存続にとっての最重要課題だったのである。

　さらにスーパーの陳列棚のディスプレイのためだけに，再資源化にとって汚染源となってしまうカラー・トレイを多用することは，環境配慮を迫られるスーパーにも少なからず社会的責任を背負わせかねなかった。その可能性を払拭するためには，エフピコ自身がきちんと回収して再資源化するという約束が大きな意味を持つはずだった。流通機能を当初内部化した際には念頭にはなかったけれども，トラックの帰り便の空きスペースを利用してスーパーから使用済みトレイを回収することを決め，顧客にしてみれば直接経済的メリットのない回収作業への理解・協力を要請した。さらにリサイクル工場の設立，消費者らに使用済みトレイを分別・洗浄して回収箱へ投函してもらうための啓蒙活動，再資源化工程の見学者対応など，他社であれば不要かつ煩雑な作業を自ら引き受けざるを得なくなった。

　このように考えれば，使用済みトレイを再資源化してリサイクル・トレイとして販売できるまで洗練度を高めた生産システムが，その後エフピコ・モデルと呼ばれ循環型パラダイムの1つのベンチマークとしての地位を確立したことも，当事者たちの観点から見れば，製品差別化戦略の採用以降，短期的にやむにやまれず採用した適応行動の帰結であるかに見える。ないしは，経営者の企業家としての卓越した読みがあったとして，通常の企業活動の延長線上と言うには幾分過大なリスクを背負った（無謀と言っても良い）戦略オプションだったのではなかろうか。

以上のように考えると，パラダイムの移行期におけるプレイヤたちに役立つ形で，エフピコによる経営判断をそのまま企業成長のための競争戦略として一般化することは困難である。従って，まずはそこに底流する合理性を後知恵的にではあるけれども試論的に描き出し，そこからパラダイム革新の途上にあっても経営者の意識的な戦略オプションの選択に資する部分を抽出してみたい。

生産効率を究極まで追究し，「乾いた雑巾をさらに絞る」とも言われる多品種少量生産のものづくりの思想も，実際のところ他の生産方式と同様に，限定的な制約条件下での最適化を目指したものという点で共通している。すなわち，リサイクル原料の汚染問題があり，また分別不要のサーマルないしはケミカル・リサイクルが開発されつつあった当時，廃棄物処理まで食品用トレイのメーカーの領分とする必要はないという条件下での最適化が穏当なところであった。従ってその前提条件を外してより複雑かつ高度な，ないしは普遍的と言っても良い生産合理化を達成する余地は常に存在していた[21]。ただしそうするのが非常に困難だという解釈レパートリが広く一般化している中で，彼らはスーパーに焦点化営業を行い，顧客に収益度外視で奉仕するために，完璧とは言えないまでもより複雑かつ高度なエフピコ・モデルの確立を目指したとは言えまいか。結果的に使用済みトレイの回収量は，リサイクル・トレイの商品化の採算ラインに到達するまでに増加し，フィルム・コーティングによるリサイクル品のイメージの克服，素材の薄型化などの工夫と相まって，生産・消費・再資源化の大きなサイクルを確立することに成功した。

限られた条件下での最適化を志向した競合する生産システムよりも，より普遍性の高いシステム構築に成功した分，一見すると抜本的なイノベーションであるように我々の目には映る。しかしながら第4章でも述べた通り，産業レベルでの選択淘汰の対象となるのは，異なるプライオリティ・リストに基づいてイナクトされた現実認識の束である。それゆえに，一方が他方よりも明白に優越するという比較は，あまり意味がないことになる。何度も繰り返す通り，例えば標準品の大量生産方式は，依然として信頼性も高く，また生産効率は高い。また行政・業界レベルで調査・研究開発された廃棄物処理の方式も，雑多な素材の混入が不可避であり，また自治体の清掃局などから収集された大量の廃棄物を一括処理する上では，高効率であることに違いはなかった。逆にスーパー

第6章　資源循環型経済へのパラダイム転換試論

で活用される食品用トレイは，そうしたプラスチック製廃棄物の重要な一部ではあっても，石油化学メーカーの観点からはかなり限定的なセグメントと言うべきであろう。ただ，全国のスーパーがエフピコの味方をすれば，プラスチック製廃棄物処理問題すべては解決されなくても，大きな存在感を放っていた食品用トレイの問題は解決に向かうとの評価が浸透する見込みは高かった。その結果一般消費者や行政も理解・協力の姿勢を示さざるを得ない状況へと導かれたのであり，1999年の官報（号外第143号）でエフピコの生産システムが明文化されたことはその証左とも言えるものだったのである。

4　結　語

　本章は，技術的イノベーションの発生メカニズムを明らかにするという問題意識の下，新事業の確立によって成長を遂げる企業の戦略的取り組みについて，新たな視座の構築を目指した。本章では，企業成長の理論の批判的検討を段階的に行い，人間による戦略的行為選択の幅を段階的に拡大しながら過去の諸研究を位置付け，企業家のイニシアティブによるパラダイム転換を説明するために，ルトワクの「垂直的逆説」の論理を応用することにした。ルトワクの戦略的思考法の特徴は，階層的に組織されるプレイヤが複数おり，有限資源の有効活用の観点から短期的・局所的な働きかけを通じて，より上位の勢力地図を塗り替える可能性を目論むものだった。引き続き食品用プラスチック製トレイのリサイクル事業の確立を通じた企業成長の事例を通じて，循環型経済へのパラダイム転換が，一企業のイニシアティブによっていかに達成されたのかを考察した。

　本章の結論は，**図表6－2**のように要約される。まずパラダイム転換の必要条件として，1990年代の法的規制の強化はさることながら，エフピコの主要プレイヤへの焦点化戦略を挙げられる。エフピコは食品用トレイのメーカーとしては後発参入・低市場シェアだったため，製品差別化戦略を志向して，当時まだ認知度の低かった惣菜・弁当用のカラー・トレイを市場導入し，かつ効率的な多品種少量生産システムの確立を目指した。この方向性は業界から猛反発を受けたが，マクロ環境では個食完結型食品の消費が増え，スーパー・コンビニ

第Ⅱ部　技術的パラダイム革新の戦略

図表6-2 ●本事例の因果系列

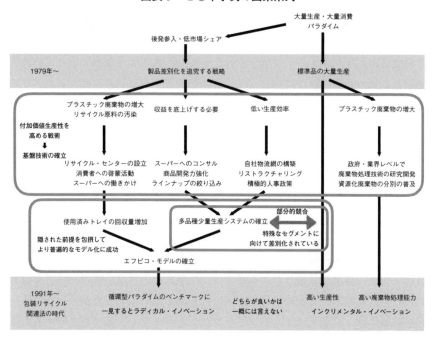

での食品用トレイの消費量拡大が顕著だった。他方，多品種少量生産システムの確立は容易なものではなく，流通機能の内部化といった大きな先行投資や，先進的な経営管理手法の導入・スーパーへの焦点化営業・新商品の開発など試行錯誤的な経験学習を通じて，かろうじて大量生産パラダイムに匹敵する生産性を維持した。またプラスチック製廃棄物の増大は社会レベルで環境保護意識を刺激し，スーパーという大きな存在感を放つ食品用トレイの利用者も少なからず社会的責任を負わねばならなくなった時，エフピコは自社物流網を駆使して食品用トレイを回収することによってのみ，自社製品を売ることが可能になるという厳しい事態に陥った。

以上のような経緯で旧来の大量生産パラダイムからの脱却と循環型生産システムの構築を一定水準で達成したけれども，エフピコが当初からそれを強く意識していたとは考えにくい。ないしは経営者の企業家としての読みが奏功したとしても，通常の企業活動の延長線上に位置付けるとすれば戦略オプションと

してはリスクが過大であるかに見える。製品差別化戦略から導かれた多品種少量生産システムの確立とスーパーへの焦点化営業が，食品用トレイのメーカーにとってはなるべく手を出したくないプラスチック製廃棄物の再資源化機能の内部化に着手せざるを得ない地位に自らを追い込んでいったとも考えられる。

　事後的な解釈が許されるならば，再資源化機能の内部化とは，食品トレイのメーカーが背負うべき課題というよりは，行政・業界レベルで対処すべきものという暗黙の前提を誰もが疑うことのなかった時代に，その前提の存在に気づき，さらにそれを制約条件とはせずに包摂して，より普遍的なリサイクル・モデルを確立することも意味した。その点が，その後多くのプレイヤたちの理解・協力を集め，循環型パラダイムのベンチマークとしての評価につながったと筆者は考えている。こう考えると，特定顧客のために限定的な条件下で最適化を志向したことがかえって自分たちをよりつらい立場に追い詰め，より普遍性の高い生産システムの構築に取り組まざるを得なくなったことになる。また普遍的な生産システムが一般的な高評価を獲得し，一見して抜本的なパラダイム転換のイニシアティブを握ったかに見える一方で，実際のところその適用範囲はスーパーなどのカラー・トレイを中心とした限られたセグメントでしかなく，石油化学メーカーの視点から見れば依然として大量生産パラダイムの有効性は失われておらず，廃棄物処理・再資源化の研究開発は着々と進んでいる。従って2つの解釈レパートリが衝突する状況からはいまだ脱してはおらず，循環型パラダイムの確立というまでには至っていないという評価も可能である。

　以上の議論の理論的示唆を考える。システム最適性という観点から見れば，社会全体で限られた資源を有効活用することが望ましいことは自明である。しかしエフピコ・モデルの成功というのは，主要プレイヤたちに閉じられた部分最適な解決策である。本章が着目するのはまさにこの解釈レパートリの衝突であり，さらに「蟻の一穴理論」として強調したのは，いったん焦点化戦略を採った方がかえってより普遍的な生産システムの構築の弾みになったというパラドキシカルな可能性であった。今回の事例分析では主に批判的ディスコース分析の発想に依拠して，法的制度変更に加えて，焦点化営業を展開したスーパーの社会的プレゼンスの大きさ，および提案されたリサイクル・モデルの普遍性に，マクロ環境への波及効果の原動力を求めたけれども，事後的解釈とし

て，この普遍性の確立メカニズムについては，もう少し補足説明を加えたい。

先述の説明では，暗黙の前提を制約条件とはせずあえて包摂し，より上位の普遍性の追求が可能になったとしているが，その点について石井（2009）のマイケル・ポランニーの解説が示唆に富んでいる。石井の言う「ビジネス・インサイト」はポランニーの言う暗黙知の次元に属し，当事者の視点に立ち，まさに当事者になりきる（対象に棲みつく）ことで得られるとしている。その説明に見られる近接項と遠隔項のダイナミックな相互作用を理解することはにわかには困難だが，我々の事例に即して言うと次のようになるかもしれない。すなわちそれぞれの解釈レパートリの下で生産・消費・再資源化の最適な分業体制や研究開発の方向性，評価基準，さらにはビジネス・モデルとしての経済合理性などが包摂される中で，その隅々まで疑ってかかって全く新しい何かを生み出すということが，イノベーションの本質なわけではない。革新的な何かを達成しようとすれば，何かを所与として前提した上でないと，明らかに一企業の手に余ってしまうような事態に陥る。

今回の事例の場合には，誰もが再資源化機能の内部化は当面行政・業界レベルの努力に委ねておくのが安心だと考えていたと推察されるので，エフピコもスーパーに対する焦点化営業を行っていなかったとすれば，できればそのようなことはしたくなかっただろうし，業界の広い範囲から「なぜ無理に寝た子を起こすような真似を」という反応を惹起することもなかったのだと思われる。すなわちスーパーの視点からは絶対に避けて通れない使用済みトレイの再資源化という機能を当たり前のこととして自分たちの仕事の範疇に包摂するには，過去のそれ相応のコミットメントがあって初めて可能になるのであり，逆に言えば業界レベルの支配的な考え方から抜け出すことは，簡単なことではないのである。

また新たな生産システムに対して，もしも他のプレイヤらが理解・協力の姿勢を示してくれるならば，その後大きなインパクトを与えるかもしれないし，そうでないかもしれない。パラダイム転換の社会的な不確実性がそこに潜んでおり，社会構造における力関係やそこでの直接交渉や社会的ディスコースの分析が，その不確実性を縮約的に制御する上で大事な作業ということになる。例えばプラスチック製廃棄物の全体の中で食品用トレイが大きな存在感を放った

こと，流通・小売業の情報発信力やそれへの社会の注目度が高いこと，新たな法的規制が食品用トレイの生産者や消費者のみならず，流通・小売業に拡大的に適用されたニュース性などの要因によって，周囲のプレイヤらがエフピコの生産システムに理解・協力する条件が整ったように考えられる。主要プレイヤの焦点化戦略は，どこ・誰を対象として選ぶのがその後の波及効果を考えるとより良いのかという問題を常にはらんでおり，この点は本章では「企業家としての読み」と簡潔に述べるに留まってしまった。マクロ環境に十分なインパクトを持ち得る企業家のイニシアティブを発揮する上で，まさしく最重要な能力と言えるのかもしれず，今後十分な検討を加える必要がある。

また実践的示唆として，上述の循環型生産システムはエフピコと主要顧客であるスーパーにとっては最適な解決策だったと思われる一方で，社会全体から見た際の評価は分かれる可能性がある。少なくともカラー着色したプラスチック材料はリサイクル原料としては汚染されたものであり，その使用拡大は低質のリサイクル原料を生み出し続けることになる。現在では黒色トレイも広く活用されていて，低質のリサイクル原料を使用する可能性も充分開かれているが，誤解を恐れずに言えば，より質の高い解決策の登場によって現行の循環型生産システムが脅威にさらされる可能性もある。このことは，今日の我が国が築き上げた多品種少量生産パラダイムの弱点を教えているかもしれない。すなわち敗戦後やむにやまれぬ適応的戦略として多くの犠牲や費用を払って築き上げたそれが，実は社会全体よりはその一部の人々にのみ都合がよく，持続可能性が自明なわけではないという含意を有するからである。

● 注
1 用語法について，本章では「リサイクル」「資源循環」「再資源化」は相互にほぼ互換的な意味で用いている。
2 付言すると，イノベーションとはマクロ・レベルの構成概念であり，企業家の経営判断というミクロ・レベルの現象とは一定の論理的乖離がある。この乖離を埋める作業こそが，本章最大の特徴と言えるかもしれない。
3 例えば事業Aの副産品を使用して事業Bを開始するといった範囲の経済性の議論がその典型例であり，今日の経営戦略論における資源・能力依存視座の基本認識を確立した。
4 例えば加護野（1980）を参照。

5 より具体的には，企業の発展段階初期にあたる起業者段階では，数少ない従業員や顧客を惹き付けるための強いカリスマ性が経営者には求められるが，それがうまく機能することで企業は成長し，その結果とても1人の経営者では注意が行き届かなくなってくる。ミドルへの権限委譲とともに，彼らのリーダーシップへの期待が増してくる。企業発展の最終段階である成熟段階では，それまでの官僚制の逆機能への反省から，ルールやマニュアルを完全に排除するわけではないけれども，より柔軟で第一線の人々のチームワークを重視した新しい経営管理手法を追求するようになる。

6 まず国内事情としてアラブ民族の大義から国益中心主義への政策転換が求められていた。すなわち財政的逼迫とともにその一因であるイスラエルとの戦争状態からの脱却が必要とされていた。そこで大戦略レベルでは，アラブ諸国へ強い影響力を有するソ連への依存から，イスラエルほどではないにせよアメリカを重視する方向転換が目指された。

そのための戦域として選ばれたのが第3次中東戦争でイスラエルに奪われたシナイ半島でも，そのごく一部であるスエズ運河東岸だった。その軍事作戦としてはイスラエルの予備役兵徴集に必要な時間的猶予を与えぬための情報的攪乱，イスラエルの北にあるシリアと協調した二正面同時侵攻，イスラエルの圧倒的軍事力を短時間のうちに消耗させる前線の構築，およびスエズ東岸を制圧するロジスティクスを速やかに確保する工兵・輸送部隊の配置が目指された。また戦術・技術のレベルではソ連やドイツから携帯型小型装備を大量購入して歩兵団を中心に前線を構築し，隙間なく配備された圧倒的な火力によってこれを防衛した。

7 最大顧客は流通・小売業の大手2社となっており，2004年度に市場シェアが30%，2011年には60%に到達し，業界首位となった。『日経ビジネス』（2006年3月27日）p.72および『日経情報ストラテジー』（2011年8月）p.32を参照。

8 『週刊東洋経済』（2002年3月9日）p.52を参照。

9 松尾和則氏（エフピコ環境対策室3R推進マイスター）へのインタビュー。2012年10月17日広島県福山市本社工場にて。

10 『週刊東洋経済』（2002年3月9日）p.52を参照。

11 松尾氏へのインタビュー。

12 『日経エコロジー』（2004年7月）p.22を参照。

13 『日本経済新聞』（1997年6月14日）p.23ないしは『中国新聞』（1997年6月15日）p.9を参照。

14 『週刊東洋経済』（2002年3月9日）p.56ないしは『日本経済新聞』（1999年1月12日）p.23を参照。

15 『中国新聞』（1999年5月3日）p.7を参照。ちなみに生産・リサイクル工場は全国に広がっていて，すべての従業員が転籍のための本社からの働きかけにすぐさま応じたわけではなかった。その後訴訟が提起され，エフピコが勝訴している（東京高裁労働判例785号22頁）。

16 流通・小売業者は使用した重量に応じて，一定の割合の負担金を支払うことが義務付けられた。『日経ビジネス』（2006年3月27日）p.74を参照。
17 社団法人プラスチック処理研究協会（現一般社団法人プラスチック循環利用協会）は行政主導のもと，川上の石油化学メーカーらが共同で出資して設立された団体で，プラスチック製廃棄物の処理・再資源化技術の研究開発や，業界レベルでの取り組みの広報，プラスチック製廃棄物の分別に関する啓蒙活動，海外での取り組みの調査研究などを業務としている。食品用トレイの生産者は，石油化学メーカーにとっては顧客の立場にある。
18 『日経エコロジー』（2004年7月）p.23を参照。
19 『日経ビジネス』（1998年8月17日）p.54を参照。
20 『日本経済新聞』（1999年11月6日）p.23ないしは『中国新聞』（2000年1月11日）p.21を参照。
21 普遍的という言い方は，村上（1979）を参考にした。彼は科学哲学の文脈で，例えば物理学がニュートン力学，特殊相対性理論，一般相対性理論と漸進的に進歩していく際に，特殊な前提条件が緩和されて理論として普遍性を獲得していく過程を「包括」と呼んでいる。これは過去よりも現在の方がより多くのデータ蓄積があり，新しい理論の方が現象世界をより幅広く説明できるように開発されるために，より正しい理論であるとする信念に支えられている。上の例になぞらえて言えば，地球上の物体の運動法則などはニュートン力学で説明がつくが，それは物体の運動速度が光の速度より充分に小さく，0に近似するという仮定が成り立つからである。しかし宇宙規模で考えた場合，その条件が外れたより普遍的な条件下では特殊相対性理論が成り立つとされ，それを実証的に裏付けるような観測設計や電波望遠鏡などの技術開発が行われることになる。

　本章で「包摂」という用語を充てたのは，辞書的な意味（論理学で特殊が普遍に従属する関係を言う）から判断して，「包括」よりも表現としてふさわしいと思われたからだけれども，大意は村上のものと同じである。また村上の科学論はどちらかと言えば主意主義的，文化相対主義的なもので，クーンのパラダイム論などにも近接した考え方であり，科学の蓄積的な進歩観をどちらかと言えば等閑視する側に立っている。

終　章
新・知識創造理論の構築を目指して

1　はじめに

　本書の目的は，技術的なイノベーションのマネジメントはいかにして可能かという問題意識の下で，いくつかの問いに対して一定の見解を見出そうとするものであった。すなわちイノベーションとはマネージすることは可能なのか。具体的な行程を詳細に計画することができるわけはないとして，マネージできるとすれば，その中身とはどのようなものか。そしてそれが我々のような凡夫であっても可能な性質のものなのか。つまり，誰もがイノベーターになる資格を有するのか。本書はこのような問いに接近しようとするものであった。以下では，まず本書全体の要約を行う。その全体像は図表序 − 2 を参照されたい。続いてミクロ志向の強い，人々の相互作用を中心にした分析を試みようとする社会学的立場を概観する。ここで我々が提唱したいのは，一種の知識創造の理論である。

　今日よく知られている野中（1990）の知識創造理論が登場した経緯についてHatch（1997, 2011）を参考に我々なりに整理してみると，まず近代組織論に見られる組織均衡論（外部環境と組織の経営管理のあり方のフィットを重視する適合理論（congruence theory）が陳腐化する。外部環境に由来する不確実性の増大や環境変化のスピード増大に直面した企業は，経営戦略の経営管理からの分離とより高効率なトップダウン型組織とで対応しようとした。しかしそ

れでも追いつかなくなった現代では，経営実践の現場のイニシアティブによる組織学習やその結果としての組織能力を重視するようになり，また企業の大方針たる経営戦略も分析的なトップダウン方式から現場重視のボトムアップ型へと重心を移すことになった。その過程で（大企業であれば何万人規模にもなる）組織メンバーをどのように動機付け，現場情報をどのように吸い上げ，日々の社会的相互作用の中でそれらを合成し，社会的問題を発見して一定の解決策を創造するにはどうすれば良いか，またその過程を支援する経営管理のあり方はどのようなものが望ましいかを説明する必要があった。こうした試みが初期の知識創造理論であったと考えられる。

野中（1990）は新たな視座を拓くものとして大成功を収め，今日ではKnowledge Based Viewと呼ばれる研究群の嚆矢と位置付けられる著作となったけれども，その副題である「日本企業のエピステモロジー」が物語る通り，人間心理における知識の創造過程に深くコミットしたがゆえに，社会的相互作用の過程やそこでの問題発見と解決策の創造といった，本来組織レベルの分析的切り口についての議論が思弁的で，かつ実証的基盤を大いに欠いているというのが我々の偽らざる印象である。例えば有名な暗黙知と形式知のディコトミーも，認知心理学や脳神経科学の世界では明確な定義が与えられているわけではなく，それゆえに知識創造理論そのものの確からしさに深刻な制約を加えていると考えられる。

そこで知識創造の心理的過程よりも行為主体間の社会的相互作用に焦点を当てるため，議論の拠り所を社会的相互作用を直接的に取り扱うミクロ社会学の諸学派に求めようと思う。そして結論を先取りすれば，ある一定の社会的状況を支配する「空気」がどのように成立し，再生産され，またリフレッシュされるのかという観点から，新たな知識創造理論を試論していきたい。

まずエスノメソドロジーの嚆矢であるガーフィンケルの違背実験について例を交えながら説明し，人々の社会的相互作用を支配する「空気」の自明性と，それを分析する上で直面する困難（自己言及性のジレンマ）について論じる。ガーフィンケルは大学院生時代に短編小説を発表して高い評価を得たようである（浜，1998）。そのタイトルは『カラートラブル』と言って，アメリカの社会病理の1つである人種間対立を，長距離バスの車内を舞台に描き出したもの

だった。この特異なモチーフによって描かれた小説は，奥歯に物が詰まったような，何となく苦い後味，ないしは不快な読後感を残していくのだけれども，こうした宙ぶらりんな認識状態に調査対象となっている個人を意図的に陥れようとするのが，ガーフィンケルの言う違背実験である。

続いてゴフマン流の分析方法を検討したい。研究者と読者の間で共約可能な土台を形成した上でなければ，どのような調査・研究もその努力に見合った成果を引き出せないと考えられるけれども，ゴフマンは極端な主意主義的立場を採用していないと言われており，通常我々が想像する実証的研究との溝は相対的に小さいと考えられる。また調査対象である個々の行為者は，社会の中で生き抜いていくために合理的に適応しようと努力しているという仮定の下で描かれているかのように，その様々な適応戦術を駆使している姿が描き出されている。一方で大きく括れば主意主義的な立場に依拠するために，依然としてエスノメソドロジーに見られるのと同型の立論によって外部適応を論じており，究極的には自己言及性のジレンマから抜け出せていないとも考えられる。

最後にこの自己言及性のジレンマを抜け出すためには，一定の創造的問題解決が要求されるという立場から，組織の成り立ちを政治的交渉の結果生み出された問題解決のための実行部隊の組織化とみなし，そのイニシアティブを発揮する上で必要な素養を明らかにする。創造的問題解決の実践例としてここでは映画の事例を採用するが，『揺れる評決』を挙げて議論を展開する。結論を先取りすれば，パレートのエリートの周流論に見られる通り，言論空間においては両極端を構成するラディカルな主張を展開する人々が妥協を拒み，実際の中道的人々の支持を取り付ける上で妨げとなることが多い（Pareto, 1968）。従ってより抽象的で普遍性の高いアジェンダ設定により両者の間の対立点の揺れ動きに錨を下させる，ないしは楔を打ち込むことによって，普遍的問題解決への道を模索するというものである。

2 本書の結論

(1) これまでの要約

　本書の目的は，技術的なイノベーションのマネジメントはいかにして可能かという問題意識の下で，次の問いに対して一定の見解を見出そうとするものであった。すなわち誰もが到達できないからこそ，イノベーションとは尊崇の念を集めるにもかかわらず，それをマネージすることは可能なのか。それは一部の優秀な企業家のみに限られたことではなく，通常の企業活動の延長線上に位置付けられるものなのか。これらの問いの背景には，次のような理論的前提があった。

　オーソドックスな経済理論によれば，市場競争が企業に対して規律と経済的インセンティブを与え，常に最善の努力を行わせると考えられている。また与件に大きな変化がない限り，技術はスムーズな軌跡を描きながら進歩すると予想される。市場原理が円滑に作動している経済システムにおいては，人々は現在成り立っている需給バランスを大きく変更するインセンティブを持たないと考えられている。ないしは動かしてもらっては困るとすら思っているのかもしれない。すでに多くの人々が英知を振り絞って築き上げられたはずの現状を否定するには，それ相応の理由が必要ということになる。

　以上のような論理が考え出されているにもかかわらず，現実の経済システムは，外生的要因の大きな変化がなくても断続的に革命的な変化を経験すると見られている。この種の変化こそが経済発展の動因の1つであると論じたのがシュムペーターだった。彼にとってイノベーションとは，創造的破壊と言うべきものだった。その理由は，既存の秩序だった経済システム内部ではすべての資源や財・サービスが何らかの用途にうまく配置され，最も効率的な形で使用されてしまっているからである。すでに使用し尽くされている資源や財・サービスを既存の使用の文脈から引き剥がして，新たな秩序のもとで再配置してやることで飛躍的な発展を遂げるべきものである。そしてそうした飛躍を主導できる強烈な個性を発揮し得るのが，企業家精神（アニマル・スピリットと言っ

ても良い）なのである。

　以上の議論を振り返ると，優れた技術革新をシュムペーターの言うイノベーションだとみなした場合，企業家精神に導かれた創造的破壊と飛躍的な経済発展を促すものとしてこの技術革新を定式化しなければならない。しかし市場メカニズムの下では，人々は大きな競争プレッシャーの下で真面目に一生懸命働き，日々の生活を送っている。この上さらに何か強烈な要因に動機付けられて，企業家精神を発揮せよ，創造的破壊を実現せよ，飛躍的な経済発展を成し遂げよと言われたら，果たしてどれだけの人間がそうした大事業を担えるだろうか。イノベーションをマネージすることは可能なのか，誰もがイノベーターになる資格を有するのかという問いには，以上のような問題意識があった。

　本書は以下のような構成で議論を展開した。第Ⅰ部では，青色LEDの開発史を題材にして技術的パラダイムの構築とその転換過程がどのようなメカニズムによって達成されたのかを議論した。とくにプレイヤたちの技術基盤やその応用の方向性の共有・連結の過程で，広義の開発競争が狭義の＜競争＞へと意味が絞り込まれていき，それと並行して逸脱的イノベーターが生み出されていくという視点を採用した。

　第1章の文献レビューでは，まずシュムペーターの議論を簡単に振り返ったけれども，イノベーションを実現するか否かは，個々のプレイヤが企業家精神を発揮できるか否かに依存するとみなされていた。そして「創意，権威，先見の明」などによって特徴付けられる企業家の到来のメカニズムは，明示的には議論されていないようであった。続いてイノベーションの経営学においては，産業レベルないし企業組織レベルの両方で，プレイヤはおおむね現状維持を志向し，自己破壊的な改革については消極的であるとの人間観が底流していることが見てとれた。産業レベルの分析では，アバナシーらの議論に見られる通り，ドミナント・デザインの確立から再び流動期に移行する契機は，成熟産業の硬直性から外れた小規模かつ流動的な企業の到来であるが，そうした企業の存在は与件として扱われている。また企業組織レベルの分析でも同様に，競争優位維持という企業経営上の要請から，企業の資源構成は現状維持的に維持・再生産される傾向があり，この傾向を攪乱するのは，大きな環境変動か，（環境変動の1つとしての）破壊的技術の到来というように考えられている。

しかし通常人々は現状維持的に行為するけれども，逸脱的なイノベーターから外生的に与えられる新技術によって，活動が攪乱されるだけの人々を描き出すのみならば，イノベーションに到達しようとしたプレイヤたちの戦略性という重要な要素を看過することになる。近年以上のような考え方に対する見直しが進んでおり，本書ではその予備的な議論として，等比級数的な発展の論理の１例であるナショナル・イノベーション・システムのフィードバック・ループを紹介した。イノベーションの内生化モデルとも呼ばれるそのメカニズムによれば，小さくても良いので技術的成果からの収益を一部開発活動の原資に組み込むことで次第にイノベーションが育っていくと考えられており，またそうした実績の積み重ねがそうした開発活動の正当性を固めていくことになるとの見方が示された。

　以上の着想に依拠し，さらに独自の観点を加えて本書の視座を構築した。技術的パラダイムの構築とそこからの逸脱者の登場の一連のメカニズムを描き出すことを狙ったものである。まず産業レベルでの分析では，技術的パラダイムを開発レースのリーダーであるプレイヤの期待システムだとみなした。技術的パラダイムとはドシィの用語法であり，業界内部で共有された問題解決過程を「ヒューリスティクス」と呼んで，技術進歩の軌跡は漸進的かつ着実に行われる背景となるものとされた。また我々はこのヒューリスティクスに対して，パラダイム論の社会構造や社会制度への着目を引き継いで，便宜的に「期待システム」という独自の用語を充てた。

　新技術の開発レースに参加するプレイヤたちは当初，自らの過去の経緯や現在の状況に応じて，独自の期待システムを携えてくるが，彼らのうちの大半は技術的パラダイムのリスク削減効果ゆえに単一の期待システムへと収斂していく。しかし，期待システムとはそもそも複数のものが機能的に等価な形で共存し得る。この時，技術的パラダイムはその自己強化メカニズムによって維持されているに過ぎず，今後長期にわたってその地位にあり続けるか否かは不明ということになる。従って技術的パラダイムのたどった過去の軌跡である技術的トラジェクトリは，今後の開発レースのパターンを予測する上で信頼できるツールではあまりないという帰結が導かれる。

　次に組織レベルの分析では，期待システムと分業構造の相互規定関係に注目

した。技術的パラダイムに多くのプレイヤたちが収斂する過程では，彼らはその期待システムのみならず分業構造も収斂させざるを得ない。これに対し，逸脱的なプレイヤは期待システムと分業構造の両面においてパラダイム依存的なプレイヤと異なるであろうと予想される。この時，激しい競争環境に置かれながら分業構造を改変させる余裕もなく，かつ退出することもできないプレイヤは，当初から持っていた独自の期待システムと分業構造を温存することになる。すなわち，逸脱的と見える開発活動も，実は当初誰もが持っていた独自性が，やむにやまれぬ状況不適応ゆえに温存された結果であるとの予想が成り立つ。

第2章では，青色 LED をめぐる市場と技術の動向を1980年代を中心に確認して，事例分析の備えとした。第3章では青色 LED 開発の事例の詳細を報告するとともに，第1章で描き出した分析枠組みを用いて，事例の分析を試みた。

まず第2章では，市場で新技術のニーズがあったことを確認した。オプト・エレクトロニクス産業には脱成熟を望む条件が揃っていた。そこで青色 LED および LD は，オプト・エレクトロニクス産業が新市場を開拓するための1つのボトルネックとして早くから認知されていた。光の3原色という観点から純緑色および青色が待望されるのは当然であったし，光ディスクの高密度記録のためには短波長光が必要であるということももはや自明であった。ただしこの長期目標の実現に対しては，複数の代替技術が存在していた。SiC，ZnSe，GaN，SHG レーザーなどである。しかしいずれの代替技術も個々に長所と短所を有しており，いずれを選択したとしてもそれは一種のギャンブルであった。

第3章では，青色 LED 開発史の中でも最大のボトルネックであった GaN の結晶成長技術と P 型化プロセスの開発までを詳述した。そこで特徴的なのは，当初アメリカに端を発した発光デバイス開発は，時間の経過に伴って，開発の「中枢」からではなく「辺境」と言えるところから随時イノベーションを生んでいる点である。GaAs 系の発光デバイスの場合，日本の適応は特許の壁によって阻まれていた。また日本における青色 LED 開発は，1980年代には制御性のよい VPE 法の登場によって ZnSe を中心とした中枢が構築されたが，資源的余力に乏しく，かつ後発企業であった日亜の中村氏が，赤﨑氏によってかろうじて命脈を保っていた GaN の上に，次世代青色 LED 開発の基礎を築いたと言える。

先述の通り本章が考える辺境とは，支配的な研究潮流が構築される過程で，それに適応していくことのできない人々が，競争空間中で疎となった部分に留めおかれることによって逸脱者となった者たちのことであった。1980年代，青色 LED はいまだ「海のものとも山のものともわからない」未開拓なデバイスであったため，ニーズが確実にあることは明らかではあったが，その時々の偶然や幸運に恵まれることによってしか，技術的問題を解決できなかった。このような不確実性の高い開発競争では，いかなる技術選択も最適な経路選択である保証はない。長期的な開発目標が与えられ，いかに自身のヒューリスティクスに依拠して合理的に選択したと思っていても，それは現時点での期待に過ぎず，開発の確実性を保証するものではない。そこで当面の間，開発活動を維持・継続していくことが短期的な目標となる。この時個々の研究者たちにとって，手持ちの資源をいかに効果的に活用するかということと，外部からいかに資源を獲得していくかという2点がきわめて重要になる。この2点を考慮すれば，青色 LED を実現するためには，GaAs 系研究で培われた知識に依拠してヒューリスティクスを制度化することが合理的であるという判断から，中枢が構築された可能性が高い。と言うのは，GaAs は今でこそ高速デバイスなどの応用も考えられているが，発光デバイスとしての開発で長い歴史を有しており，そこで培われた期待に則って開発を進めた方が，投入される資源を無駄にする可能性を減らし，また外部の資源提供者からも協力を得られやすかったのである。

　GaAs 系研究で培われた期待とは，次のようなものであった。まず高効率のデバイス，今の場合青色 LED を設計するという長期目標を実現するには，材料の結晶性を極限的に高めていかねばならない。この時制御性の良い結晶成長技術の確立と，基板物質と成長層との格子整合を確保することが絶対条件であるというのが，半導体関連技術の開発に携わる人々にとって，争うことのない事実として認知されていた。

　ここでヒューリスティックな過程の中で解オプションが絞り込まれる時，具体的には代替技術が選択される時，ZnSe をエピタキシャル成長させるという方法を中心に中枢が構築されていく。ZnSe は GaAs という当時からバルク単結晶が実現していたウェハ基板を使うことができる。2つの物質の格子定数の

ずれは小さなものであった。もう1つ重要なのは，1980年代から制御性の良いVPE方式の結晶成長技術が登場しつつあったことである。日本国内ではSiを中心に半導体製造装置産業が成熟しつつあり，またアメリカでは，スピンアウト型の装置メーカーが登場しつつあるのがこの時期であった。つまり結晶成長を行う研究者たちと装置開発を行う者たちとの明確な分業構造が成り立ち始めたのである。

ZnSe系研究は，とくに結晶成長やデバイス開発を行う企業の中央研究所が競って参入することによって，その規模は次第に拡大していった。その結果，1980年代後半には青色発光デバイス技術は漸進的に進歩していき，その過程で決定的なインパクトを有したのが1991年アメリカ3M社のLD低温パルス発振であった。赤外，赤のLD開発の経験則では，低温パルス発振してから室温連続発振に至るまで約7〜8年程度が必要とされ，3M社の成果が事実上ZnSeの勝利宣言として認知されたのである。こうして3M社と同じMBE装置を購入したいという注文がMBE装置メーカーへと殺到し，ZnSe系研究のヘゲモニーは確たるものとなったと考えられる。

こうした支配的潮流に逆らってGaNを研究し続けたのが，赤﨑氏である。GaNには格子整合の良い安価かつ基板材料がない。格子整合が取れていないエピタキシャル成長は，短期的にどんなに努力したとしても最終的に高い結晶性を確保することは原理的に不可能であるとして，多くの人々から敬遠されていた。

赤﨑氏もGaAsの結晶成長に長い間携わった経験を有していたが，だからと言って，ZnSeへと持てるすべての資源を投入することはしなかった。と言うのは，ZnSeは格子整合の理論から判断すれば優れた材料ということはできたが，もともとの物性（とくに結晶の頑健性）から判断して，発光デバイスの作製には実は向いていないという彼の期待があったからである。この期待を保持し続けることは容易ではなく，GaNの研究人口は減少の一途をたどり，国内では赤﨑研究室のみとなっていった。

きわめて不確実性が高いGaN系研究を維持・継続するには企業研究者という地位は不利であったため，名古屋大学への移籍話を承諾した。基礎的・学術的研究が大学の使命であるので，GaN系研究を行うもっともらしい正当性を

獲得できるからである。しかし GaN のエピタキシャル成長はけっして容易ではなかった。いまだ確たる研究方法が確立されない中，膨大な試行錯誤を積み重ねた。とくに結晶成長条件の最適化のために，天野氏らを中心に日夜装置の改造に取り組まざるを得なかった。結晶成長・デバイス開発と装置開発との分業の垣根を越え，言わば職人芸的な作業や勘といったものが，目に見えないガス流や結晶の成長過程を制御する上で必要不可欠なものであった。この試行錯誤の積み重ねのなかで，AlN バッファ層，Mg ドーピング，LEEBI 効果といった基礎技術が発見されていくが，その時々に偶然や幸運に恵まれながら，苦心の末にようやく獲得したものだったのである。

　こうした経緯とは全くではないにせよ，ほぼ独立した形で，日亜における青色 LED 開発が開始された。日亜における中村氏は，確かに苦しい立場にあったけれども，1980年代に日亜が主力事業の堅調を背景に新事業開発を通じた拡大路線を志向したこと，小川会長から「企業内企業家」としての評価をすでに得ていたことから，もっともらしい正当性を獲得できたと推察される。ここでも分業の垣根を超えた様々な試行錯誤を経た結果，TF-MOCVD 装置や焼き入れによる P 型化プロセスの発明に到達したのは，偶然に思い付いたアイデアや，装置の操作ミスを取り込んでいくことによって実現した。

　こうした偶然や幸運に恵まれることに加えて，そうした偶然の効用を認知し，取り込んでいく姿勢を中村氏は保持していたと考えられる。この姿勢は，具体的には開発サイクルの驚異的な速さに現れていた。この開発サイクルの速さは，いくつかの要因によって支えられていたと考えられる。第1に，赤﨑氏にとってきわめて不確実性の高かった段階で GaN 系の研究を維持するためには，企業研究者としてよりは大学の研究者（すなわちクリスタル・グローワー）としての地位の方が望ましいとは言えたが，そのことが即座に活動の自由度を約束するものではなかった。結晶成長機構や発光機構の解明といった論文作成に必要な作業は開発目標を短期的に細分化する必要性を発生させた。また LED が軌道に乗ると，LD といった技術フロンティアの開拓へと研究テーマを移行するのが，論文を書くことによってしか評価されない彼らには自然なことであったが，商業化のために結晶品質を向上させ，高輝度 LED を実現するという目的からは遠ざかっていった。

第2に，材料開発に対する姿勢が日亜と大企業とでは全く異なっていた点である。大企業の場合は収益性という観点から技術を選択してしまう傾向があり，その結果官僚的手続きを要求することが多い。材料開発，とくにまだ不確実性が高い段階にあったワイド・ギャップ半導体の開発についてはリスク回避的な選択をせざるを得ず，GaAs系のこれまでの実績との「○×表」がGaN系研究に不利に働き，また漸次社内発表を強いられることによって，開発目標の短期的な細分化が避けられなかった。

　第3に，赤﨑氏らの研究努力は次第に産業界でも注目され始め，研究費の調達が容易になり始めたことである。開発規模も大きくなり，1つには基礎技術の事業化という方向，もう1つには先端的な研究関心は移行していった。ここから赤﨑氏を中心とした新たな制度化過程が進行し始めたと推察される。ZnSeからの脅威が意識の中で次第に薄れ始めたこと，新技術事業団や企業からの契約的な資源投入，そして「企業の人を失敗させてはならない」という責任が生じたことなどは，時に自己破壊的ともなり得る開発を進める自由度を制約したように推察される。こうした自由度の制約は，我々はヒューリスティクスの「硬直性」として概念化できるかもしれない。

　その後中村氏もまた，必ずしも当初の通りに開発を続けられたわけではなかった。事業化された段階で開発の主導権は経営側に移行せざるを得ず，また競合企業からの脅威もあり，開発から生産までのオペレーションの効率化が不可避となった。中村氏がかつて享受した自由度を失ってしまうのも時間の問題だったのである。中村氏が日亜を離れてUCSB教授となった理由の1つには，かつて享受した開発活動の自由度を取り戻そうとしたことがあったのではなかろうか。かつて赤﨑氏がGaN系研究を開始し，松下から名古屋大学に移籍したこともまた思い出される。

　もう1点，赤﨑氏や中村氏による成果によって，発光デバイス（の少なくともGaN）に関する限り，格子不整合がそれほど大きな問題ではないことが証明されてしまった。また半導体材料の結晶性を短期的に評価したところで，それが長期的に優れた技術へと到達する保証がなくなってしまった。現在ではGaN系研究の興隆を受けて，格子不整合のエピタキシャル成長という研究領域が確立しているほどである。ただし青色LED開発史において当初特徴的

だったのは,これまでの常識的な考え方,いわゆる固定観念に対する反証事例は提出されたものの,それに明確な理論的説明が与えられず,フォロワたちがそれにどう適応していけば良いのかが,あまり明確に示されなかったことである。その結果ライバルらの追随がきわめて困難なまま,長い年月が過ぎ,またその間に特許をめぐる熾烈な法廷闘争が演じられることにもなった。

以上のような辺境革新論とも言い得るメカニズムが,青色LED開発に対する我々の分析結果である。第Ⅱ部ではさらに我々の分析枠組みに理論的広がりを持たせるために,その他の事例を取り上げて,技術的パラダイムの変革イニシアティブが,ごくありふれた企業の通常の仕事の延長線上にどう位置付けられるかという観点から議論を展開した。まず一企業の事業システムや,産地型集積における生産者ネットワークのレベルで,イノベーションの萌芽とも言うべき多様性がいかに持続的に生み出されているか,またその多様性がイノベーションにどう寄与するかといった問題を考察した。

第4章の目的は,1980年代の我が国で展開されたRPG開発競争の事例分析を通じて,新たな分析枠組みを提示することだった。これまで産業分析の際には,その発展段階に応じて経営者を「合理者」と「準合理者」という2種類に分けて仮定するのが一般的だった。本章の事例分析では,高不確実性下の2企業の経営者を試行錯誤過程にある「準合理者」とみなし,彼らの事前の「日常の理論」が後続の意思決定に強く影響していると捉えた。これはワイクによる修正版進化モデルとも適合的な考え方である。より具体的には,高不確実な環境下の強い同型化圧力にもかかわらず,企業間で「日常の理論」が多様であることがいかにして可能かを議論した。そこでリアル・オプション法の類推的応用によって新たな分析枠組みを提示し,競合する2社の対照的な事業システムにそれぞれ底流する戦略的合理性を示した。また事例として取り上げた期間,両社の競争的地位はリーダー・フォロワの循環的代替とも呼び得るような過程を経たことから,そのメカニズムを示した。

例えば産業の黎明期における市場リーダーとフォロワの関係が,教科書的な差別化戦略を追究したものだったとすれば,特に目新しい発見事実ではない。本章の事例に即して言えば,高不確実性下の企業間競争では,市場リーダーの認識の中ではフォロワの事業システムを内部化する動機は存在しなかった。ま

たフォロワの認識の中では市場リーダーの事業システムを内部化する動機はあっても，それは抑制的なものに留まってしまうと推察された。こうしたフォロワに対する一方向的な同型化圧力（しかしフォロワがそれに容易に屈することはなかった）を説明するうえで，リーダーとフォロワがそれぞれ異なる仕方で不確実な市場環境に直面しようとしたとの仮定の下，分析を進めた。そして高不確実な市場競争におけるリーダー・フォロワの関係は，むしろリーダーが市場を開拓したことによって，フォロワに対してそれほどリスクを負わずとも経験学習を通じた資源蓄積の余地を与えるというものであった。換言すれば，間接的ながらもフォロワに今後の台頭を備えさせる培養地としての機能が見出されたと言える。より具体的には，RPG市場でフォロワであるスクウェアが急激に台頭する様子を描き出し，その一方でリーダーであるエニックスがヒット・シリーズのリリースに苦労する様子と対比させたが，その後の歴史が明らかにしたことによれば，スクウェアが財務的な困難に陥ったときにエニックスが事実上の救済合併を申し出るという，リーダー・フォロワの循環的代替とも言えるようなものだった。

　第5章では，経営者の「日常の理論」によって制御可能な自社の事業システムの範疇を超えて，1つの製品を供給するための生産者ネットワーク全体でも，このような多様性が担保されるとすればどのような論理によるものなのかを論じた。本章では，産地型集積における複数のメーカーや専門企業によって構成された，デニム・ジーンズの企画・開発，生産，流通を担う集合体を適応的システムと呼んだ。そしてこの適応的システムの多様性を整理するために，2つの極端な理念型を挟むような格好で現実世界の適応的システムが「進化」するとの観点を採用した。

　デニム・ジーンズの産地型集積に関する事例分析における最もシンプルで強力な発見事実は，高不確実性に直面している産地型集積では，生存可能性を模索するべく試行錯誤を繰り広げるがゆえに，現場の企業家たちの取り組みもまた，決して一枚岩的なものとして見えてこないというものであった。そこで我々は，産地型集積を適応的システムの集積群として捉えることにした。そして1つの産地型集積に接近した場合，水平的なネットワークが必ずしも優れているというわけではなく，かつてのケイレツ型システムを再び思い起こさせる

ような中核企業のイニシアティヴが多様な形態を取りながら観察されること，またそれぞれの形態のなかで中核的ネットワーカーがそれぞれに犠牲を払いながら基盤技術（近年の言い方にならえばプラットフォーム）を提供し，周囲に好影響を与えて人々の仕事や暮らしを守っていることを，事例研究を通じて示した。また中核的ネットワーカーの所在地や依拠する基盤技術の違いによって，地方の産地型集積にはその利点とともに打撃となるようなガバナンス上のリスクが考えられ，それらが集積することで産地型集積全体の多様性が担保されている様子を見て取ることもできた。

ここまでは個々の企業レベル，ないしは複数の企業群からなる生産者ネットワークのレベルでいかに業界全体での多様性が担保されるかを論じてきた。そして市場でのリーダー企業や中核的ネットワーカーと呼ばれる人々が，追随するフォロワたちに経験学習を通じた資源蓄積の機会や基盤技術を供給し，次世代のリーダー企業としての実力を育ませる機会を提供することなどが示唆された。ただしもう一歩踏み込んで，あくまで保護・育成される側だったフォロワ企業が，リーダー企業を乗り越えて新しい業界秩序を生み出すのはいかなる論理によってなのかを議論しなければならない。

第 6 章では「いかにしてイノベーションは可能か」という問いを掲げて，プラスチック製食品用トレイのメーカーが，スーパーの店頭などで使用済みトレイを回収してリサイクルする生産システムをいかに確立したかを明らかにした。その際に，序章で述べた「蟻の一穴理論」を分析枠組みとして整理し直し，大量生産パラダイムが資源循環型のそれへといかに転換したのか，またその過程が一企業のイニシアティブによっていかに達成されたのかを考察した。

本章では，イノベーションとして我々が考えているイメージが，そもそも過大評価されたものである可能性について指摘した。換言すれば，ローカルで短期的な最適化を目指した解決策であっても，人々がイノベーティブなものとして評価することもあり得るという観点から，言葉の力，すなわち社会に広く発せられるメッセージの影響力が，実体経済における技術的なイノベーションに一定のインパクトを有すると考えることにした。

エフピコは旧来の大量生産パラダイムからの脱却と循環型生産システムの構築を一定水準で達成したけれども，当初からそれが強く意識されていたわけで

はなかった。後発参入・低市場シェアだったエフピコが，当時支配的だった大量生産パラダイムに則った標準品に対して製品差別化を図り，さらに徹底した生産システムの合理化によって多品種少量生産システムを確立したこと，また主要顧客としてスーパーに焦点化営業をかけて収益度外視の奉仕に励んだことが，その後の持続的発展の基礎となった。

さらにこうした主要プレイヤへの焦点化戦略によって，かえってより普遍的な生産システムの構築に弾みがついたというパラドキシカルな帰結が生じた。すなわち誰もが再資源化機能の内部化は当面行政・業界レベルの努力に委ねておくのが安心だと考えていたので，エフピコもスーパーに対する焦点化営業をすでに行っていなかったとすれば，できればそのようなことはしたくなかっただろうと考えられる。逆にそうした焦点化したコミットメントがない競合企業が業界レベルの支配的な考え方から抜け出すこともまた，簡単なことではなかったと考えられるのである。

また社会的プレゼンスの大きいスーパーとの協調により普遍的な生産システムを構築したことが一般的な高評価を獲得し，一見して抜本的なパラダイム転換のイニシアティブを握ったかに見える一方で，現在までのところ異なる解釈レパートリが衝突する状況からはいまだ脱してはおらず，循環型パラダイムの確立というまでには至っていないという評価も可能である。

(2) 技術進歩と辺境革新論

以上が本書のこれまでの要約である。結論をより圧縮して，そしてより平易に言い表せば，次のようになる。本書では，技術的イノベーションに接近する人々の考え方の違いを，いろいろ異なる呼び名で表現してきた。青色LEDの開発史の分析ではドシィの技術的パラダイム論におけるヒューリスティクスという用語を用いて，プレイヤたちが直面する様々な偶然をいかに取り込むかについて異なる考え方が採られていたことを表現した。また期待システムという用語は，ヒューリスティクスの考え方に加えて，プレイヤたちが研究開発を遂行する上で合理的と考える分業構造を含んだ概念だった。RPGの開発競争について分析した際には「日常の理論」と称して，経営者がいかに不確実性と直面するかという考え方の相違を表現しようとした。デニム・ジーンズの産地型

集積については，適応的システムという用語を先述の期待システムに近い意味で用いているが，生産者ネットワークの進化を考える場合には中長期の時間軸でメゾ・レベルの分析が求められるので，少し異なる含意を持たせた。最後にプラスチック製食品用トレイの循環型生産システムの構築過程の分析では，解釈レパートリというギルバートらの科学社会学の用語を類推的に応用したけれども，筆者は個人的にこの言葉が最も汎用性が高く，また後続の節との整合性が良いために一番気に入っている。

　いずれの用語法もとくに明確な区別をする必要はないと思っていて，少しずつ分析の文脈的背景の違いに応じて言葉を変えたという程度の違いしかない。いずれにせよ，イノベーションという先達のいない，行き先不明の旅路につく人々の心のうちをそれぞれに埋めるものであり，最も一般的な概念として解釈レパートリという言葉がそうした意味合いに最も合致していると思われる。そして競争的相互作用の過程で支配的地位を得る解釈レパートリと，その地位を追われるか，ないしはその地位を得るには資源も経験的知恵も組織的に動員できない人々が掲げる解釈レパートリが衝突しながら，ある時には一方が優勢になり，またしばらく経つと他方が台頭するという循環的な代替過程を経験しつつ，技術というのは進歩していく。本書が描き出したかったのは，こうしたイノベーション観だった。

　そして競争劣位からのイノベーションがいかに達成されるかを「蟻の一穴理論」と称して論じたのだけれども，青色LEDの開発史においては後発参入で明らかな競争劣位にあってこそ，研究開発活動の組織化を迅速に進められず，平易な言い方をすれば回顧的なスタイルで結晶成長装置の開発に手ずから臨んだのが，日亜時代の中村氏の勝因であった。またプラスチック製食品用トレイの事例について言えば，後発参入・低市場シェアゆえに製品差別化戦略に出ざるを得ず，その結果膨大な試行錯誤を経て構築したのが多品種少量生産システムであり，またそれは収益度外視で主要顧客であるスーパーへの焦点化営業をかける戦略とのセットだった。このことが業界の常識だったリサイクル原料の汚染の問題や，廃棄物処理は業界全体の課題だという暗黙の了解を覆してもなお，必死に取り組まざるを得ないつらい立場に自らを追い込んだのである。両者には微妙な差こそあれ，2つの共通点がある。まず競争劣位にあって自由な

立場にはなかった。そして第2に，支配的な解釈レパートリの下では，自身の仕事ではないとされていたところをあえて内部化し，より普遍性の高い技術的解決策を生み出している。

マーチの「スローな学習者」の優位性を引用するまでもなく，知恵もあり，資源も組織的に動員できる人々は，器用に物事を細分化し，自身の得意とするところに特化するのが費用も安く，成果も着実に得られ，大負けはしないと知っている（March, 1991）。しかし競争劣位にある人々は，余裕のある人々の常識に逆らいたいのではなく，つらい立場に置かれて，ふと気がついてしまう。このままでは，我々の望む解決策は得られないということをである。

以上が本書の最も素朴かつ明瞭な結論であり，読者諸氏へのメッセージである。以下ではこの結論のさらなる展望（スペキュレーション）を描き出してみたい。とくに新たな技術的解決策を導き出す組織的方法論を多少なりとも（完璧からはほど遠いけれども）提示することで，本書がイノベーションの「経営学」を目指すものだったことの証左となると筆者は信じている。冒頭でも述べたとおり，野中（1990）に始まる知識創造の一連の研究群は組織レベルの分析的切り口についての議論が思弁的で，かつ実証的基盤を大いに欠いていると考えられるため，次節では知識創造に対する行為主体間の社会的相互作用の影響に焦点を当てたい。そこでまず議論の拠り所を社会的相互作用を直接的に取り扱うミクロ社会学の諸学派に求め，ある一定の社会的状況を支配する「空気」がどのように成立し，再生産され，またリフレッシュされるのかという観点から，新たな知識創造理論を試論していきたい。

3 「空気」の自明性

小原（1984）の解説によれば，1960年頃から社会学のドミナントなパラダイムだった構造機能分析に対する異議申し立てが活発化し，その一環として行為主体の意味世界の構築と秩序形成をテーマとする諸派が成立したという。その中でブルーマーを始祖とするシンボリック相互作用論，ガーフィンケルらのエスノメソドロジー，ゴフマンのドラマツルギーなどが認知されるに至り，またその方法論・メタ理論的な土台となったのが，バーガー・ルックマンの知識社

会学を中核とする現象学的社会学の諸派とされている。

 それぞれ少なからぬ独自の理論的な立場を有するのだろうけれども，社会学者ではない筆者にとっては，以下のことを確認できれば十分である。宝月（1984）のシンボリック相互作用論の説明に依拠すると，第1に人間の行為や相互作用が単なる物理的な刺激 – 反応系として把握されるのではなく，人間が諸事物に対して有する「意味」に基づいて行われるという認識がある。第2に，人々の社会生活を一連の相互作用からなる社会過程として捉えようとすることである[1]。

 例えば組織のミクロ過程に関する代表的な研究として，「空気」を読むという認識行為を扱ったものがあるけれども（Janis, 1972），今議論していることとの関連で整理してみると，意外にも多くの共通点を見出すことができる。

 心理学者であるジャニスは，集団による意思決定は個人のそれよりも高いパフォーマンスを実現するかもしれないけれども，一方で最悪の事態をも引き起こすという問題意識を有することから議論を開始する。人々が「集団であること」から無意識に影響を受けてしまい，自らの建設的な批判精神や自由に発言しようとする意志を抑制してしまう現象を指摘し，これを集団浅慮（groupthink）と呼んだ[2]。そしてアメリカ外交史における4つの事例を再解釈して，他のメンバーを気遣い，その顔色をうかがって，その場の調和を乱さないようにする，いわゆる「空気」を察知してそれに適した行動が，いかにホワイトハウス内での効果的な意思決定を抑圧させてしまったのかを描き出している。

 そうした場の「空気」の圧力やそれをひっくり返す人々の力というアプローチこそが，人々の相互作用に注目する諸派に共通する問題意識であるというのが，我々の立場である。この立場をより簡明に説明しているのが，先述の宝月（1984）および宝月（1990）の基本認識なので，簡単に紹介する。彼によれば行為主体を取り巻く社会生活は，意味に基づいて構成されている世界である。この環境としての意味世界こそが，我々を取り巻く「空気」，すなわちそのようなものが現実に存在するわけではないのだけれども，我々の行為を取り巻き，それを方向付けたり規制したりする暗黙の力と言うことができる。第2に，社会生活の出来事の中で，1人で決まることはほとんどない。大半のことは他者

との社会的相互作用を通じて決まる。第3に，結果として立ち上がる構造・秩序としての協働活動である。

　これらを素材として成り立つ社会生活は，宝月（1990）によれば，以下3つの主要なメカニズムによって支えられている。第1に構造化によって人間がランダムな活動や単なる経験に頼る生活や偶然に左右される状態を脱して，一定の秩序ある社会生活を営めるようになる構成過程がある。第2に大した問題や不都合がなければ従来通りのやり方を踏襲する傾向，すなわち維持過程である。第3に社会生活の内外から与えられる「課題」「問題」への対応のために，時にはそれ自身の構造を変えることも辞さない適応過程である。

　また宝月（1984）では，行為主体はすでにある意味世界の指示する標準的な意味や行為に常に従っているだけとは限らず，相互作用の過程で，行為者は新たな意味や新奇な行為を産み出すこともあるという。その結果，行為主体は意味世界の変動を突き動かす可能性もあるとされる。おそらくこの過程こそが，「空気」をひっくり返す，ないしはリフレッシュするということを意味すると言えるだろう。

　ただしその過程について「社会関係の諸領域間が相互作用を通じて一定の関連を形成するようになると，それら全体が各部分では見られない独自な生活の特徴を創発（emergence）させることもある」と述べるに留まっている。創発というシステム論に固有の用語法に必ず付きまとう論理的な飛躍というイメージから免れることなく，この変動過程モデルを受け入れることは困難である。その点で宝月（1990）は，その著作の中心的なテーマであった社会的な逸脱現象を中心に試論し，5つの中心命題として整理しており，システムの自己革新能力に何らかのかかわりを持つものとして描いているように思われるけれども，ここではまだ詳しく触れないでおこう。

　この「空気」というものは，しばしば自明視されており，我々が日常でその存在を意識することは稀なものだと言えそうである。そうした認識に立脚して社会学的考察をめぐらそうとしたのがエスノメソドロジーの始祖であるガーフィンケルである。先にも触れた短編小説『カラートラブル』で描かれている「事件」の本質は，浜（1998）によれば「知覚の対立」とみなせるものであり，前章までの解釈レパートリの衝突に近い概念である。以下ではその物語を筆者

なりに整理してみたい。

　実際にその小説を読んでいただくのが一番良いのだけれども，問題の本質は，実は白人の黒人に対するあからさまな差別的行為にあるわけではない[3]。人種差別法は当時一部の州に見られた黒人の隔離政策であり，すでに憲法に反する内容と言えるものだったけれども，白人である運転手や警察官，ないしは他の乗客も，あからさまに人種差別法を笠に着て，黒人乗客に暴言を吐いたり，暴力を振るったりしていたわけではない。それどころか，この法律に対して反抗的な旅行中の黒人女性の言うことに丁寧に対応し，不本意ではあろうけれども，法律に沿った形でバスを発車させられるよう彼女に協力を＜依頼＞するほどである。傍目から見れば，彼ら自身ではどうしようもない法律による制約に対して，わがままを言っているのは黒人女性の方なのである。もちろんその女性の言い分も間違ってはいなかった。彼女は州法より上位にある合衆国憲法を持ち出しているので，公然と彼女を非難することもまたできなかったのである。浜（1998）が「知覚の対立」と呼んでいるのは，現実のこの種の複層性である。

　人種間対立の根本にあるネガティヴなバイアスの存在が関係ないわけではない。しかし事件の容疑者としてこの黒人女性が逮捕されるに至ったのは，黒人だから逮捕されたのではない。ことなきを得ようとする，黒人たちをも含むすべての登場人物の，現代風に言えば「空気」を読む努力を払わず，最後にそれを台無しにしてしまったこと，その1点によって彼女は逮捕されたのである。逮捕時の公式的な容疑も治安錯乱および公序良俗を乱したことといういかにもあいまいなものだった。

　この「空気」という特異なモチーフによって描かれた小説は不快な読後感を残していくのだけれども，こうした宙ぶらりんな認識状態に被験者を意図的に陥れようとするのが，ガーフィンケルの言う違背実験である。人間が行う様々な行為は他者に向けて何らかの意味内容を持つので，その背景となる認識枠組み（それが時として人種的なバイアスにもなる）を必ず有するのだけれども，その枠組みはとくにその存在が意識されることはないし，また人によって異なる可能性がある。この枠組みが共有されないとコミュニケーションは破綻し，様々なトラブルのもととなる。そこで多様な調整過程を経て，全体として調和の取れた社会関係が創出・維持されていく。その認識枠組みの存在やその内容

を明らかにしようとすれば，調整過程で期待されるような行動を実験的にわざと採らないことによって実現すると考えることができる[4]。

ところがもちろんこの方法には，実際にそれが狙った通りの効果を持つか否か，確実には言えないという限界がある。と言うのは，ガーフィンケルはそうした社会的な相互作用によって被験者に刺激を与えるという手続きを示唆してくれてはいるけれども，その反応を分析する信頼性の高い方法については特定していないからである。例えば刺激に対してどの程度感応するか，またどのような反応を示すかについては大きな個人差がある。

他者の置かれた立場を追体験するかのように思考をめぐらし，ある一貫した意味世界を描き出す作業は，調査対象となっている人々の行動の現実的な動機や意図を明らかにする一方で，さらに研究者が社会を見る際にもまた自身の固有の意味世界を携えていること，端的に言えば何らかのバイアスを持たずに社会を眺めることは不可能であることに対して自覚的にならざるを得ない。このことが，上述のような個人差として分析に混ざり込んでしまう。さらに言えば，研究者が自分自身の意味世界を客体視するという自己言及的な研究過程が，論理的には無限ループに陥ってしまい，どこから一連の相互作用過程を眺めるべきなのかを一意的に確定することが不可能となるのである。

4 演技者としての行為主体

以上のように知覚の対立構造が何重にも折り重なって，それらが無限ループを構成しているような場合に，研究者はどこからその一連の過程を眺めたら良いのかを確定することはできない。ゴフマンの描き出す行為主体もまたそうした存在であるように描かれている。

ゴフマンは社会生活における秩序がどのように達成されているかを論じる上で，かなり思弁的なレベルで一定の視座を提出している。その主著の1つである『行為と演技』では，序文の中で「人間の社会的な営み―とくに建物や工場など，物理的な境界に囲まれて組織された種類の営み―を研究する拠り所となる社会学的なパースペクティヴを詳らかにする一種のハンドブックとして，この報告が機能することを私は意図している」と述べている（Goffman, 1959）。

一方その実証的な裏付けを与える上で，様々なエピソードを挿入するという方法を採用しており，『スティグマの社会学』では，スティグマに関する数多くの研究がすでに蓄積されていると述べ，「こうした素材がどうすればひとつの概念的な枠組みに効率よく納めることが可能なのか」を示すことを狙っていると述べる（Goffman, 1963）。

彼の基本的な論点は，社会生活が秩序を獲得する上では，行為主体は演技者（おそらく同書中のパフォーマーと同義）であるという点である。『行為と演技』では，演技（おそらく同書中の＜パフォーマンス＞と同義）は，「ある特定の機会にある特定の参加者がなんらかの仕方で他の参加者のだれかに影響を及ぼす挙動の一切」と定義されている（邦訳書，18頁）[5]。

このことがより明示的なのは『スティグマの社会学』においてであり，対他的な社会的アイデンティティ（a virtual social identity），すなわち社会の側がそうであろうと想定し，要求する性格付けと，即自的な社会的アイデンティティ（an actual social identity），すなわちその個人が事実持っていることを，求められれば明らかにし得るカテゴリーないし属性との区別に如実に現れている。また『アサイラム』では社会から行為主体に期待される存在様態があるものとの前提から第1次的適応（a primary adjustment），すなわち行為主体が社会の側からあらかじめ体系的に計画されたものを，それに相応しい気持ちで与えたり受け取ったりすることと，第2次的調整（secondary adjustments），すなわち特定の組織内の個人が非公認の手段を用いるか，あるいは非公認の目的を達するか，あるいは双方を同時にするかして，組織が行為主体に対して自明としている役割や自己から彼が距離を置く際に用いる様々な手立てとが区別されている（Goffman, 1961）[6]。

以上のように行為主体を演技者とみなすためには，行為主体の1人1人が，少なくとも彼らを取り巻く意味世界においては合理的に振る舞おうとしているという前提が多かれ少なかれ必要になる。この点は，『アサイラム』の訳者あとがきでも強調されており（邦訳書，484ページ，以下傍点ママ），次の文がわざわざ引用されている[7]。

〔聖エリザベス病院で参加を行っていた〕当時も現在も変わらない私の信

念は，どんな人びとの集団も——それが囚人であれ，未開人であれ，飛行士であれ，また患者であれ——その人びと独自の生活様式を発展させること，そして一度それに接してみればその生活は有意味で・理にかなっており・正常であるということ，また，このような世界を知る良い方法は，その世界の人びとが毎日反復経験せざるを得ぬ些細な偶発的出来事をその人びとの仲間になって自ら体験してみること，というものである（本訳書 ii 頁，傍点引用者）。

こうした作業を「一つの大きなすばらしい天幕」のような社会学体系とは対照的に，「別々の衣服を1人ひとりにちゃんと着せる」と比喩的に称している（邦訳書，483頁）。しかしながら，このことが彼の視座の信頼性や妥当性を確かめる上で役立っているのかどうかは，また別のことである。とくに問題だと考えるのは，行為主体が創造的な戦術を駆使して社会生活への適応を実現するという場面で，その戦術の有効性は理解できるものの，それがどのような検討を経ていかに案出されたものなのかは議論されていない点である。その例として，『スティグマの社会学』における1つのエピソードを挙げよう。

我々常人（the normals）は，無意識に自明としている前提に基づいてスティグマのある人々と相互作用をしてしまい，深く考えもしないで，事実上彼らのライフ・チャンスを狭めている。通常我々は人々を，その目に付く外見などからどのような属性を持つものなのかを想像していくつかのカテゴリーに区分してしまうことがある。この無意識な前提に基づいて我々は，とくに注意したり考えたりしなくても社会的交渉の決まった手順に従って他者と交渉できるようになっている。ただしスティグマを持つ者を相手にした場合，気詰まりが発生する場合がある。少なくともスティグマが目に見えて明らかな場合，我々常人は面前にいるスティグマのある者を，自分たちが無理なく相互交渉できる人間のカテゴリーに無理やり当てはめようとすることがある。その押し付けが不適当であることを，我々も気にしているし，その気にしているということを相手も気にしているし，その相手が気にしていることを我々も気づいているのである。このメカニズムは「相互的考慮の無限後退（the infinite regress of mutual consideration）」と呼ばれ，居心地の悪さの原因とされる（邦訳書，41頁）。

そこでスティグマのある者が，常人たちは彼のスティグマを無視できないと

思っていると気づいたら，意識的に努力して常人たちの緊張ならびに社会的場面の緊張を解消するよう助力すべきであるとゴフマンは述べる。このような事情の下では，スティグマのある者が，例えば自分の障害にはっきりと触れ，それを気にしてはいないこと，また自分の条件を苦もなく乗り越えることができることを示して，「こだわりをなくす（break the ice）」ように努力するのも1つのやり方であると言う（邦訳書，195ページ）。そのエピソードとして，次の文章が引用されている。

> そういう場合には，タバコを使うギャグがありました。それは必ず人を笑わすのに役立ちました。私はレストランとか，バー，あるいはパーティに入って行くと決まって，短い喫いさしのタバコの入った箱を素早く取り出して，これ見よがしにあけ，一本とり，火をつけ，満足げにそれをふかしながら椅子に深々と坐ったものです。それで十中八九の場合，人の注意を惹きつけました。みんなまじまじとこちらを見つめたものでした。私の耳には人びとのいっていることが聞こえてくるようでした。ほう！中々やるじゃないか，あの2つのかぎ手で？この芸当のことにふれる人がいると，私は笑みを浮かべていったものでした，「私が一度も心配したことのないことがあるんですよ。それはね，指をやけどするってことですよ。」

この男の手には古いかぎ手が装着されている。そしてその場に居合わせた人々は，その事実に直面して動揺している。そこで発せられる上のようなジョークに対して呆れる者もいれば，洒脱な行為をいたく気に入って，その男と乾杯の1つもした者もいたかもしれない。他者が登場を予期していないカテゴリーの人物の登場によって緊張した「空気」が陥っていた無限後退のループから，軽妙な話術で抜け出すことができたということが，スティグマを持つ者の戦術と言えば戦術なのである。

以上の議論を振り返るとエスノメソドロジーの考え方に依拠した人種間対立の分析例を通じて，確かに暗黙の前提の存在を疑い，それをひっくり返すことで何かが得られそうだという議論の大きな筋道は得られたのかもしれない。またゴフマンが示した様々な分析の1つとして，スティグマを持つ者が駆使する戦術によって，場の「空気」を和ませる方法も示された。それぞれの立場には，

固有の特徴はあるのだろうけれども，我々にとって「空気」という目に見えず，手にも触れられぬ対象を分析するヒントは得られたというべきだろう。

　ただし残された問題がないわけではない。と言うのは，社会的相互作用論は総じて行為主体の相互作用過程を描くという目的を多かれ少なかれ掲げている一方で，これまで振り返ってきたいずれの立場でも，何らかの戦術行使のタイミングを境にして，事前・事後の2つのスナップショットを提示することで変化があったことは明らかにしてはいるけれども，そのような創造的な戦術が生み出される過程そのものは一切描いておらず，また分析者自身がそのような着想を得た論拠もまた明らかにしてはいないのである[8]。

　これを筆者なりに言い換えるならば，次のようになる。すなわちゴフマンはフィールドワークから得られた意味世界を，少なくともそこに巻き込まれた人々にとっては合理的なものとして描き出すことに意義を感じつつ，しかしながら社会学にとって古典的とも言える秩序問題に有用な視座を構築しようとしていた。従って個別具体的な意味世界と，普遍理論（「地に足のついた理論（grounded theory）」との対比で「誇大理論（grand theory）」とも言えるだろう）とを結び付ける必要があったのだけれども，そこでゴフマンがその著作で行ったのは，（実際にはフィールドワークを通じて構築されたものだけれども）あたかも彼が先見的に分かっていたかに思える視座に，少しずつ概念的な枝葉を付け加えていき，その思索のきっかけ・素材として，また読者の説得材料としてのエピソードが，著作の全体にわたってちりばめられるに至ったのである。しかしながら，この手続きではなぜその視座が着想されたか，ないしは彼の「物語」の登場人物の戦術がいかに編み出されたかは，読者には共有不可能なものになってしまう。なぜなら，彼の主張が妥当であるという根拠は，彼がシェットランド諸島や聖エリザベス病院にいたという重い事実にあるのであって，普遍理論にかかわる部分の多くは彼の博識・博学という間接データに依拠するばかりであり，『スティグマの社会学』に至っては2次資料しか採用されていない。

　イノベーションに関心のある筆者にとって，重苦しい「空気」をリフレッシュし，新たな息吹を吹き込む行為主体の創造的な戦術たちがいかなる検討過程を経て，どのように誕生し，そしていかにして新たな意味世界を構築する

きっかけとなったのかを描き出したい時に，ある場所でどうだったか，今どうなのかという連続写真を描き出すだけでは，十分とは言えないだろう。しかしながら相互的考慮の無限後退というメカニズムに割って入るという行為主体の戦術には，おそらく無限にその代替的選択肢が存在し得て，そのうちの1つがたまたま選択されたに過ぎないのかもしれず，フィールドの「その場」性を重視せざるを得ないのかもしれない。まして分析者自身がその無限の自己言及ループに巻き込まれている。いずれに転んでも十分な解決策を得られそうにない根本的な原因は，まさに主意主義的なアプローチに固有のジレンマにあると考えられるのである。

5　交渉理論との接点

(1) 『組織化の社会心理学』

　ここで我々が提唱したいのは，社会的相互作用の過程から見た知識創造の理論である。『組織化の社会心理学』でワイクが述べる組織の成り立ち（後述するが，必ずしもゼロからのスタートだけを対象としているわけではない）の説明はそもそも素朴な実証主義から距離を置き，組織メンバーとなるべき個々人の現象世界に対する様々な解釈レパートリの衝突やその中の1つのヘゲモニーとして捉える解釈学的アプローチを採用することで，一定の解決を試みている（Weick, 1999）。

　例えばワイクは「トップにいる人は脆い立場にある」と述べる。組織の階層構造が維持されるのは，受容される（た）命令を上位者が下位者に送ることによって，絶えず再確立されているからだという。この統治は集団内に存在する同盟のパターンによって可能となり，また少数の上位者に権限やパワーが集中されるのはこの関係のパターンゆえであって，頂点に座るのが「偉大な人」だという事実ゆえではない。

　このことから，我々が組織について通常信じている常識について，ワイクは真っ向から反論する。まず組織とは「目標の言明が予期的よりもむしろ回顧的」と述べる。すなわち最初に組織化が行われ，それが終了した後に組織化の

理由が明らかになるというのである。それはまるで，人は行動してから自分のしたことは何かを結果的に規定することができるのに似ている。

また上述の同盟のパターンは，個々のメンバーが統率されることに同意するお返しとして，ある少数の人間が情のこもったやり方で統率するのを承諾することによって成り立つ。組織下位にある多数派は自分たちの利益がいっそう促進されるという確信から相対的無関心を装い，政治的劣位になり下がることに同意するのである[9]。

また多くの意思決定が組織の全体最適な状態からかけ離れたものでありながらも組織が一体感を失わずに維持されること，ないしはごく限られた人々の統率を大多数の人々が相対的無関心によって受け入れることは，表面的にはシステマティックに行われる多種多様な経営管理上のツール（例えば人事考課システムや報酬・福利厚生制度，社内規約や労働契約，予算配分・執行のルールなど）が組織メンバーの職業生活すべてを網羅して彼らの行動を統制し尽くすことはないことを物語っている。むしろ多くの組織的統制の空白地帯を暗黙の了解やその場の「空気」，もっと伝統的な言い方をすれば社内風土や組織文化などのあいまいで解釈的多義性を許すものによって埋められているとも考えられるのである[10]。

組織内の以上のような統制のあり方ができあがる過程を，一種の交渉過程と見ることができる。例えば相対取引での価格交渉のような一般的な交渉では，連続した数量（価格）のどこかに結果が落ち着く。政治的な交渉の場でも，保守派と革新派の2勢力が票を売り買いしている過程とみなすことも可能である。シェアすべきパイの大きさが一定なので，一方が利得を増やせば一方の損失が減るという非常にシビアな交渉であり，これをゼロサム・ゲームと呼ぶこともある。

以上のような交渉者が，一見するとゼロサム的なゲームに没入しているように見えて，その背後ではwin‐win構造と言われるように，交渉の双方が何らかの利得を上げられるよう工夫を凝らしている場合がある。それが統合的交渉である。統合的とは，交渉のテーブルにありとあらゆる交渉材料を積み上げて，その値踏みを相互に多角的に行って合意を形成する交渉である。妥結に現実味を持たすために，双方は互いの優先順位（プライオリティ・リスト）を確かめ

合い，譲れる部分については目先の取り分を諦めて，隠された，ないしは長期的なメリットを追究する[11]。

ただしこのままでは組織の成り立ちやその持続のメカニズムが政治的な妥協の繰り返しという風にも取られかねないので，さらに踏み込んで集団的な意思決定が妥協を超えて普遍的な問題解決に到達する可能性について論じる必要がある。

アリソンは主著『決定の本質』において「組織内政治モデル」の特長として交渉の参加者が多種多様な目的を掲げて競い合う点，また責任ある立場の人々の周囲にはその部下，外部のジャーナリストやNGO，一般大衆などが同心円状に取り囲んでいて，影響力を行使するチャンスを虎視眈々と狙っている点を指摘する（Allison *et al.*, 1999）。こうした複雑な状況下で交渉を重ねて，こう着状態を脱却するにはどうしたら良いだろうか。この問題を考える上で，アメリカの裁判劇を引き合いに「創造的交渉」という交渉の新たな次元を導入してみたい[12]。

(2) 創造的交渉の過程

『揺れる評決』（1999年）は1975年米国連邦最高裁を舞台としたテレビ放映用映画である。女性の権利拡大が叫ばれる時代背景の中で，妊娠中絶を憲法上保障された「選択の自由」に含めるべきとする革新派と，胎児に対しても憲法上認められた「生命権」を認めるべきとする保守派とで，国を二分する騒ぎとなっていた。舞台は毎年のように妊娠中絶に関する憲法判断が求められる中，アラバマ州の第一級殺人事件の上告審（被告は妊娠中絶を行った黒人女性弁護士で原審では有罪）を評議する会議室である。

もとより主席判事を含む高齢白人男性3名は極めて保守的で，保守中道寄りで前回の裁判でも妊娠中絶を違憲とした浮動票とも言うべき3名（すべて白人，うち1名は女性），革新寄りの黒人判事2名と白人老判事1名という態勢だった。そしてつい先頃革新寄りの老判事が引退し，保守中道寄りの法廷弁護士だった新人判事カークランド（アンディ・ガルシア）が後任指名されたところだった。彼がどのような判断を下そうが，妊娠中絶を合憲とする革新派の主張は実質的には多勢に無勢だったため，映画のラスト・シーンだけ見れば新米判

事に判決の起草という野良仕事が任されたと言うことができる。ところが映画の冒頭当初の予想に反し，第1回目の投票で唯一の女性判事と引退判事の親友だった老判事が突如として合憲に寝返り，4対4に票が割れたところで新米判事がキャスティング・ボートを握ることになった。

実は1年前に妊娠中絶は生命権の侵害として違憲と判断した際に，9人の判事の間で保守・革新両派の意見がばらついたことが大々的に報道され，人々の対立を勢い付かせたことが首席判事をいらつかせていた。しかし新米のくせに無礼であるとのそしりをものともせず，カークランドは十分な情報収集・分析に基づかないうちは，自分の票は絶対に明かさないと宣言する。主席判事は，起草をカークランドではなく，超保守派判事に任せると言い始める。これは妊娠中絶が違憲となり，被告には第一級殺人罪で有罪が確定することを意味した。これはカークランドへではなく，保守中道の女性判事への圧力だった。実は彼女自身も妊娠中絶の経験者として被告に同情的であり，主席判事は彼女を籠絡するために，有罪を認めるなら判決の起草を任せても良いと持ちかけていたのだ。

同様に保守・革新双方からの説得が激しくなる中，判事以外の外部者までもが彼に圧力をかけてくるようになった。彼には子供がおらず養子を取っており，妻と養子の実母は妊娠中絶に批判的だった（保守）。またカークランドは妊娠中絶に反対する活動家と親しい間柄だった（保守）。カークランドの秘書もまたキャリア・ウーマンとして女性の地位向上に強く関心を寄せた（革新）。被告である女性弁護士もまた優秀な法律家だった（革新）。引退して病床にある老判事も草案に目を通してその法理をチェックした（革新）。

まず選択の自由と生命権の窮屈な二者択一について，司法の中でも憲法解釈を担う最高裁と言えども，両者は民主主義国家としての中核的な価値観であり，容易に優劣を付けられる問題ではなかった。もともと中間的な立ち位置だったカークランドが理論武装するためには，まず保守・革新双方の論法を学ぶ必要があった。外部からの圧力は，彼の理論武装に大いに役立った。

また評議は被告の殺人罪が有罪か無罪か，そして有罪の場合には量刑はどの程度かをめぐって行われており，この点について判事の多くは，いかに生命が大事だとしても，妊娠出産という人生の岐路に立たされた女性を厳罰に処すこ

とも，またそうなった場合に将来望まれずに生まれてくる子供の数がますます増えることになるという帰結も，望んではいなかった[13]。

そしてカークランドが到達した結論は誰に教わったのでもない，創造的な解決策だった。まず選択の自由と生命権をめぐって国論を二分する大議論となっているが，それに紋切り型の解答を与えることは不可能である。従って産科医学や社会統計資料などに基づき，国論を二分する保守・革新の対立を象徴するべく，平均的な妊娠期間（40週）の中間点を基準とし，それ以前の妊娠中絶を合憲，それ以降について胎児の生命権を認めた。これを分配的交渉に見立てて女性の妊娠期間を二等分し，前半の19週間に行われた妊娠中絶について罰せられることはあってはならず，女性の選択の自由は保障されるとした。一方で後半の20週目から胎児は1人の人間として母体から独立して成長し始めるので，これを堕胎することは原則許されないとした。また前半の19週間については，選択は自由であるべきだが安易であってはならず，生命の保護の観点からこれを熟慮の期間とみなし，カウンセリングの受診や本人の写真付き同意書の提出を義務とするとした。

しかしこのままでは，誰もが納得する判決と言うにはほど遠かった。そこでさらに「子供が幸福に生きる権利」という新たなアジェンダを提起し，これまでの州政府の児童福祉行政の不作為をも糾弾する。すなわち妊娠中絶が容易には行えない（例えば未成年であるとか犯罪被害・病気などの理由で中絶しなければならないにもかかわらず，そのことを他者に知られたくないために正規の手続きを踏めず，結果的に20週目に突入して出産せざるを得なくなる場合もあり得る）ために望まれぬ子供たちが継続的に誕生する可能性は残されているので，そうした子供たちへの里親制度の拡充を州政府に義務付けることとしたのである。

以上のような内容は，対立し合っていた保守・革新双方を納得させ，反対意見を述べた学者肌の保守派判事を除いて8人の賛同を得ることができた。ここでの交渉は当事者ばかりではなく，周囲の人々の考えも広く包摂してさらにその上を行く創造的なアジェンダに負うところが大きい。

先述したパレートのエリートの周流論に立ち戻ると，人は他者の意見に2，3の批判点を見出すと，その寄って立つ立場すべてを批判的に捉えてしまうこ

とが多いという。また逆に2，3の批判点の指摘をしたに過ぎないのにもかかわらず，まるで正反対の立場にあるもののように捉えてしまうことがある。このように考えれば，例えば保守的な人々の欠点を指摘すれば，まるでラディカルな革新派だと捉えられたり，その逆に革新派に対して若干の批判を加えただけで生粋の右翼であるかのように捉えられてしまうことになる。実態はそうではないことの方が多いだろう。普通は中道的なボリューム・ゾーンが浮動票として存在しているので，2つの極論に流されるのは言論空間においてのみということである。しかしながらこのことは非常に重要な意味を有している。すなわち最終的には，規模として最大である中道的な人々の支持を受けることが現実的な問題解決となるのだけれども，そこに至るまでの議論では2つの極論の間で意見が揺れ動くことになるからである。パレートがエリートが周流すると述べたのはまさにこのことだったのだけれども，揺れ動くばかりでは中道的な人々を満足させることにはなり難いし，また極端な立場を主張する者もそれを引っ込めるには相応の理由が用意されねばならない。

この時，議論の揺れ動きを効果的に中間で錨を下すか楔を打ち込むかのごとく封じることに成功したのは，倫理学の大命題であった。すなわち多くの人々が同時に苦境に陥った際には，自身で生き延びる力の弱い者から順番に助けてやらなければならないという，いつ誰がどこで聞いても納得せざるを得ない普遍的な倫理基準であった。今回の映画の場合，子供は自分たちだけでは生きていくことはできない。それはすでに成人した女性の選択の自由より優先されるべき事柄である。またキリスト教の精神に基づき胎児の命を守ることに汲々とする大人たちが，望まれず生まれてきた子供たちの幸せを蔑ろにする理由は何もなかった。両立することのない2つの価値観の間の葛藤は，子どもの権利の前に一時棚上げされ，極端な立場を主張する者にも妥協するために十分なお膳立てが整ったのである。

またこの映画では，新たに示された19週間の猶予期間に99％の妊娠中絶が行なわれているとされており，女性の選択の自由は最大限配慮されている一方で，望まれぬ胎児や子どもへの配慮が足らないことへの保守派からの批判が想定されたし，それが国として妊娠中絶は認めないという強い意志を示すべきだとの主張の根拠となっているものだった。しかし一方で妊娠中絶を禁止してし

まえば望まれぬ子供が密かに増加する危険もあったので、胎児と子どもの生存権は実は保守派の主張の弱点となっていた。したがって妊娠中絶は可能であっても容易であってはならないとし、さらに里親制度の充実も要請したのは、革新派の主張を判決の基本としながら、運用レベルで保守派の意向を取り入れる工夫だったのである。

(3) 問題解決における創造性

　集団的な意思決定が妥協を超えて本質的な問題解決に到達する可能性について、創造的交渉として大事なのは、第1にありとあらゆる人々の立場や利害、物事の優先順位を徹底的に調べ上げたことである。第2に今回評議されている2つの事柄は根本的には両立することが難しい問題なのであり、相互の譲り合いや妥協を基本とする分配的交渉や統合的交渉の要素は必ず含まれることである。第3に、対立する2つの立場をどれだけ精査して妥協点を探っても解決は不可能であり、双方が極論を封じて中道的な態度を取っても良いと思わせるに足る、より上位の普遍性を有する価値基準を提示することである。第4に抽象的レベルでの議論と運用レベルでの議論を区別して、新たな価値基準によって照らして出された政策課題が絵に描いた餅とならぬように現実的な政策パッケージを提示する必要がある。そうすることで異なる立場の人々の主張をすくい上げる選択肢も増える。

　このような創造的な問題解決能力を彫琢するには何が必要だろうか。例えば以下のような比喩で人間の知性を捉えたら、ちょうど分かり良いと思う。人間は心の中に百科事典を携えていて、外界からの刺激に意味を与え、自身の掲げる目的や奉じる価値観と照らして有効な行為選択を行う。百科事典にはいろんな情報が含まれているが、具体的には真善美にかかわる様々な価値観や社会規範など、事物や概念に対する定義や意味、社会や人間に関する理論や因果メカニズムなど、対象を操作するための方法やノウハウ、個人的経験に基づくエピソードやそれへの評価などが含まれると考えられる。こうした情報が階層的かつ部分的にショートカットを含んだハイパーテキスト型に組織されている状態こそが、創造的交渉のための上記の4条件に非常に有用であるはずである。

　この百科事典が内容豊かであれば意思決定や問題解決がより包括的・本質的

になるだろうし，貧相だとそれなりのものにしかならないだろう。特に対人的な相互作用の場面では百科事典の相性がかなり効いてくる。つつがなく意思疎通を行い，社会的な秩序を保つためには，ある程度のレベル感や内容的な互換性がないと難しいし，ズレがある場合にはそのマネジメントのノウハウが要るはずである。

いわゆる科学や学問が教えてくれるものは，あくまで平均化された人間の姿や社会の長期的趨勢に過ぎないので，この百科事典をより豊かにするためには一面的なものと言わざるを得ない。役人になるのであれば，むしろ積極的にその方が良いかもしれないが，必ずしも胸に響くものではなく，世界を動かす心のエネルギーはここからは生まれない。心の中の百科事典は高度に個人的なものであり，不完全で偏りがある。真善美といった価値観や規範に開かれたものであり，短期的で視野が狭い。それでもイノベーションを成し遂げた人々にとっては，それが世界のすべてだったはずである。そこに何らかの真理があったからこそ，たった1人の戯言に周囲が突き動かされたのである。

本書を通じて論じた辺境革新論の示す通り，現実にイノベーションへ到達することは容易ではないし，しばしば社会の中で追い詰められて初めて気づくきっかけを見逃すことなく捕まえることが最も大切である。ここで述べているのは，それを成し遂げるための素地の問題である。すなわちより創造的な問題解決を目指してイノベーターへの道を目指すのであれば，この百科事典の充実を目指すべきである。科学や歴史，そして個人的な経験や他者との出会いなどから総合的に学んで普遍性と特殊性をともに追求し，平均化された世界の内側にあるミクロ世界の複雑怪奇な景色が以前より少しだけ明るく見えるようになれば，それが新たな道への第1歩であると我々は信じている。

6　逸脱者＝イノベーターという視点

最後に，本書の主たる関心事である「空気」をリフレッシュするための創造的な問題解決が，最終的に社会レベルでどのような帰結をもたらすのかを明らかにする必要がある。この点を考える上で，宝月のフレームワークはシステムの適応的な自己変革の可能性も加味したものになっており，参考になるだろう。

彼によれば社会生活は構成過程（構造化によって人間がランダムな活動や単なる経験に頼る生活や偶然に左右される状態を脱して，一定の秩序ある社会生活を営めるようになる過程），維持過程（大した問題や不都合がなければ従来通りのやり方を踏襲しようとする過程），適応過程（社会生活の内外から与えられる「課題」「問題」への対応のために，時にはそれ自身の構造を変革する過程）から成り立つのだけれども，社会が全くの無秩序状態から構成過程を経て何かしらの秩序を得るといったことは，全くの見ず知らずの人々が協働作業を開始するといった場合を除いて，それほど一般的ではないだろう。従って構成過程と適応過程はオーバーラップし，一定の循環過程を想定しても差し支えないだろう。そして宝月は社会的な逸脱現象に着目した5つの中心命題として次のように整理している。

① 逸脱は社会生活において普遍的に見出される現象である。
② 社会生活において何が逸脱とみなされるかはそれぞれの生活において異なっており，相対的なものとなる。
③ 逸脱現象は多様な人々が織りなす社会生活とその変化の過程として捉えることができる。
④ 社会生活の変動は，生活の特定のシステムが部分的あるいは全面的に別のシステムに変わることを意味する。
⑤ 社会生活の変動は内的・外的な様々な要因によって引き起こされるが，逸脱やそれに対する社会的反作用や統制も変動の1つの契機となる。

ここで社会秩序に成り立たせる意味世界＝「空気」を転覆するとすれば，どのような創造的戦術がいかに生み出されるのかを論じる必要があるのだけれども，宝月のもともとの関心事は社会的逸脱行為の社会学にあり，社会が一連の過程を経て秩序とともに逸脱者を生むこと，また逸脱者は社会秩序に対して緊張をもたらすと同時に，社会生活の維持過程が環境不適応を起こした場合のシステム変革の担い手として，この逸脱者が適応過程を主導する可能性があることになる。このように考えれば，社会秩序が自らの不適応を改める引き金を自ら準備しているかのように社会生活をみなすことができるので，「空気」をリフ

レッシュする創造的な戦術がどこからやってきたのか分からないという問題をある程度回避できる。

　またエリートの周流論によれば，旧エリートは新たなエリート層を触発し，それを産み育て，さらには新エリートによって放逐されるがままとなるという論理が示されている（Pareto, 1968）。もちろんこの論理には，いくつかの反論すべき点はある[14]。それでもなお見出される魅力は，新奇なものの考え方というのは一般に非常に希少だという我々の日常知に基づいている。学術研究の場合でも，新しいアイデアだと思ったことがかつて言われていたことの焼き直しということは多い。ファッションなども，かつての流行が一定期間を経て舞い戻ってくることもしばしばである。過去に多くの人々が考えに考え抜いたことを超えて，全く新奇な何かを案出することは，不可能というわけではないにしても，非常に困難なことなのかもしれない。

　この点についてパレートの説明は示唆的である（邦訳書，25-26頁）。フランス革命時に旧エリートとして君臨していた封建貴族たちは，当然のごとく文化資本をよく受け継いでおり，当時新たに登場しつつあった啓蒙思想のことをよく勉強し，また深く影響を受けていた。ローマ教皇を中心としたカトリック教会の価値観が，ますます世俗的になって現実の政治経済にまでコミットしていく中でそれに真っ先に反感を感じたのは，啓蒙思想に触れた封建貴族たちであった。このことは，市民革命とされているフランス革命の一般的イメージとは大きくかけ離れていると言える。すなわちこの革命の主役は，啓蒙思想によって動機付けられた一般大衆であるかのように一般には信じられているからである。しかしながら当時の大衆には革命を起こすような資源も組織も存在しておらず，その立場を擁護・代弁する新エリートを旧エリートが育て上げることを経なければ，革命が実行に移されることはなかったのである[15]。

　新エリートを旧エリートが育て上げるという観点は有意義である。すなわち新奇なものの考え方はもしかしたら無数に出現しているかもしれないが，そのうち新時代に適合するものとして検討に値するものは，あらかじめ旧エリートたちに選びとられ，より有意義なものになるために育て上げられなければならない。またその選択過程で淘汰されずに生き残るためには，過去において一定の実績を有したものであるに越したことがない。すなわち我々が日頃選択肢の

束だと思っているものは，実はほんの少しずつしか本来的に新奇なものを取り込んでおらず，非常にしばしば過去の実績を焼き直して再利用することもまた当たり前に行われていると言えるかもしれない。

このように考えれば，昔から様々な分野で認識されていた異質性との出会いによる意図せざる効用について，少し違った見方ができるはずである。

社会には様々なカテゴリーで人々を括ることがあり，その境界線をまたぐ越境者の異質性に，新奇なものの考え方の源泉を求めることが多い。我が国の経済史では，大塚久雄が新しい経済体制が生じるのは常にその時代時代の辺境地域からだという認識に立っているし，民俗学では折口信夫が沖縄のフィールドワークに基づいて「マレビト（稀人・客人）」（社会の外からやってくる霊的存在）を自身の学問の中核に据えたという。そうした古典とされる人々の著作から刺激され，現代でも様々な形で辺境革新論とでも言うべき議論がたびたび提出される[16]。

こうした主張は，社会の中核的規範に毒されていない外部からの異質な人々との触れ合いから新たなものの考え方を求めるものと言えるけれども，エリートの周流論に触れた我々は少し異なる解釈を加えることができる。例えば都市生活においてセレブリティと呼ばれる人々にとって，スラム街はまさに自分たちの社会生活から見れば全くの外側に位置するはずである。もちろんスラム街に住んでいる人々は好んで現状に甘んじているわけではないだろうし，長い歴史の中で形作られた社会秩序の中でやむなく適応を迫られてしまった，不運を嘆き悲しむべき人々なのかもしれない。そしてその人々が現況に創造的に適応するための様々な戦術が，社会秩序を転覆させるような大きな力になることは，彼らがそうするための様々な資源や組織に乏しいがゆえに，普通は考え難い。それでもなお，草の根的に何かしらのムーブメントを生み出され，アンダー・グラウンドなポップ・カルチャーが新たな時代の最先端になり得るのは，旧世代のエリートたちに見出され，育て上げられるからである[17]。

越境・辺境・外部といった概念はそもそも相対的なものなので，どこで誰が有意な人的資源となり得るかは事前に予測できるはずもない。それでも次のようなことは言えるかもしれない。新しさとは旧来の価値観やものの考え方によってすでに選択され，多くの人々の耳目を引くのに十分な水準まで育て上げ

られた，非常に希少な資源である。また，育て上げるというのが競争劣位にあるものを直接的に指導したり，資源を融通したりするというものでもないことは，第4章でも論じた通りである。そして宝月の視点に立って，社会が一連の過程を経て秩序とともに逸脱者を生むこと，また逸脱者が，社会が環境不適応を起した場合のシステム変革の担い手として適応過程を主導する可能性があるという場合，実際のところ社会が環境不適応を改めるために逸脱者を用意していると言うことも可能である。その逸脱者とは，社会にとって絶対悪であろうはずはなく，また全くの外部者である必然性もない。誰かが支配的な地位を占めればそれ以外のものは必然的に逸脱者となる。その中の一部は旧来のエリートに目をかけられ，新エリートの候補となるかもしれない。新旧エリートの交代劇は時代状況や新旧それぞれの勢力固有の事情によって起ったり起らなかったりする。また新エリートの萌芽のうちにはかつて全くの外部者だったが，適切な中継地を経て旧勢力に目をかけられるに至った者も紛れこむかもしれない。こうして新奇性は，ゆっくりとではあるが着実に社会の中に取り込まれていくことになる。このように考えれば，時代の移り変わりによって自ずと起こってしまう環境不適応を改めるために，社会がその引き金を自ら準備しているかのようにみなすことができる。そして「空気」をリフレッシュする創造的な戦術がどこからやってきたのか分からないという問題をある程度回避できると考えられるのである[18]。

　最後に我々の主張をまとめて締め括りたい。社会で支配的な地位を占める中心的なプレイヤから社会の外縁へと伸びる緩やかなヒエラルキーは，その中心をゆっくりと周流させながら全体として成長や衰退を繰り返すシステムである。昨今叫ばれるダイバーシティのマネジメントは，性別や国籍といった理由で不当に区別をされることがあってはならないという性質のものかもしれないが，ここで期待されるのは様々な新奇性の源泉としての多様性である。それは単に多様な考え方を闇雲に受容しなければならないというものではなく，中心的勢力が選んで育てる過程を経たものであるがゆえに，社会にとっては手間も暇もかけて育てた希少な資源である。旧勢力にもまた，自身に好都合のものにだけ着眼しているばかりではいけないという自己規律が求められる。また創造的解決策は新旧勢力の喧々諤々の議論の中で生まれるものであるため，それに参画

する多くの人々は自身の百科事典の厚さ（多様な考え方への感度や寛容さ）と深さ（それらを高みから包摂する哲学）を育んでおく必要がある。それには普遍性と特殊性をともに学ぶ態度が必須であり、机上での学術的知識と経験レベルの個別具体的知識の両方が必要である。これらを条件として整えた時に初めて新しさはやってくるのであり、新しさとはかくも希少な資源である以上、そのシステマティックなマネジメントは困難だが必要不可欠なものなのである。そして異質な人々との触れ合いという場合、最初は社会的弱者救済という側面が強く打ち出されつつも、本質的には多様な人々が有為な市民へと成長し、社会に対して価値を発信できるよう育て上げることが、我々の目指すべき方向性だと思うのである。

●注

1 　第1と第2の特徴について、それぞれをどの程度重視するのか、またそれらの関係についてどう捉えるかは細かく分類できるのかもしれない。例えば、知識社会学の系譜は相対的にマクロ水準の社会学を志向するために、社会過程に踏み込んだ分析を行わない傾向がある一方で、シンボリック相互作用論はその過程そのものに関心があるために、逆に社会学的な視座というよりは社会心理学的な印象を受けることも珍しくない。またドラマツルギーは社会過程の分析である一方で、ゴフマンは社会秩序の形成と持続のメカニズムを議論する土台となる視座に強い関心があるため、構造機能分析の一変種と捉えられなくもない。

　それでもなお、人々の相互作用過程という取り扱いに窮する研究対象に向き合った時、個別の差異を超えて一定の指針を与えてくれるものと我々は考えている。すなわちある一定のメタ理論を得て初めて、実証的調査で得られる現象レベルの知識を対照させることができ、従来的な認識枠組みでは瑣末なこととして無視されてきたディテールに光を当てることが可能だからである。

2 　その問題導出の過程でジャニスは、アリソンの『決定の本質』に言及している（Allison *et al.*, 1999）。アリソンはキューバ危機という共通の題材を用いて3つの異なる分析（合理的行為者モデル、意思決定モデル、組織内政治モデル）を行っている。いずれのモデルも一定の理論的前提と歴史資料に基づいて相応の頑健さを備えた議論を構成する。それにもかかわらず、ジャニスによれば、すべてを説明し尽くす接近法というのは現実にはありそうにないのであり、それらが複雑に織り成すリアリティこそが現実をよりよく説明するものであると述べる。さらにアリソンの3つのモデルは組織内のマクロ集団か、個人の認知過程にかかわるのみであって、第4のアプローチとして小集団内でのミクロ過程に注目する必要があるという論法を採用する。

3　簡単に説明すると，第2次世界大戦以前のアメリカでは，州によっては公然と人種隔離政策が採られていて，合衆国憲法の下では保障されていた様々な権利が実際には保障されないことが数多くあった。その1つがバージニア州での人種隔離法で，公共のバスに乗る時には，黒人は後ろから順番に座席をつめて座っていかなければならず，それを守らなければバスの運転手も発車させられないと決められていた。その州に普段から住んでいる黒人たちは無用なトラブルに巻き込まれたくはないし，法律の内容をよく理解していて，それに反することをしようとはしない。しかしながら，小説で描かれている「事件」は，ある黒人の旅行者の存在で幕を開ける。北部からやってきたであろう若い男女の黒人は後ろから詰めて座ろうとせず，1つか2つ，座席を飛ばして座ってしまった。このことを運転手に見咎められ，公民権運動に影響された若いインテリ風の女性は強く抗議する。このような人種差別をされるのは憲法で保障された人権の侵害である。何よりも自分たちが座らなければならないとされた椅子は壊れており，タイヤの真上で振動が激しく，病気を患っている私には座ることができない。また自分の後に乗ってきた黒人らが座れば，実際に後部座席がうまく黒人らによって占められるので，最終的には何の問題もないではないか，と。しかしながら運転手は，ルールを厳格に守ってもらわないと自分にも差し支えがあるので移動するように＜頼む＞一方で，助けを求めてバス・ステーションに駐在する警察官を2名車内に呼び込む。この警察官も（本書の読者が想像するよりもはるかに丁寧に）後部座席に移るよう＜頼んだ＞上に，運転手とともに壊れた椅子をガタガタと揺すって直して見せたりもした。結果的に彼らの＜頼み＞を受け入れ，彼女らは座席を移ることによってことなきを得た。ここまでで2時間もバスは立ち往生しており，他の乗客も安堵の様子を見せたところで「事件」が起こる。すなわち彼女が，運転手に「謝罪」を要求したのである。彼女は法律に従うことに同意はしたけれども，このような扱いをした運転手に対して紳士としての謝罪を要求したのである。ここですべての調和が破壊されてしまう。先ほどまでは苛立ちを職業意識でコントロールしていた運転手も憤激してしまい，警察官を呼び入れ，警察官も「治安錯乱および公序良俗を乱した罪」によって彼女を公式に逮捕してしまう。彼女はそこで気を失ってしまうが，これを2名の警察官が抱えてバスから下ろし，無事バスは出発するという物語である。

4　以下はその例として適したエピソードである（Weick, 1979）。

　　とても変わった方法でやっかいな事態を収拾する特別な能力を持つ警察官の話である。その警官は，人の攻撃心を萎えさせるような形でユーモアを使うことが出来る。ある時，ちょっとした交通違反を取り締まろうとしたところ，何やら物騒な様子の連中が彼を取り囲み始めた。警官が違反切符を切ろうとする時には，周囲の連中はすっかりいきり立っており，こうなると警官は無事にパトカーに戻られるかどうかすら危うくなってきた。警官はここでふとあること

を思いつき，周囲に向かって大声でこう叫んだ。「君達はたった今，君たちに奉仕するオークランド警察署の一員によって，交通違反切符が発行される瞬間を目撃したのである！」警官を取り囲む連中は，この言葉の意味がよく分からなかった。何やら当たり前のことをさもたいそうに言っているものだから，何かそこに深遠な意味でもあるのかと考え込んでしまった。この隙にこの警官はパトカーに乗り込んで，悠々とその場を立ち去ったのである。

　このワイクの引用を初めて読むと，実際のところ何を言いたいのかよく分からない。まずはジョークか何かが隠されているのかと考えてはみるものの，事実を淡々と記述しただけのような文章である。しかもその事実というのが，不良たちに取り囲まれた警官がその場の状況を大声で叫んだというもので，さらに不可解なことに，その状況に直面した不良たちは，この文章を読む我々と同様に，何を意味するのか分からずに困惑し，警官に何か深遠な意図があるのかどうかを図りかねて，最終的に彼を立ち去らせてしまう。こうした困惑は違背実験として社会学のテキストなどで取り上げられる例とそれほど大差はないので，むしろ登場する不良たちも読者である我々も感じたこの困惑こそが，違背実験を行ったときの被験者の陥ってしまう感覚だと考えられるのである。

5　社会体系によって与えられた役割の遂行というパーソンズ流の構造機能主義の考え方との差異は，以下のように示される（邦訳書，17頁）。

　　以上要するに，行為主体には人前に出るとき，他者が状況から受ける印象を，統制しようとする動機がいろいろある，と考えている。この報告は，人びとがそのような印象を保持するために用いるいくつかの一般的手段ならびにそのような手段を使用する場合に随伴するいくつかの一般的偶発事に関心を払っている。個々の参加者が提示する挙動の個別的内容，ないし現に成立している社会体系内での相互依存的活動を遂行するときに個々の参加者が演ずる役割が論点ではない。私が関心をもつのは，もっぱら参加者が他者の前で挙動を提示するときの演出上の諸問題 dramaturgical problems にほかならない。演出技術 stage-craft，舞台操作 stage-management によって取り扱われる事柄は，ときに末節のものではあるが，それらはきわめて一般的なのである。

6　このような認識は，経営学における公式・非公式組織の議論との符合が容易に想像されるが，それとの差異を見つけることはそれほど困難ではない。と言うのは，我々が想像する非公式的な活動が組織の公式目的に符合することもあるし，逆にいわゆる非公式組織も，ゴフマンにとっては1つの社会であり，そこにもまた行為主体がパフォーマーとして振る舞う余地が多分にあるからである。

7　訳者も述べるように，ゴフマンは機能主義的な人類学者と同じスタンスを採っている。1949年にシカゴ大学で社会学専攻修士号を得てすぐ，エディンバラ大学の社会人類学専攻のスタッフとしてシェットランド諸島（スコットランドの北東

200キロ，ノルウェーの西350キロに位置し，ケルトないしヴァイキングの両方の勢力圏下にあったスコットランド島嶼部の一部）のフィールドワークに従事している。シカゴ大学に提出した博士論文や『行為と演技』はこの調査に依拠したものである。また1974年の学会講演録でゴフマンは，自身のフィールドワーク体験に基づいて，人々と生活をともにして初めて知ることのできる意味世界の重要性や，その方法について若い世代に実践的なアドバイスを提供している（Goffman, 1989）。

　第2に，それにもかかわらず『アサイラム』が聖エリザベス病院という精神病院をフィールドワークの舞台としている以上，真正な意味でその人々の仲間になって自ら体験してみることがどこまで可能なのか，第三者的にはにわかに判断ができない。極論すれば患者の容態によっては，「常識」が全く通用しない場合も考えられるし，ゴフマン自身もまた，調査対象の心の中を理解しようなどとは思っていなかったと言っているという。それでもなお全制組織（total institutions）における人々の適応形態を，様々な戦術にかかわるエピソードを通じて我々に教えてくれるのだとすれば，少なくとも彼らの意味世界の中ではすべての事柄がそれなりに合理的に結び付いて秩序化されているものとして読み解こうとしていると考えられる。

8　グレイザーらのゴフマン評はやや手厳しく，「様々な事例比較を通じて，ある種の内的論理によって創出・構築された理論を論証するものである。ある程度までは彼の理論はデータ密着型とみなし得るけれども，それがどの程度なのか，またどういう論拠によってなのかは，明確にはなっていない」と述べている（Glaser and Strauss, 1967）。彼らはゴフマンの著作を様々に駆使されるエピソード群を比較事例研究の実践例であるとして，その機能を次のように認めている。第1に，比較事例は公式理論の構築のために用いられる。第2に，そうした比較事例は読者のフレームワークの理解を補助するものである。その一方で，ゴフマンが「例外事項や反証的な事例の分析はほとんど行っていない」点を問題視しており，比較事例の選び方が「ご都合主義的なサンプリングが，我々のいう理論的サンプリングでなし得るよりも不満足な一貫性の原因となっている」と述べる。

9　こうした組織の統治機構に対する相対的無関心の分かりやすい例として『踊る大捜査線』の2003年作品『レインボーブリッジを封鎖せよ』の名場面を紹介したい。警察官としてこれまでも優れた実績を上げてきた青島刑事ら捜査員たちだったが，このエピソードでは成長途上にあり日々変貌を遂げるお台場の街に紛れるゲリラ犯に翻弄されることとなる。軍隊のように厳格なヒエラルキーの末端を構成する警視庁湾岸署にとっては，今まで直面したことのない究極的な不確実性であった。そこで優れたリーダーである室井管理官は，こう言って全捜査員に発破をかける。「捜査員にかかわらず，役職や階級も忘れてくれ…全捜査員，聞こえるか。自分の判断で動いてくれ。本部への報告は厳守。現場の君たちを信じる…責任を取る。それが私の仕事だ」。

　優れたパフォーマンスをあげるには，優れたリーダーも大事だが，優れた部下，

すなわちフォロワたちの自律的な試行錯誤やその成果を認めなければならない。当たり前に聞こえるが，かえって「リーダーでなければできない仕事とはいったい何なのか」が分からなくなってくる。青島刑事が犯人逮捕に成功した陰で，室井管理官は，関係省庁に無断でレインボーブリッジを封鎖したことを弁明するため，警察庁長官に電話かける。そうしたリーダーの苦労を知るよしもない青島刑事だが，最後には「室井さん，痺れるような命令をありがとうございました」と謝意を伝える。確かに室井管理官の台詞には痺れるが，正直なところ分析的には理解しづらい。

10 組織に対する相対的無関心という観点によって，組織の意思決定が一面的なものにならざるを得ないにもかかわらず，多くの人々がそれに甘んじていることも説明がつく。ワイクは，次のように述べる。合理性は主として少人数の集団に特徴的であり，大きな組織にはいついかなる時点でもいくつかの異なる矛盾した合理性が存在している。もし行為者が限定された合理性しか持っていないと仮定するならば，決定と言ってもそれは局部的問題解決に過ぎず，それゆえ分析も簡略化され，短期的な勧告という形となる。

11 脚注9に登場した室井管理官のリーダーシップについて考えてみよう。警視庁のいろいろな部署や各省庁の責任者（リーダー）たちは，それぞれのプライオリティ・リストに基づいて，肝煎りの案件を抱えている。それを上位の意思決定機関で公式的に承認してもらうには，他のリーダーたちと良好な関係を常日頃から維持しておかねばならない。彼らは自分にとって相対的に重要ではない案件については無関心を装い，貸しを作る。それを貯金にして，将来自分への賛同を買い取るのである。レインボーブリッジの封鎖のような，公式的な意思決定プロセスを逸脱した湾岸署の行動は，その変則パターンである。そのような越権行為は，普通は見逃してもらいにくい。それにもかかわらず周囲が無関心を装うとすれば，それはより大きな貸しになる。今回のリーダーである室井管理官は，自分の貯金を減らしてでも，部下に手柄を立てさせたリーダーなのである。

12 創造的交渉の次元については印南（2001）を参照した。筆者なりの理解によれば，分配的交渉は短期的に固定されたパイの奪い合いを意味しており，プレイヤは自己利益の最大化を目指すことに専念すれば良い。統合的交渉の場合には，個々のプレイヤに固有のプライオリティ・リストを相互に探りながら，自分にはそれほど重要ではない点を譲歩し，相手が譲れない部分でリバレッジを利かせて自身に有利な譲歩を引き出す。時間と手間はかかるが，結果的に双方にとってパイが広がれば，分配的交渉の時よりも有利ということになる。創造的交渉の次元では，統合的交渉の時よりも格段に多くの変数について議論し合い，時間的制約をおかずに本質的な問題解決を図ることが求められる。分配的，統合的，創造的の順で後者が前者を包摂する関係であり，相互に排他的な関係ではない。またより後者の方が，互いのプライオリティ・リストの中身をよく理解してパイを最大限大きくする必要性から，時間的制約から解放され，また互いに情報を開示すること，

またそれに乗じて相手を出し抜いたりしないことを保証する信頼関係が必要になる。従って交渉の次元が高度になればなるほど持続的な関係性が有利だし，またより本質的な問題解決を通じて双方にとって侮りがたい利益がもたらされること，言い換えれば裏切るインセンティブが乏しいことなどが必要条件となる。

13　この点は，劇中では「コップに半分だけ水が入っている状態」と象徴的に表現された。すなわち1つの現象に対してそれを半分入っていると言うか，半分空だと言うかで印象はずいぶん違うのであり，今回の判決で求められているのは2つの権利の二者択一ではなく，ある種の玉虫色の判決だというのである。カークランドもこのことはよく分かっていたし，自分自身も中間的な立場だったことに変わりはなかったのだけれども，この玉虫色の妥協に自分自身が与することもまた許すことができなかった。何よりも，いかに量刑が軽かろうが人生の岐路に立たされて1つの選択をした女性が，殺人を犯したと国家によってお墨付きを与えられてしまうことが許せなかったのである。

14　例えば革新的な狐型エリートの台頭を準備するのが保守的なライオン型エリートだとして，またその逆もまた真だとしても，保守・革新のたった1つだけの軸でエリートの政治的立場を表現し尽くすことはできないだろう。他の軸を導入することによって，より複雑なポジショニングのあり方を示すことができるかもしれない。またそうすることによって，従来的な政治的立場とは全く異質な考え方の登場をより効果的に認識することができるようになるかもしれない。卑近な例で言えば，郵政民営化の広報戦略を受注した広告代理店が案出した小泉政権支持基盤の類型論は適菜（2012）の中で広く知られるに至った。保守・革新軸に加えて社会階層軸を導入して，典型的な狐型エリートである小泉政権に強い共感を抱きながら社会階層上はそれほど高くには位置しておらず，また情報格差の中で劣位にある人々を「B層」と呼んで主に広報戦略のターゲットとしたというのは，上述の議論の応用例と言えるだろう。

15　ここで言う新エリートとはブルジョア階級であり，封建貴族の中にはブルジョア階級を抱き込みながら新時代に適応していこうとする者もあったけれども，趨勢として彼らは，自分たちの既得権益を守るために戦う意欲を大いに欠き，むざむざとギロチンに送られていったという。パレートはこの心性を「人道主義的懐疑主義」と呼んでおり，エリートの交代劇の必要条件として挙げている。すなわちノブレス・オブリージュとして，一方では農奴たちを搾取しながらも，他方では気前の良い施しや寄付を良しとした心性が抜け切らず，温情をかけて育ててやっていた新エリートたちの手によって処刑台に引きずっていかれたのである。興味深いことに，封建制度が崩壊して共和制に移行すると，ロベスピエールを中心とした新エリートたちもまた，旧エリートたち同様に一般市民を支配し，搾取した。一方で産業社会の進展は一般労働者の生活水準を引き上げ，その後の社会主義運動の萌芽を生み育てたという意味で，ブルジョアたちはかつての封建貴族らと同様の役割を担ったと言うことができる。ただし旧エリートたちの戦う意欲の喪失

はエリートの交代劇の必要条件であり，必然的に旧エリートの勢力が後退する理由は必ずしも明らかではない。

16 例えば畢（2015）のサンフランシスコ市におけるチャイナ・タウンなどに注目し，観光地としての再開発はあくまで草の根的な運動によって支えられていること，とくにその主たる担い手が移民であるため，貧しさゆえの改革能力の乏しさがその地域のユニークさを彩っていることなどを報告している。

17 畢（2015）はアメリカという先進経済大国におけるチャイナ・タウンの積極的役割を次のように述べる。チャイナ・タウンは新たな移民がまず最初に根を張る場所となるが，彼らの面倒を見るボランティアやNPOのスタッフは，かつてチャイナ・タウンで暮らし，勉学や経済活動を通じてそこから抜け出ることができた一部の優秀な人々であるという。彼らは有意な人的資源としてアメリカという巨大移民国家によってシステマティックに選び出され，高等教育や職業的訓練の機会を与えられた人々である。すなわちチャイナ・タウンは，移民を受け入れる上での中継地点として重要な機能を果たしていると考えられるのである。

18 このメカニズムの組織論的な含意はもはや明らかである。Lave and Wenger（1991）やWenger et al.（2002）が描き出した師弟関係を構築する緩やかなヒエラルキーが旧勢力を中心にして社会の外縁に向かってなだらかに広がっている。この種の社会構造は，固有の逆機能を有することが知られてはいる。例えば師匠に当たる個人の属人的特性によってその下に働く人々の命運が左右されてしまうとか，身内に甘く外部者を排除する傾向があるとか，自身の社会的威信や経済的メリットを維持するために知識や技能を独占するといったものである。その一方でこの種の組織はきわめて非公式的なものであるため，構造的に柔軟であると同時に不安定であり，ライバルからの競争圧力が常にかかってくるために，一定の規律はある。またそのライバルは，かつての弟子であった可能性もあるのであり，逆機能へのカウンターバランスが常に供給されている構造と言うこともできよう。

補 遺
GaN系青色LED開発の先駆者
Herbert Paul Maruska博士へのインタビュー抄録

1 はじめに

本章ではこれまで十分には光の当たってこなかったHerbert Paul Maruska博士（以下，Maruska氏）の業績を称え，かつて筆者が行ったインタビューの内容を，一部編集を加えて掲載する。インタビューは2004年10月15日にサウス・カロライナ大学のMaruska氏のオフィスにて行われ，昼食や研究施設・市中の見学等を合わせると3時間以上ご一緒していただいた。

第2節には，インタビュー抄録の要約を掲載したので，第3節のインタビュー抄録を読む前に内容を大きく掴むために活用されたい。第3節のインタビュー抄録は大部なものになるので，とくに重要ではないと思われる部分について，適宜割愛した。章末には，参考資料としてMaruska氏からのレターの一部を掲載した。インタビューで話し言葉で語られたものとは別に，Maruska氏が公式に認める青色LED開発史ということになろう。

翻訳には技術的な内容も含まれることから，半導体の結晶品質や発光効率の問題については元富士写真フイルム株式会社機器事業本部長・技術主幹，元一橋大学イノベーション研究センター教授，元東京理科大学総合科学技術経営研究科教授の宮原諄二博士（以下，宮原氏），またパワー半導体については株式会社パナソニック・システム・ネットワークス開発研究所の滝秀士氏および今川保美氏に指導を得た。

2 インタビューの要約

RCAは1919年にGE（General Electric Corporation）のOwen D.Youngが無線通信事業を確立したアメリカン・マルコーニ（American Marconi）を買収し，名称を変更することで設立された。従って，本文中のDavid Sarnoffが創立者というわけではない。むしろ現場からの叩き上げ経営者というイメージに合致する。Sarnoffは1971年に亡くなっており，その前年に息子へと経営権が譲られたようだが，この頃に経営多角化が進められたようなので，本文中のRCA解体への道筋はこの時期のことを指しているようである。またGEに買収されて解体されるのが1986年であり，またオイル・ショック後に政府が，エクソンなどの石油会社に対して代替エネルギー開発への圧力をかけた（カーター政権下の1977～1981年）との言及があったので，RCA内部での化合物半導体に対する研究開発投資は，買収されるかなり以前の段階で削減されていたことが見て取れる。Maruska氏とGaN系青色LED開発の運命は，当時の政治経済事情に大きく翻弄されていたことが本文からうかがわれる。

251

GaN系の研究開発は，ベトナム戦争を背景として軍事予算や防衛支出が大きく膨らみ，理工系研究者の公的育成や民間企業での基礎研究所の設立を促した時代背景の中で，修士号を得たばかりの彼がon-the-jobトレーニングの一環として始めた研究活動の1つだった。その後1970年から74年にかけてRCAの支援を受けてスタンフォード大学で博士号を取得する。その過程で最初の青色LEDを開発した。学位を取得後にRCAに帰ってみれば，所属する研究室は解散の危機に見舞われていた。その結果エクソンに転職して太陽光発電の研究に携わるが，そのプロジェクトもレーガン政権時に代替エネルギー開発への関心が薄れる中で頓挫する。本文中でそれ以降のキャリアについては，あまり語られていない。2003～2005年のサウスカロライナ州立大学 Department of Electrical Engineering の研究教授となり，その後はSETというスピンオフ企業のコンサルタントを務めたのが，現在確認できる最終経歴である。

　本文最後に登場するGaN系LEDで，高水準の結晶欠陥がありながらもうまく発光するメカニズムについては，インジウムの添加と量子井戸構造（quantum well）と呼ばれるものによる効果とされている。量子井戸構造は，本文中では量子ドット（quantum dot）と呼ばれている。インジウムと窒素の原子数個レベルの集まり，ないしは原子サイズでの不均一結晶（局在状態）が，非発光再結合を促してしまう結晶欠陥（転位）よりも正孔を引きつけ，発光再結合を促しやすいと説明されているようである。素人の想像で言えば，ゴツゴツの砂利を積み上げたのを多結晶の状態だとすると，サラサラの砂を積み上げたものが量子井戸構造と言えようか。またこの局在状態の応用は，他の半導体材料を用いた発光デバイスでも有望視されている。

　また白色LEDについて，本文中に登場するのは，紫外光を発するLEDに蛍光体を添加したパッケージをして，従来の蛍光灯と類似の方式で白色光を取り出す方式である。ただし当時は電気エネルギーを光エネルギーとして取り出す効率（内部量子効率）が0.01％と非常に低かった。現在一般的にどの水準の出力が可能かまでは分からないが，紫外光LEDを利用する方式には技術的優位性がないわけではないので，現在でも有望視された選択肢のようである。すなわち日亜が実用化し現在でも広く用いられている方式は青色LEDを利用し，黄色光に変換する蛍光体との組み合わせで擬似白色光を取り出すものだが，紫外光を利用したものは演色性に優れている（自然光に近い）と言われているからである。

　最後に，GaNのパワー半導体としての用途について述べられた。SiCと並んでGaNは大電圧下でのスイッチングが可能とされている。従来品はSiベースで構築されているが，電力変換容量が高まるほど高速なスイッチングが困難になるとされており，電気自動車やスマート・グリッドの普及，再生可能エネルギーによる発電事業の拡大などは，パワー半導体普及を後押しする要因となっている。またスイッチングのための電力損失が低減できることから，省エネルギー化の期待が大きいこと，またデバイスの小型化によってあらゆる電化製品にも実装可能といった利点がある。

　Siのようにバルク単結晶の作成が困難なため，現在Siウェハ上にエピタキシャル成長させた単結晶ウェハが活用されている。基本物性の観点からはGaNがSiCを上回るが，熱伝導についてはSiCが優れており，またバルク単結晶の開発も後者が先行しているようである。ただしGaNはLED関連の生産量が圧倒的に多く，規模の経済性を活かして低価格化できる

利点がある。またデバイスが小型化できることから，将来的には単結晶ウェハの小ささもそれほど不利ではないと考えることも可能である。こうした実用性の広がりが，GaN 系デバイスへのさらなる研究開発努力を誘発し，アプリケーションが拡大し，技術的限界が乗り越えられていくことは，Si と GaAs の研究開発競争の歴史を振り返っても明らかであり，今後の発展が見込まれるところである。

3 インタビュー抄録

Maruska：アメリカで青色 LED が開発されず，その代わりに日本で開発されてしまったのはなぜか，お話ししましょう。なぜなら日本の人々は，実際に非常に賢かった。この仕事を完遂するすべての事柄について。科学的な観点からは必ずしも賢いとは言えなかったかもしれないが，多少なりとも優れた視点を有していた。これが最初の GaN 系青色 LED だ。

藤井：ああ，やはり暗いですね。

Maruska：これは1972年7月7日に作られた，最初の GaN 系青色 LED だ。32年前になるね。

藤井：お話は，この LED についてのことなのですね。

Maruska：そうだ。だいたい1965〜6年ごろ，アメリカはベトナム戦争に巻き込まれていった。この戦争は，共産主義者が世界を支配することを防ぐための戦争だと教えられた。日本人を含め，人々が共産主義者の台頭を今でも恐れていることは私も疑っていない。中国も共産主義となったわけだし，我々より日本人の方がはるかに脅威と感じていたはずだ。彼らは兵力を増強し，多くの金を軍備につぎ込み始めた。共産主義への戦いへの努力が積み上げられる中，政府は防衛産業への支出をますます増加していった。多くの研究者も雇用された。工学系の学校も数多く設立された。学生も増えた。すべての学生はアメリカ人だった。留学生ではない。規模拡大は止まることなく，若い人々をこの領域に駆り立てていった。

　RCA はすでによく知られた会社であり，当初家庭用やエンターテインメント用の製品を作っていた。ラジオやテレビといったようなものだ。それが今や防衛産業にも関わるようになった。彼らはますます多くの研究者や研究所に投資をしていった。そして私が電子工学で修士号を取得した時，彼らは私を雇った。初めての就職で実家を離れて，そこで働くことになった。

　彼らには非常に素晴らしい計画があった。新人に3つのプロジェクトをアサインし，それぞれ4ヶ月の期限を課すという計画だ。それで研究職に慣れてもらうという具合だ。学校では本を読んで試験を受けるだけだったので，ここにきて実際にプロジェクトに加わって研究をするチャンスがやってきたわけだ。そして私は Jacques Pankove のプロジェクトにアサインされた。それが彼に出会った最初のきっかけだ。

　彼がやっていたことというのは，GaAs や GaP の直接・間接遷移を測定することだった。GaAs，GaP 合金を成長させる人たちがいて，彼らはできたものを我々のラボに運んでくる。

半導体レーザーにしてから，化合物の素性の関数として，その発光効率を測定するのが私だった。これは青色 LED のことなど何も知られていない時代の話だ。そして次のアサインメントを探すようにと言われた。それで Pankove 博士はこういう半導体材料の育て方を見てきたらどうだ？と言うので，同じ建物の別部署へ行って，J. J. Tietjen の名前に出会った。J. J. Tietjen は半導体材料の研究室のマネジャーだった。彼は，ここでアサインメントをやってもらうことにしよう，今使っていない反応器があるから，と言って私に GaAs の結晶成長をやらせた。

藤井：では最初は Pankove 博士のプロジェクトに入っていたのですか。

Maruska：そう。

藤井：次には Tietjen 博士の。

Maruska：そう。ただしあまりうまくいかなかった。4ヶ月経って，Pankove 博士のプロジェクトをやりきっていないので，2ヶ月の延長を願い出た。オーケーが出た。だから私は6ヶ月その作業を行ったことになり，論文をパブリッシュすることもできた。また Tietjen 博士のプロジェクトでも2ヶ月の延長を願い出て，許可をもらえたのだが，最後には，君の期限は終了したが，まだ2つしかアサインメントを完了していないと言われた。それで私は，結晶成長のプロジェクトに居させてもらえますかと尋ねたら，また良いよという返事だったので，そこで私は定職を得ることになった。
　私は修士号しか持たず，中央研究所において，どんな大学でも同じように，博士号を持っていないなら，他の人々と対等には扱ってもらえなかった。私はまもなく，それが多くのことで妨げになることを気づくことになる。中村氏は博士号を持っていなかったはずだけど，それが妨げになることはなかったと承知している。私の場合には違った。
　そしてベトナム戦争が本格化し，学生の徴募も開始され，次々とベトナムへと派兵されていった。私は戦争には行きたくなかった。そこで RCA で働く間，研究費が国防総省から出ていたことから，国防に携わるものとして登録してもらえた。毎年書類が作成されて，派兵以上に重要な任務に当たっているとする承認手続きが取られた。おかしな話なんだけども。
　1968年5月13日，Tietjen 博士が研究室に入ってきて，アイデアがあると言った。彼が思いついたアイデアだ。我々は GaAsP 赤色 LED を持っている。また N ドーピングの GaP 緑色 LED を開発したところだ。もしも青色 LED の作り方が分かったら，フラット型の TV が作れるし，絵みたいに壁に掛けることだってできるはずだ。こうしてフラット型 TV のアイデアを思いついた。あまり世間には知られていないけれども。彼はこの領域全体を統括するマネジャーだったが，この栄誉に預かる資格は十分にあると思う。彼がこのすべてのきっかけを作ったからだ。
　「君，GaN を作ってみないか？」私は反応器に近づいて行ってアルシンのカートリッジを外して，アンモニアのシリンダーを取り付けた。そしてシリコン基板，GaAs 基板の上に GaN を成長させようとしたが，アンモニアが基板と反応して無茶苦茶なことになった。他

の人々に相談に行くと，1人がこう言った。サファイヤのウェハがあるよ。親指の爪ぐらいの大きさに過ぎなかったが，当時としては最大の規模だった。分けてあげるから，それで試してみたら。それをもらって結晶成長をしてみたところ，サファイヤは不活性で腐食もなく，反応しなかった。そこでサファイヤが基板として選択肢になると明らかになった。言わば偶然の産物であった。

当初，1930年から1940年代に書かれた初期の論文を全部読んだが，ほとんどドイツで行われた研究で，低温での分解・変質について語っていた。Lorenz Binkowski のこの論文では，真空状態で600度で窒素が抜け出してしまうことを示していた。もちろん低温バッファ層の作り方として，多結晶かアモルファス状態の何かしらを使うことは現在では知られた方法だが，当時は知らなかった。気相成長法でその結晶成長を行ったものはかつてなかったし，こういったことが起こるということも全く知られていなかった。私が成長した材料はすべて多結晶質のものだった。

藤井：Lorenz Binkowski の研究について，もう少し教えてください。

Maruska：GaN の粉末を真空中で熱して，窒素ガスが600度で放出されることが彼らの測定法によって発見された。そこで私は500度，400度で成長させてみた。すべての薄膜は低温での成長で，と言うのは高温では気相化すると考えていたから。まあ，私がそのプロセスを理解していなかったということだ。自分自身のやっていることをきちんと理解していないというミスだ。結晶成長の条件が得られたということはそれが分解するということはない。真空中で加熱している時，分解する。

いずれにせよ，こうしたプロジェクトが始まったのは，RCA が当時国内で最大のカラーTV メーカーだったからだ。当時から壁掛けテレビの構想はあり，絵画を壁に掛けるようにしたかったわけだ。フラットパネル型 TV を作るのが GaN の結晶成長の経済的な駆動力だった。

藤井：LCD も同様の動機で開発が始まったと聞いたことがあります。

Maruska：そうだ。

藤井：それは同じ時期なのですか？

Maruska：同時期だった。RCA は誰よりも早かったのだが，その後オーナーが死んだ。その会社を創設した人が高齢で亡くなったのだ。それがこの会社の最後だった。Nichia の創業者は生きているのか？きっととても高齢だろう。例えば100歳とか。しかし亡くなってはいない。

RCA の創業者である Sarnoff は70歳で亡くなってしまった。彼は学はなかったが，ビジョンがあった。彼は高校にも行ってない。学歴は皆無だったが，人々の英知を集め，これをやれというビジョンを持っていた。FM ラジオを作り，カラー TV を作った。これらが RCA

で発明されたのは，彼が次のようなビジョンを持っていたからだ。サイエンスのことは分からないかもしれない。ただ私は最高の人材を雇って彼らにとにかくやってくれと言うだけだ。そして彼らがカラーTVを開発しようとしていた1952年，彼はRCA研究所のスタッフに「金勘定はするな。必要なだけ使え。コストのことでとやかくは言わない。とにかく作れ」と言った。そして成功した。彼らはシャドー・マスクを発明し，最初のカラーTVを作った。その特許もすべて取った。彼らがすべてのビジネスをコントロールした。彼には「費用はともかく，とにかくやれ」というビジョンがあった。人々は昼夜を問わず，週末も忘れて働いて，問題を解決していった。

そして彼が死んだ。この話すべてがおじゃんになった。彼の息子が後継したが，彼はこの種のビジョンを持ち合わせない，全く違うタイプの人間だった。彼が会社を倒産させたのだ。彼は相次いでミスをした。経済的なミス。創業者の息子だからと言ってビジネスの能力を持っているとは限らない。私企業の家族内での継承の問題点だ。その結果この会社は倒産した。収益はどんどん低下していった。このことがTietjenが大胆に開始した開発を台無しにしてしまったのだ。創業者の死と息子による後継がすべての問題の原因となった。我々がLEDレベルでどんな成功を収めていようが，会社が倒産してしまえば，すべてはおしまいだ。

LEDの話を締めくくるのに，1969年Pankoveは1年のサバティカルを取得してバークレーに行った。そこで彼は教科書を書いた。彼がいない間，私はGaNの結晶成長をやっていた。1969年3月5日，今何ができるか，全部多結晶だしこのままでは望みがない，と自問していた。そして，GaAsと同じところまで温度を上げてみよう，と自答した。400度とか500度の代わりに950度だ。あたかもGaAsの結晶を成長させているふりをしてみよう。アルシンじゃなくてアンモニアを使っているけれども。

そしてウェハを取り出してみたらサファイヤが透明で，何も成長していないみたいに見えて，以前の多結晶の材料は白っぽかったし，ご存じのようにそういうのは良くない状態で，小さい粒子の集合体だから。走って階下に行ってX線装置でX線パターンを撮って，輪状のものではなく6つの点が見えた。すなわち単結晶だった。これは単なる幸運と言えるし，また1年間もの間取り組んできて答えが見つかった瞬間と言っても良いかも知れない。Lorenz Binkowskiが何と言っていようが，アンモニアを流している間は気相化は起こらない。なぜなら前方向の結合反応は起こるけど，逆方向の分解反応は起こらないということだ。それで当然のごとくありとあらゆる条件出しを行って，より良い品質を得ようとして，物性の評価を行った。

1970年1月Pankove博士がバークレーから戻ってきて，私のところを訪れて何をやってるかと尋ねた。そして私は，これを見てください，これGaNです。誰もが初めて見るものですと言った。彼は，それでは一緒に再現性を確認しようではないかと言ったので，私は，もちろんです，是非やりましょうと答えた。分からないけど，私は25歳で年若い1研究員に過ぎなかったし，彼は先輩研究者だったし。そして彼はあれをやれ，これをやれと指示を出し始めた。私は指示通りにやり，彼は測定や物性評価を行って，ともに品質を高めるべく協力した。

そして26歳になると，軍への徴募はなくなっていく。ベトナムへ派兵するには高齢過ぎると考えられていたからだ。徴募される心配からも解き放たれた。私は大学院に戻って博士号

を取得したいと考えるようになった。1969年秋，1970年に26歳になることは分かっていたので，良さそうな大学院はどこかと尋ねて回っていた。私は物質科学分野に進学したかった。今の研究を続けるために。1970年1月にはたくさん出願をして，全部合格通知を受け取った。私はすでに4年もの経験を企業の中央研究所で積んでいたから当然の結果だった。私はそこらの学生とは一味違う人材だったわけだ。

当時のRCAにはDavid Sarnoff奨学金があって，学費に加えて月給を支払ってくれた。申請書を記入して，Jim Tietjenは彼の上司に対して私がGaNで非常に良い仕事をしたことを話してくれて，奨学金を払ってやるべきだと主張した。そしてこのRosey博士のところを訪ねて，彼は，分かった，学費は面倒を見よう，しかし2つ条件がある，私が学校を決めると言った。Rosey博士は学校を決めようとし，お前はGaN系青色LEDの研究をしなければならない，それが可能な大学を探してやると言った。私は，分かったと。良い条件だと思ったからだ。

書類に全部サインをして，スタンフォードへ行けと言われた。我々はいつもスタンフォードの卒業生を雇いたかったのに，うまくいかなかった。ノース・イースタンからはたくさん来てるし，プリンストンやペンシルベニアもいる。しかし私は西海岸の教育的バックグラウンドを持っているやつに会ってみたいんだ。私は，またもや分かったと二つ返事をした。サンフランシスコに行くことやその他のことが，全部本当に面白そうだと思ったからだ。

早速私はガールフレンドと結婚をして，彼女についてきてもらうことにした。来年で結婚35年になる。彼女はついてきてくれた。そうしてくれた方がお互い都合が良かったし，会社は学費をすべて払ってくれて，生活費も負担してくれた。RCAは1970年代はまだ財政状態も良く，それが可能だった。サンフランシスコに引っ越し，授業に出席し，指導教員を探した。私はお給料要りませんよ，と言って回った。彼らにとっては理想的な学生だ。無償で研究をしてくれる学生なのだから。Stevenson教授はおもに電子化学を専門とし，この話に興味を示した。

彼には半導体の知識はなかったし，実際問題としてあまり良い選択というわけではなかった。これは本当にミスだった。しかし彼はRCAのテーマをやらなければならないという条件を喜んで受け入れてくれたし，彼のテーマはしなくて良いということだった。他の指導教員たちは私を受け入れなかった。他所から口を出されて研究してもらっても困ると考えたからだ。おかしなことに，実際にはPankoveが指導教員だったようなもので，Stevenson博士はそのトピックに全く精通していなかった。彼は人柄も良く，様々な事務的な事柄には快く協力してくれたが，技術的にはあまり助けとはならなかった。以上の理由で，Pankove博士を私の指導教員とみなしている。

彼が何をしていたのか，これまでどうだったのか，どんな内容の仕事かなどを尋ねて，インターネットなんてものはなかったから電話で議論をして，いろんなプロジェクトをやった。私は同じ反応器を作って，それは現在，気相成長反応器と呼ばれているものだ。博士号請求資格審査をパスして，実験を開始しようとした。しばらくの間私はRCAから物理的に離れてはいたが，彼らはそのトピックをやめるということはなかった。その代わりEd Millerという名の男がいて，論文でPankoveと連名で出ているはずだ。彼がGaNの結晶成長をやっていた。もし興味あるなら，Ed Millerが1971年に書いた手紙があるから，興味があるなら

コピーを差し上げよう。古い論文に当たれば，Miller がいっぱい出てくるから，その人物だ。彼は結晶成長を始めた。私がコースワークをやっている間に，彼は何とか緑色 LED まで実現した。亜鉛をドーピングした最初のもので，最初の論文の数本は RCA の Pankove と Miller ということになっている。

そして私が結晶成長を始めた時，亜鉛はうまくいかない，P 型化できていない，他に何か方法はないかと言った。周期表を見て私は，マグネシウムはまだ試してないよね。我々はいつも周期表の右側ばかり使ってきた。亜鉛とかカドミウムとか水銀とかを P 型化の時に使っていた。マグネシウムを試してはどうだろうか。GaAs でも試されてないし，それにあれは蒸気圧が高いし。そこでいくつかのマグネシウム・ボールを反応器に入れて気相化した。蒸気圧が高いから。

それから間もなく，1972年にはこの LED の開発に成功した。照明下でも視認可能でしょう。とても明るいわけではないが，十分に明るいと言っても良い。それができてすぐに，博士論文審査委員会に行って，LED ができたから博士号をくださいと言った。すると，いやいや，そういうわけにはいかないと言われた。あなたのアサインメントはそのオペレーションを説明するモデルを作ることだ。確かにその通りで，さもなくば論文は空疎なものになるに違いなかった。

そこで踵を返し，物性評価やら測定をたくさんやった。そこで発見したことは，すごく興味深いと思う。何百時間も走査電子顕微鏡にデバイスを入れていたので，何が起こっていたかはともかく，性能が上がることは一切なかったということだ。電子ビームを何度当てようが，何も起こらなかった。その原因はその材料が非常に品質の悪いものだったため，性能の上がりようがなかったのである。この点が赤﨑 勇の非常に重要な点であり，もしかしたら中村より重要かもと思う。もしも赤﨑・天野が高品質の結晶成長を成し遂げなかったら，中村も私と同じことに直面したはずだからだ。気相成長法で作成した材料は非常に品質が悪かったので，改善することすらできなかったのである。問題は酸素やシリコンの汚染が酷かったために，マグネシウムをどれだけドーピングしようが P 型化がうまくいかないのである。

私の意見では，赤﨑・天野が最大の貢献をしたと思っている。と言うのは，この国で関心が全く他所へ向かっている間，研究を続けていたからだ。非常にゆっくりと，しかし方法的に非常に慎重に。バッファ層を思い付き，結晶品質を高めるあらゆる条件を明らかにした。彼らがいなければ，何も成し遂げられなかったであろう。GaN 結晶成長のヒーローは彼らだと思う。非常に素晴らしい仕事をした。論文もたくさん書いた。彼らは自らの歴史を整理して見せた。非常に，非常に素晴らしいものだ。

しばらく後に，RCA は論文をまとめるのに 3 年の猶予をくれた。期限が切れた。昼夜なく物性評価や測定を行い，論文を書き上げた。もしも 3 年でできなければ首だとも言われていた。1973年末頃，彼らは呼び出し始めた。帰って来い。我々は今そのプログラムを74年に向けて拡張しようとしている。よりたくさんの人々を雇用するつもりだ。1月1日に帰って来なければ，首にする。仕方がないので私は狂ったように作業を進めた。コンピューターもなかったし，すべて手作業だ。図表なども非常に苦労した。

すべてを書き上げ，1月2日に戻ってみたら，RCA は完全に崩壊していた。粉々になっ

ていた。収益は激減していた。空っけつになっていた。Tietjen 博士は私を呼んで，Pankove 博士も入ってきて，彼らはこう言った。これ以上 GaN の研究を続けられない。金がないんだ。プロジェクトは解散した。突然の終焉だった。

　Stevenson 教授は，大学に残ったらどうだ。ポスドクのポジションを与えよう。スタンフォードでその研究を続けて大学教員になれば良い，と言ってくれた。ただ，RCA がすべての費用を支払ってくれていたので，私は義理を感じていた。私はそうする必要もなかったし，彼らも私に戻れと強制することもできなかった。奴隷でもあるまいし。しかし良い人間であろうとしたし，戻って彼らのために働いて，私のために投じたお金を私が稼いでやった方が良いと感じた。しかし戻った途端に会社が崩壊した。だから Tietjen の間違いではなかったし，彼は新しいプログラムをやめたくはなかったのだが，結局多くの人々を解雇し，外に放り出さなければならなかった。彼は私に対して，君は Ph.D. を取ったばかりで，新たなキャリアをスタートしようとしている。私はあなたを解雇する。あなたを雇っておくお金がないからだ。これで終わりだ。すべてが終わってしまった。

　私は会社に 1 年ぐらい在籍して，初期 MOCVD の 1 つを構築して，それが本当に良い反応器だった。MOCVD での結晶成長にすぐに移行できたはずだし，1，2 年のうちに理想的な高品質結晶を得ることができただろうし，76 年までには青色 LED を構築できただろう。しかし RCA が倒産して経済的に破綻してしまい，会社は存在せず，私が Pankove 博士の研究成果はどうでもよくなってしまった。我々はもうおしまいだったのだ。彼はコロラド大学に移っていったし，私はエクソン（Exxon）に移った。すべてのプロジェクトはここで中断となった。

藤井：石油会社のエクソンですか？　ずいぶん研究ニーズが違うと思いますが。

Maruska：そうだ。理由はというと，オイル・ショックの到来でガソリン価格が上昇していたので，エクソンは太陽電池ビジネスに参入することに決めたからだ。彼らは大量にその分野の人材を雇用した。それでエクソンに移ったわけだが，受光素子と発光素子は似たようなものだし。[音声不明瞭，おそらく GaN] の代わりにシリコンを使うが関連性があるし，相互に補完できる部分があった。このプロジェクトに対してエクソンは 1 億ドルを投入した。この企業はきわめて裕福な企業だったからだ。ただお金はあったのだが，それをどうして良いのか分からなかった。そして 1 億ドル使ったところで，彼らはやめてしまった。そのプログラムも停止した。誰か上の人間がそういう風に決めたのだ。

　これらのことが，いかに経済的な事情によって推し進められてきたかを見ると非常に興味深い。石油会社が代替エネルギーの開発をやるというのが非常に理にかなっているという点だ。RCA のような企業が代替エネルギーの開発をすると言うのなら，あまり意味がない。彼らは家電製品の企業であってエネルギー市場のことなどよく理解できないだろう。エクソンならそれが可能だ。彼らの土俵だ。マサチューセッツ州に世界最大のシリコン太陽電池工場を有していた。世界中に供給もしていた。しかも赤字で。彼らはソーラー・パネルの費用を価格転嫁しなかった。ただ赤字を甘受した。モービルも同じことをした。ソーラー・パネルを製造した。赤字で販売もした。カーター政権の時，政府から石油企業に対して，エネル

ギー問題への何かしらの対応や中東の原油への依存度を減らすための取り組みが強く求められたからだ。

しかしレーガンが大統領になった途端，もう問題ない，その点は不問に伏すとなった。業界への風当たりは途端になくなった。かように政府からの圧力というのは，石油企業に目を付け，帳簿を調べ上げて監査し，石油に対して不当な価格付けをしていると難癖をつけ，カーターは石油企業に善行を促したわけだ。ところがレーガンがやってきて，もはや何も口出しすまいと言い出した。そうすれば石油企業は，何でわざわざ将来のための研究開発をやらなければならんのか？となる。そしてそれをやめてしまった。

これは悲劇だと思う。エクソンのような裕福な企業が信じられないような資金を持っていて，彼らが1,000万ドルものお金，そんなものは彼らにとってははした金だった，を代替エネルギーの研究に使っていたのだ。そんなはした金は彼らの年次報告書のバランス・シートにも載らないほどの金額だった。しかし彼らはそれを続けることができなかった。政府がプッシュしなければ彼らはやろうとすらしないと私には思えてしまうのだ。営利企業とはことほどかような調子だ。現在の利益を最大化したいのだ。未来のことは二の次である。株主に利益をもたらしたいのだ。だから政府が再びプッシュして，何らかの対策を取らせるしかないのだ。日本の場合には，私は信じているのだが，太陽電池の実用化へ大変な努力が向けられたと思っている。LEDについても同様だ。何か違う意見があれば言ってくれ。日本は異なる視点を有していたと思うのだ。違うか？

藤井：そこはどうでしょう。

Maruska：さて最初の話に戻そう。RCAが倒産後私は去り，またPankove博士も去った。RCAは解体されGEが買収し，GEは様々な事業を他企業に売却した。犬のトレードマークも売却した。RCAの商標も売った。まだ周囲にはRCAが存在するかに見える。その企業はもはや存在しないものの，その名残は他の人々によって引き継がれている。

かようにして皆が去り，しばらくして赤崎・天野がGaN系の研究を続けた。1989年か90年だったと思うが，サンフランシスコでのMRS（Material Research Society）の学会に行って，春の学会だったのだけど，誰かが日本の研究者が明るい青色LEDを作ったらしいと言ってきた。彼らは私をその研究者に紹介してくれて，今日私のホテルの部屋に9時きっかりに来てノックしてください。良いものをお見せしますと。その通りドアをノックすると，その彼はドアをこのように開けて，私の顔の前で青色LEDを輝かせてみせた。いかがかな？と尋ねるので，私はこれは明るいと応えた。私はそれしか言えなかった。そして彼はドアを閉めた。彼らは特許を申請している最中だったので，このような対応だったのは当然だった。そして彼はどのようなことも詳細について議論しようとはしなかった。しかし非常に印象深く，また今ここにあるものよりもはるかに明るかったので，彼が解決法を見つけたのだと私は悟った。

そうすると当然のように，みんながバンドワゴンに飛び乗り始めた。人目に付くやいなや，企業たちも再びこの分野に参入し始めた。私もついにマサチューセッツの小さな会社に雇われるようになった。彼らはGaN系LEDに参入しようとして，赤崎や中村のやり方を真似よ

うとしていた。皆がただ模倣しようとしていた。しかし彼らは特許がある。これはすごい数の特許だ。そして私は今では大学の教員なので，これらの特許論争に巻き込まれている。企業は私を雇い，プロジェクトの内容はここでは言えないけれども，彼らは日亜や他の企業と特許で争っている。私はその訴訟を見て，中村の特許をいかに回避できるかを指導する。これが大きなビジネスになっている。

藤井：ZnSe, Zinc Selenide はどうですか。そのタイプは幅広く研究されていたと思いますが。

Maruska：ZnSe の研究をしていた大学は少数あった。ZnSe は非常に古くから知られていたけれども，長い間 P 型化が困難だとも言われていた。1940年には論文が出始めていて，LED 化のための研究は非常に多く行われてきたが，P 型化ができずにすべて失敗に終わった。1990年頃になると……。

藤井：1991年？3Mの？

Maruska：そう，3M は問題が何なのかを何とか突き止めて，P 型化を成功した。そして最初の LED が登場した。青っぽいというか，青とは言い切れないような。青緑色と言うべきか。しかし幅広い文献でその成果が見られるようになった。一方で GaN は70年代には忘れさられていた。85，6年頃の書かれた論文の数では，おそらく1，2本しかない。それだけだ。

藤井：では，1990年以前は両材料の間に大きな違いはなかったということですか？

Maruska：そうだね。ただ ZnSe は非常に柔らかい材料だった。それが大問題になっている。ZnSe は結晶欠陥の形成を免れない。ほら，この LED は32年間ずっとこのまんまだ。カプセルにも入っていない。空気中にあった。しかし32年間同じように輝き続けている。何か特殊な工夫はしていない。土台に付けて小さなレンズを乗せているだけで，エポキシ樹脂もないし蛍光体なども載せていない。それにもかかわらず半永久的に機能しているようだ。一方で ZnSe はもっと問題含みの材料のようだ。容易に結晶欠陥を形成してしまう。柔らかいから，この柔らかさが結合を脆くさせていると思われる。

藤井：それは自明の特性と言っても良いものですか？

Maruska：そうだと思う。原子間の結合が非常に弱いから，どうしても動いてしまう。だから結晶欠陥が増える。そして拡散していく。これらすべてが大きな問題となってしまう。硬くて丈夫な材料の場合，少なくとも室温レベルでは，欠陥が後から増えるということは相当難しい。環境には左右されないということだ。湿度などもね。だから ZnSe は，とてもたくさんの問題があると言えるだろう。

　繰り返すが，基板を作ることも，何人かは成功しているようだが，基本的には難しいこと

が明らかになっている。だいたい GaAs 基板上で結晶成長させているが，非常に高品質な GaAs 基板を使っても，すぐに界面層ができてしまう。硫化マグネシウムのようなもので，作業中に厄介なことになるのだ。硫化マグネシウムは，空気中では不安定だ。硫化マグネシウムは，これは日本で発見されたのだが，空中に置いておくと，湿度を取り込んで硫酸マグネシウムになる。いつも湿度管理が大変重要になってくる。硫化マグネシウムが20%を下回ると，空気中の湿気を取り込んで直ちに溶解し始める。この手のことがすべて問題になるのだ。ということはカプセルに入れなきゃならないし，それがさらに厄介だ。

　その点この LED はそういう問題がない。空気中でも構わないし，何も起こらない。GaN は頑丈な材料なのだ。もちろん GaN は多結晶体で，サファイヤ基盤上で成長させているから，結晶の構造的マッチングは悪い。無数の転位とともに無数の小島が同時に成長したような構造だ。従ってどうやってそれがうまく機能するのかという疑問が湧く。確かにその通りだ。InN と GaN が相互に馴染み合うことがないため，完全に分離層となっていて，聞いたことがあると思うが，インディウムが豊富に含まれる小島の層が形成されるのだ。だから再結合が，その微細な量子ドットの中で起こる。そしてその周辺の結晶欠陥が干渉しないことになる。それゆえに極度に結晶欠陥の多い材料で，GaAs 系であれば到底 LED など作れそうもないものが機能してしまうのだ。結晶欠陥が10の5乗程度では，発光しないだろう。素子として破壊されるはずだ。ところが10の10乗程度の結晶欠陥でこの GaN 系 LED は機能するのだ。

　ここでの我々の主目的は，紫外光 LED を作ることだ。そこに焦点が当てられている。最大の理由は蛍光灯と取って代わるためだ。最近波長250nm の LED の開発に成功した。蛍光灯の水銀輝線は253nm だから，短波長の紫外線 LED で十分高いエネルギー効率が得られれば，これまでと同じ蛍光灯用蛍光体を用いながら，真空管技術を排除することができる。この技術は1925年に発明され，水銀を含んでおり，これを排除する非常に強力な理由になる。我々が発見したところによれば，発光波長をより短くしてより多くのアルミニウムを入れると，効率がこういう具合になる。何桁も落ちる。アルミニウムを50%以上入れると，とんでもないことになる。LED が発光していたとしても，この GaN 系 LED と同じ発光効率しかない。0.01%だ。

藤井：0.01ですか。

Maruska：本当にひどいものだ。多少の改善は可能かもしれないが，それでは不十分なのだ。商業用としては。市中に SET というスピンオフ企業があって製造もやっているけれども，大学と企業とにシナジーがある。そして将来的には彼らが白色 LED を作れるようになることだ。非常に野心的な希望なのだけれど，蛍光体を紫外線 LED に乗せて白色 LED を作成する。そして家庭や商業用照明をすべて代替する。巨大なビジネスだ。それがドライビング・フォースになっている。多くの人々や企業がこれに関心を持っている。視察も多くある。開発資金も出したいと言っている。もしも白色 LED ができたら，素晴らしい未来が待っているからだ。これが目下の目標だ。

藤井：わたしがいつも不思議に思ってきたことは，ZnSe です。非常に柔らかい物質なのでしょう。それはその業界の専門家なら，ある意味自明のことだったはず。そしてあなたが今おっしゃった通り，結晶欠陥は致命的だった。しかし1991年に 3 M が ZnSe の成果を発表した。ソニーも続いた。かなり接近戦だったはずだ。そして皆が ZnSe の柔らかさには目をつぶった。そうして GaN の頑健さには見向きもしなかった。

Maruska：あなたはなぜ人々は ZnSe に取り憑かれたかを聞いたのだけれど，人々は常に何かに取り組んでいる。問題への解決法をきっと見つけられるだろうと感じているからだ。それはそういうものだと私は思うよ。たった今，我々の紫外光 LED がイマイチであることを説明したけれども，その開発をやめることはない。馬鹿げたことのように見えたとしても，人々は常に解決策を見つけるものだと我々は知っているし，新しいものの見方を考え出すし，問題を克服できるのだから。

　どこの研究者でも普通こう言うと思う。「たとえ不可能に思えるようなことでも，もしそれを解決できたら，俺は一躍ヒーローになれる」と。そしてしばしば企業というのはそういう視点を採用しようとはしない。言い出しっぺが真っ先に手を引いたりする。だからこういう実現可能性が遠い研究は，大学の役割が大きいと思う。あえて言わせてもらえば，ZnSe の研究を続けることはそれほど悪手というわけではなかったし，その研究をしていたこの国の人々は皆もうやめてしまったし，GaN にとうに乗り換えている。我々は完全にやめてしまったのだ。

　中村の逸話でちょっと興味深いものがあるからお話ししよう。読んだことがあると思うが，彼は日亜で働いていて，経営者にフロリダ大学への留学を許可してくれるよう何とか説得した。そこでは MOCVD について学ぶつもりだった。私は数年前にフロリダから移ってきたから，フロリダ大学の人々を多く知っている。彼らは一応彼を招待したものの，彼が研究者としては全く知名度がないことを知らなかった。彼は MOCVD 反応器を使って 1 年ほど作業をしたが，多分 GaAs をやっていたはずだ。なぜなら彼らは GaN やその他の青色 LED の材料を研究していなかったからだ。

　アメリカで，サバティカルを経験してそうした技術を学ぶことができるだなんて，彼の会社や彼自身にとっても素晴らしい機会だと言うべきだ。何も知らなかった技術だし，それを学んで本国に帰れるだなんて。Tim Anderson 教授のもとで彼は研究してたのだが，彼は「なんて不思議な縁だ」と言っていた。彼がこのめぐり合わせの中心だったからだ。彼が中村を招待して，MOCVD 反応器の勉強をさせたわけだから。いろんなめぐり合わせというのは，興味深いものだ。

藤井：フロリダの教授は，中村氏のことを覚えていた？ないしは中村氏の業績を評価していた…。

Maruska：いや，そういう意味ではない。ただ，そこに滞在していたことを認識はしていた。教授は大きな研究室を擁していて，たくさんの反応器を設置していた。ZnSe も研究していた。彼らは26種類の化合物半導体を成長させる反応器を所有していた。ZnS, ZnSe の結晶

成長をやっていた。1人の学生がそのオペレーションを担っていた。それは彼も見ていたに違いない。私もフロリダを去るまでに何度も訪問したことがあるし，ZnSやZnSeの反応器は間違いなくあった。だから中村があそこにいた時に，彼は後にGaNを選ぶ理由については，私は聞いたことはない。ZnSeを見る機会はあったし，Parkとかいうフェローがいて，彼は韓国人の名前のようだがアメリカ人だ，彼は3Mから来たんではなかったかな，それでZnSeの研究をやっていた。フロリダ大学で。だから多分もしかしたら，中村はZnSeの問題点をつぶさに見ていて，「これはよろしくない」と思ったのかも知れない。そしてParkも間もなくギブアップした。こういう影響はあったかも知れない。あくまでも想像だけれども。

藤井：ありがとうございます。GaNには他の用途はありますか？　増幅器のようなものとか。

Maruska：シリコンを置き換えるというアイデアが常に議論されている。高温でも機能する。とくに軍用のアプリケーションなど。建物の中で使うとか，必要なら水を流して冷やすといったことができない環境で冷やすことが難しい場合に。例えば携帯用器具などは冷やすことが難しくなる。高温でも機能するものが必要になるだろう。その場合，大きな電力でということにもなる。LEDの時と同様に，自分自身で発熱するわけだから。

　もし素子が熱を発生させ，また電力操作能力が低下したら，困ったことになる。だから窒化物やSiCベースのトランジスターを開発しようと努力されてきた。それらが現在のものよりはるかに高温・高電力でも作動することは明白だから。しかしまだ他にも利点はある。本質的に処理速度が速いことなどが分かっていて，GaNトランジスターはドーピングが必要ないし，散乱中心が得られるから。速度が速いデバイスができるし，電荷移動速度も速い。

　非常にたくさんの潜在的な優位性を有しているが，まだ商業化されたものはない。街中で誰かGaNのトランジスターを売っていないか？と聞いてごらん。誰もイエスとは言わない。まだ発売するレベルにまで信頼性が到達していないのだ。それも開発途上にある。1970年代この国に起こった問題は，どんな企業も開発を諦めてしまったことだ。あっさりと諦めてしまった。だから私はいつも日本人のことが羨ましかった。ずっとこだわり続けることができて，何ら恥ずかしいとも思う必要がなかった。私は研究を続ける場所を見つけられなかったし，赤﨑・天野が問題を解決できるまでサポートを得られたことがいかに幸運だったか，非常に羨ましいと思っていた。まさに何をすべきかを決める上で，お金を持っている人々が審判となって判断が下されたわけだ。

参考資料：Maruska氏からのレター抄訳

　20世紀の初期以降，電界印加によって，いくつかの材料から光の放射が得られるとの報告があり，その現象は「電界発光（エレクトロ・ルミネセンス）」と呼ばれていた。当初材料物性は十分にコントロールされておらず，発光プロセスが十分理解されることはなかった。例えば，青色の電界発光は1923年に最初に報告されたが，紙やすり用の砂として製造されたSiCのかけらからの発光によるもので，偶然PN接合を含んでいた。1960年代後期までには，

補　遺

　SiC薄膜がより慎重なプロセスで製造され，PN接合が構築されようになった。こうして青色LEDの製造が可能にはなったが，電光変換効率はわずかに0.005％であった。その後数十年にわたって，SiCの大幅な改善は見られなかった。すなわちSiCは間接遷移の物質だからだった。1990年代初期には，多くのSiC系青色LEDが商業的に売られたが，現実的な製品とは言い難いものだった。最終的には，最高品質のSiC系青色LEDは発光波長が470nmであり，発光効率は0.03％に留まっていた。

　より組織化されたやり方では，III-V族化合物半導体の結晶成長は，1954年に始まったと言える。例えば1950年代中頃には，GaAsの大規模な単結晶ブール（インゴット）が溶融炉から引き揚げられるようになり，スライス・研磨したウェハが，液相ないし気相成長法によるPN接合型ダイオード構造の基板材料として用いられるようになった。1962年には最初のGaAs系赤外線LEDが発表された。可視光線によるLEDはGaAsとGaPとの合金によって間もなく実現された。またGaPは間接遷移であったために，GaAsほど効率的な発光は望めないことが間もなく明らかになった。続いて明らかになったのは，室温状態ではGaAsのみの時に約0.2％で最も発光効率が良く，P濃度が44％を超えると大きく何桁も減少し，0.005％未満となることであった。1968年までにはNによるGaPの等電子的ドーピングの研究が始まり，非常により明るい黄緑色（550nm）LEDの開発が報告され，その発光効率はおよそ0.3％とされた。

　当時，RCAは，カラーテレビの主要メーカーの1つだった。当時のカラーテレビはブラウン管を使って映像を視聴者に表示する方式が取られていた。ニュージャージー州プリンストンにあったRCAの中央研究所では，James Tietjenが材料研究部門のディレクターになり，絵画のような壁に掛けられるフラット・テレビを開発したいと考えた。フルカラー映像を実現するために，赤・緑・青のピクセルを実現せねばならなかった。TietjenはGaAsP系赤色LEDはすでに利用可能で，緑色LEDはNドープGaP系が実現しつつあると理解した。従ってLEDベースのフラット・テレビに必要なのは，明るく輝く青色LEDのみだと考えた。

　1968年5月，Tietjenは彼の部下の1人であったHerbert Maruskaに対して，GaNの単結晶薄膜を成長させる方法を見出すよう指示した。それによってTietjenは青色LEDが実現できると見ていた。またMaruskaには，GaAsP系赤色LEDをHVPE（Halide Vapor Phase Epitaxy）法によって構築した経験があった。伝統的なHVPE反応器では，GaのようなIII属元素は一塩化物として供給されていた。例えば摂氏850度ほどで液相Gaを流し，塩酸ガス雰囲気中でGaClを生成していた。V属元素はアルシンのような水素化物で供給されていた。基板は管状の炉に固定され，2つのガスが注入され基板表面で混合するようになっていた。

　MaruskaはRCAのDavid Sarnoff Research Centerの図書館に行き，1930〜40年代にかけて公表されたGaNに関するドイツの古い論文のコピーをすべて集めた。費用を節約するために，RCA社員はゴミ箱から故紙を拾って再利用することが奨励されていた。Maruskaが最初に手にしたコピーはまだ現存し，論文の裏側には法務部門のメモ書きの日付として1968年5月13日と刻印されている。これによって我々は，RCAでGaNプログラムが始まった正確な日付を知ることができる。

　GaNは当初，液相Gaとアンモニアを高温で反応させて粉状の物質として作成された。

様々な特性が報告され，例えばウルツ鉱結晶構造を有することが明らかになっていた。いろいろなドーパントの導入がこの粉末に試行され，また気相エピタキシャル成長が試されることはまだなかった。そこでMaruskaは，まず99%アンモニアのタンクを購入し，元のアルシンのビンと交換した。またアンモニアに反応性を有しない基板材料としてサファイヤを選んだ。基板は，研究所内でシリコン・オン・サファイヤのプログラム（サファイア基板上にSiをエピタキシャル成長させる技術）が行われていたため，数センチほどのサイズのサファイヤ・ウエハが入手できた。サファイヤは今日に至るまで，一般的な基板材料となっている。

まもなく，GaNに適当な成長温度はどこかという問題に直面した。残念なことに，MaruskaとTietjenはLorenzとBinkowskiのデータを誤解してしまっていた。彼らは真空中で摂氏600度という低い温度でGaNが分解することを報告していた。初期のGaN薄膜は摂氏600度未満で成長させており，それで分解を防げると考えていた。その結果，すべて多結晶状態となっていた。1969年3月にはついに，Maruskaは真空とは異なりアンモニア雰囲気中でGaNは分解ではなく成長していることを発見し，炉温度を摂氏850度まで上げた。この温度はGaAs成長のために典型的に使われるものだ。GaN薄膜は透明で鏡面性を示した。彼はRCAの分析センターに走り，X線解析を行った結果，その堆積物は本当にGaNの最初の単結晶薄膜であることが明らかになった。より高品質のGaN薄膜は炉温度を摂氏950度まで引き上げることで成長可能であることも分かった。

またMaruskaは，いずれの薄膜も，意図的なドーピングなしではN型を示すことを発見した。当時利用できる解析手法では，N型の導電性を説明する不純物が何かについて明らかにすることはできなかった。そこでMaruskaとTietjenはN原子の空孔に着目した。この概念は，長年にわたって多くの論争を引き起こした。PN接合が可能になるよう，人々はP型ドーパントを見つけようとし，Znが有望なアクセプタだと考えられていた。と言うのはGaAsやGaPの場合にはそれが有効だったからである。Zn濃度が増すとGaNは絶縁するようになり，また色がオレンジ色へと変化した。しかしP型の電導性を示すことはなかった。

1969年，Jacques Pankoveはバークレー校で1年のサバティカルを費やし，半導体に関する古典的な教科書，『半導体における光学的処理プロセス（Optical Processes in Semiconductors）』を執筆した。1970年1月にRCA研究所に戻った時，彼はすぐに新しいGaN薄膜に興味を持つようになった。PankoveとMaruskaはチームとなって，一緒にGaN薄膜の光学吸収と電界発光の研究を行った。その時Ed Millerもチームに加わって，1971年夏にはGaNからの電界発光の最初の例をRCAは発表した。そのサンプルはZnをドープした絶縁層と2本の探針からなり，ピーク波長が475nmの青色発光をしていた。PankoveらはさらにドーピングされていないN型層，Znドープの絶縁層，Inの探針からなるデバイス（いわゆるMIS構造）を構築し，これが世界初のGaN系LEDとなった。これは緑色発光をしていた。

1972年4月，MaruskaはMgがZnより良いP型ドーパントであると考えた。彼は現在標準的となっているHVPE法を使用して，MgドープGaN薄膜成長を始め，1972年7月7日には，明るいすみれ色のLEDの開発に成功した（ピーク波長は430nm）。Maruskaはこの新しいデバイスの発明によって，大金持ちになれると確信していたが，結局それは実現しなかった。実際，今日に至るまで，彼はHVPE法によってGaN薄膜成長を続けている。また

補　遺

　Mgドープ青色LEDは21世紀となってもまだ光を発し続けている。2002年7月7日は彼が開発した青色LEDの30回目の誕生日に当たる。MaruskaとPankoveは，1972年に彼らの努力を新聞で語っている。「MgドープGaN系LEDがすみれ色に発光」と。それ以降，GaNのMgドーピングはすべての窒化物LEDとLDの基礎であり続けている。

　RCAチームはさらに，Fowler-Nordheimのトンネル効果に基づいて，これらのデバイスの発光メカニズムをモデル化した。なぜなら様々な特性が温度とは実質的に独立していたからである。しかし，トンネリング効果を利用したデバイスは決して効率的と言えるものではなかったため，商品化されることはなかった。1974年までには，経営ミスのために収益が激減していたので，RCAは倒産しつつあった。結果的に青色LEDプロジェクトは中止された。

　その年以降，GaN系研究は至る所で実質的に終わってしまった。この材料については世界で1982年に論文が1本だけ公表されたのみである。しかし赤﨑 勇は信念を曲げることを拒絶し，ついに1989年には，P型ドーピングのジレンマ（MgドープGaNの焼き入れによって伝導性を実現）を解決した。さらに1995年に日亜化学工業の中村は，青緑色GaN系ヘテロ構造LEDを10％以上の効率で開発に成功した。人はけっして諦めてはならないのだ。

参考文献

はしがき

Abernathy, J. and K. Clark（1985）"Innovation: Mapping the Winds of Creative Destruction," *Research Policy*, 14, pp.3-22.

Dosi, G.（1982）"Technological Paradigms and Technological Trajectories: A Suggested Interpretation of the Determinants and Directions of Technical Change," *Research Policy*, 11, pp.147-162.

Glaser, B. and G. Strauss（1967）*The Discovery of Grounded Theory: Strategies for Qualitative Research*, Aldine.（後藤 隆他訳『データ対話型理論の発見―調査からいかに理論をうみだすか』新曜社，1996年。）

March, J.（1991）"Exploration and Exploitation in Organizational Learning," *Organization Science*, 2, 1, pp.71-87.

Piore, M. and C. Sable（1984）*The Second Industrial Divide: Possibility for Prosperity*, Basic Books.（山之内靖他訳『第二の産業分水嶺』筑摩書房，1993年。）

Wade, N.（1981）*The Nobel Duel: Two Scientists' 21-year Race to Win The World's Most Coveted Research Prize*, Doubleday.（丸山工作・林 泉訳『ノーベル賞の決闘』岩波新書，1992年。）

Womack, J., D. Jones and D. Roos（1990）*Machine that Changed the World*, Scribner.（沢田 博訳『リーン生産方式が，世界の自動車産業をこう変える。』経済界，1990年。）

伊丹敬之（1984）『新・経営戦略の論理：見えざる資産のダイナミズム』日本経済新聞社。

楠木 建（2010）『ストーリーとしての競争戦略』東洋経済新報社。

後藤 晃（2000）『イノベーションと日本経済』岩波書店。

小林淳一・木村邦博（1991）『考える社会学』ミネルヴァ書房。

太宰 治（1989）「美男子と煙草」『太宰治全集9』筑摩書房，pp.301-309。

沼上 幹（1999）『液晶ディスプレイの技術革新史―行為連鎖システムとしての技術』白桃書房。

沼上 幹・淺羽 茂・新宅純二郎・網倉久永（1992）「対話としての競争：電卓産業における競争行動の再解釈」『組織科学』26, 2, pp.64-79。

野中郁次郎（1990）『知識創造の経営：日本企業のエピステモロジー』日本経済新聞社。

序 章

Fairclough, N.（2003）*Analysing Discourse: Textual analysis for social research*, Routledge.（日本メディア英語学会メディア英語談話分析研究分科会訳『ディスコースを分析する：社会研究のためのテクスト分析』くろしお出版，2012年。）

Luttwak, E. (2001) *Strategy: The Logic of War and Peace*, Harvard University Press.

Nalebuff, B and A. Brandenberger (1996) *Co-Opetition*, Doubleday Business. (嶋津祐一・東田啓作訳『コーペティション経営：ゲーム論がビジネスを変える』日本経済新聞社，1997年。)

Pareto, V. (1968) *The Rise and Fall of the Elites: An Application of Theoretical Sociology*, The Bedminister Press. (川崎嘉元訳『エリートの周流―社会学の理論と応用』垣内出版，1975年。)

Piore, M. and C. Sable (1984) The Second Industrial Divide: Possibility for Prosperity, Basic Books. (山之内靖他訳『第二の産業分水嶺』筑摩書房，1993年。)

Rosenberg, N. (1983) *Inside the Blackbox*, Cambridge University Press.

Schumpeter, J. (1926) *Theorie der wirtschaftlichen Entwicklung*, 2. Aufl. Duncker & Humblot. (塩野谷祐一・中山伊知郎・東畑精一訳『経済発展の理論：企業者利潤・資本・信用・利子および景気の回転に関する一研究』岩波書店，1977年。)

Weick, K. (1979) *The Social Psychology of Organizing*, McGraw-Hill.

金井壽宏 (1994)『企業者ネットワーキングの世界：MITとボストン近辺の企業者コミュニティの探求』白桃書房。

沼上幹 (1999)『行為の経営学―経営学における意図せざる結果の探求』白桃書房。

野中郁次郎・戸部良一・鎌田伸一・寺本義也・杉之尾宜生・村井友秀 (2005)『戦略の本質：戦史に学ぶ逆転のリーダーシップ』日本経済新聞出版社。

鈴木聡志 (2007)『会話分析・ディスコース分析：ことばの織りなす世界を読み解く』新曜社。

第1章

Abernathy, J. and K. Clark (1985) "Innovation: Mapping the Winds of Creative Destruction," *Research Policy*, 14, pp.3-22.

Abernathy, J. and J. Utterback (1987) "Patterns of Industrial Innovation," *Technological Review*, June-July, pp.40-47.

Christensen, C. (1997) *The Innovator's Dilemma: When New Technologies Cause Great Firms to Fail*, Harvard Business School Press.

Clark, K. (1985) "The Interaction of Design Hierarchies and Market Concepts in Technological Revolution," *Research Policy*, 14, pp.235-251.

Dosi, G. (1982) "Technological Paradigms and Technological Trajectories: A Suggested Interpretation of the Determinants and Directions of Technical Change,"*Research Policy*, 11, pp.147-162.

Gawer, A. and M. Cusumano (2002) *Platform Leadership: How Intel, Microsoft, and Cisco Drive Industry Innovation*, Harvard Business School Press. (小林敏男訳『プラットフォーム・リーダーシップ―イノベーションを導く新しい経営戦略』

有斐閣，2005年。）
Granovetter, M.（1985）"Economic Action and Social Structure: The Problem of Embeddedness," *American Journal of Sociology*, 91, 6, pp.481-510.
Hannan, M. and J. Freeman（1977）"The Population Ecology of Organizations," *American Journal of Sociology*, 82, pp.929-964.
Hannan, M. and J. Freeman（1984）"Structural Inertia and Organizational Change," *American Sociological Review*, 49, pp.149-164.
Iansiti, M. and R. Levien（2004）*The Keystone Advantage: What the New Dynamics of Business Ecosystems Mean for Strategy, Innovation, and Sustainability*, Harvard Business School Press.（杉本幸太郎訳『キーストーン戦略：イノベーションを持続させるビジネス・エコシステム』翔泳社，2007年。）
Kuhn, T.（1962）*The Structure of Scientific Revolution*, The University of Chicago Press.（中山茂訳『科学革命の構造』みすず書房，1971年。）
Monod, J.（1972）*Le Hasard et la Necessite*, Alfred A. Knopf.（渡辺格他訳『偶然と必然』みすず書房，1972年。）
Nelson, R.（1991）"Why Do Firms Differ, and How Does It Matter?" *Strategic Management Journal*, 12, pp.61-74.
Nelson, R.（1993）*National Innovation System: Comprative Analysis*, Oxford University Press.
Praharad, C. and G. Hamel（1990）"The Core Competence of the Corporation," *Harvard Business Review*, May-June, pp.79-91.
Rosenberg, N.（2000）*Schumpeter and the Endogeneity of Technology: Some American Perspectives*, Routledge.
Rosenkopf, L. and M. Tushman（1994）"The Coevolution of Technology and Organization," in Baum, J. and J. Singh（eds.）*Evolutionary Dynamics of Organizations*, Oxford University Press, pp.403-424.
Schumpeter, J.（1926）*Theorie der wirtschaftlichen Entwicklung: eine Untersuchung über Unternehmergewinn, Kapital, Kredit, Zins und den Konjunkturzyklus*, Duncker & Humblot.（塩野谷祐一・中山伊知郎・東畑精一訳『経済発展の理論：企業者利潤・資本・信用・利子および景気の回転に関する一研究（上・下）』岩波書店，1977年。）
Simon, H.（1945）*Administrative Behavior: A Study of Decision-Making Processes in Administrative Organization*, Macmillan.（松田武彦・二村敏子訳『経営行動：経営組織における意思決定のプロセスの研究』ダイヤモンド社，1989年。）
Simon, H.（1969）*The Sciences of the Artificial*, The MIT Press.（稲葉元吉・吉原英樹訳『システムの科学』パーソナルメディア，1999年。）
Teece, D.（1986）"Profiting from Technological Innovation: Implications for Integration, Collaboration, Licensing and Public Policy," *Research Policy*, 15,

pp.285-305.
Tushman, M. and P. Anderson (1986) "Technological Discontinuities and Organizational Environments," *Administrative Science Quarterly*, 31, pp.439-465.
Utterback, J. (1994) *Mastering the Dynamics of Innovation*, Harvard Business School Press.
Van de Ven, A. and R. Garud (1994) "The Coevolution of Technical and Institutional Events in the Development of an Innovation," in Baum, J. and J. Singh (eds.) *Evolutionary Dynamics of Organizations*, Oxford University Press, pp.425-443.
Von Hippel, E. (1990) "Task Partitioning: An innovation process Variable," *Research Policy*, 19, pp.407-418.
伊丹敬之 (1986)「イノベーションにおける偶然と必然」今井賢一編著『イノベーションと組織』東洋経済新報社。
楠木 建 (1998)「システム分化の組織論―イノベーションの組織論のイノベーションに向けて」『ビジネスレビュー』45, 1, pp.129-149。
後藤 晃 (2000)『イノベーションと日本経済』岩波書店。
後藤 晃・永田晃也 (1997)『イノベーションの占有可能性と技術機会』科学技術庁科学技術政策研究所。
沼上 幹 (1999)『液晶ディスプレイの技術革新史―行為連鎖システムとしての技術』白桃書房。
藤本隆宏 (1997)『生産システムの進化論―トヨタ自動車に見る組織能力と創発プロセス』有斐閣。

第2章

赤﨑 勇 (1996)「ナイトライドのヘテロエピタキシー」『半導体研究所報告』31, pp.36-46。
赤﨑 勇 (1997)「青色発光について」赤﨑勇編著『青色発光デバイスの魅力』工業調査会, 第1章。
赤﨑 勇・天野 浩 (1993)「GaN系半導体レーザーの可能性」『光学』22, 11, pp.670-675。
麻倉怜士 (1996)『12センチ・ギガメディアの夢と野望DVD』オーム社。
天野 浩・赤﨑 勇 (1991)「GaNはなぜ注目されるのか？―電子線照射効果の解明, 特性改善が今後の焦点」『エレクトロニクス』3月, pp.63-66。
鎌田敦之 (1991)「ZnSeもグッと身を乗り出した！！青色半導体レーザー開発の橋渡しの役割も担う」『エレクトロニクス』3月, pp.67-71。
岸野克巳 (1997)「青色・紫外域半導体レーザーの研究動向と展望」『レーザー研究』23, 7, pp.11-20。
榊原 隆 (1994)「光ディスクの高密度記録に挑む―SHGレーザが実用化への橋渡

し」『エレクトロニクス』6月，pp.51-56。
藤田茂夫（1985）「ワイド・ギャップ半導体」『応用物理』54, 1, pp.39-47。
松波弘之・西野茂弘（1987）「青色発光ダイオードの動向」『光技術コンタクト』25, 9, pp.27-35。
『マーケットシェア事典』各年度版，矢野経済研究所。
『電子工業年鑑』各年度版，通商産業省編，電波新聞社。
『日経エレクトロニクス』（1990年8月6日）「SHG素子を用いた青色・緑色レーザー光ディスクへの応用を意識し開発に拍車かかる」pp.143-147。
『日経エレクトロニクス』（1994年2月28日）p.95。
『日経エレクトロニクス』（1996年10月21日）「期待はカラー・ディスプレイ，100インチ超型で新規市場を開拓」pp.80-93。
『日経エレクトロニクス』（1998年1月26日）p.111。

第3章

Wood, S. and G. Brown（1998）"Commercializing Nascent Technology: The Case of Laser Diodes at Sony," *Journal of Product Innovation Management*, 15, pp.167-183.
赤﨑 勇（1996）「ナイトライドのヘテロエピタキシー」『半導体研究所報告』31, pp.36-46。
伊丹敬之・伊丹研究室（1988）『逆転のダイナミズム――日米半導体産業の比較研究』NTT出版。
奥野保男（1993）『発光ダイオード』産業図書。
小山 稔（1996）「LEDと共に25年」『半導体研究所報告』31, pp.47-58。
酒井士郎（1995）「私の意見：GaN系青色発光ダイオードの発明について」『日経エレクトロニクス』5月8日，pp.228-229。
西澤潤一監修・スタンレー電気技術研究所編（1988）『発光ダイオードとその応用』産業図書。
中村修二（2001）『怒りのブレークスルー――常識に背をむけたとき「青い光」が見えてきた』集英社。
中村修二（1994a）「青色LEDも1cdの時代――100倍の高輝度をどう達成したか？青緑なら2cdも可能」『エレクトロニクス』6月，pp.34-37。
中村修二（1994b）「実現した青色の高輝度発光ダイオード」『日経サイエンス』10月，pp.44-55。
畠山けんじ（2001）『中村修二の反乱』角川書店。
藤井大児（2001）「技術的パラダイムからの逸脱」『一橋ビジネスレビュー』48, 4, pp.204-220。
藤田茂夫（1985）「ワイド・ギャップ半導体」『応用物理』54, 1, pp.39-47。
藤田茂夫・石橋 晃（1997）「ZnSe系青色発光デバイス」赤﨑 勇編著『青色発光デバイスの魅力』工業調査会，第2章。

『機械統計』各年度版,通商産業大臣官房調査統計部編。
『ジェトロセンサー』(1994年5月) pp.90-91。
『発明』(2000年6月)「知的創造社会へのメッセージ」pp.48-53。
『発明』(2000年7月) p.50。
『半導体産業の現状と将来展望』(1988) 日本電子機械工業会。
『半導体業界の全貌』(1985) インダストリーリサーチシステム社。
『日経エレクトロニクス』(1990年8月6日)「SHG素子を用いた青色・緑色レーザー,光ディスクへの応用を認識した開発に拍車がかかる」pp.143-147。
『日経エレクトロニクス』(1994年8月1日)「ソニーが緑色発光ダイオードを開発,4cdでディスプレイ用」pp.20。
『日経エレクトロニクス』(1995年1月30日)「開発ストーリ:装置は自作で部材は再利用,語るも涙の開発課員時代—高輝度青色発光ダイオードの開発(第1回)」pp.163-167。
『日経エレクトロニクス』(1995年2月13日)「開発ストーリ:失意の帰国,ゼロからの出発,装置の改造に明け暮れる日々—高輝度青色発光ダイオードの開発(第2回)」pp.139-143。
『日経エレクトロニクス』(1995年2月27日) p.126。
『日経エレクトロニクス』(1996年10月21日)「期待はカラー・ディスプレイ,100インチ超型で新規市場を開拓」pp.80-93。
『日経産業新聞』(1994年3月23日)
『日経ビジネス』(1994年3月7日)「青色LED,初の実用化—大手の後追いせず成功」pp.54-55。
『日経ビジネス』(1994年6月6日)「あえて大手と違う材料選択—手つくり装置で難問クリア」pp.78-82。
『日経ビジネス』(1999年7月19日)「フォーカスひと:ノーベル物理学賞受賞の期待がかかる中村修二氏」pp.172-176。

第4章

Aoyama, Y. and H. Izushi (2003) "Hardware gimmick or cultural innovation? Technological, cultural, and social foundations of the Japanese video game industry," *Research Policy*, 32, pp.423-444.

Etzioni, A. (1961) *A Comparative analysis of complex organizations*, Free Press. (綿貫譲治監訳『組織の社会学的分析』培風館,1966年。)

Kotter, J. (1978) *Organizational Dynamics, Diagnosis and Intervention*, Addison Wesley. (谷光太郎他訳『組織革新の理論』白桃書房,1987年。)

Luehrman, T. (1999a)「事業価値評価の新手法リアル・オプション」『Diamond ハーバード・ビジネス』24, 1, pp.94-111。

Luehrman, T. (1999b)「リアル・オプションを戦略評価に活かす法」『Diamond ハー

バード・ビジネス』24, 1, pp.114-128。
Miles, R. and C. Snow (1978) *Organizational Strategy, Structure, and Process*, McGraw-Hill. (土屋守章他訳『戦略型経営：戦略選択の実践シナリオ』ダイヤモンド社，1983年。)
Thompson, J. (1967) *Organizations in action*, McGraw-Hill. (高宮　晋監訳『オーガニゼーション・イン・アクション』同文舘，1987年。)
Utterback, J. (1994) *Mastering the Dynamics of Innovation*, Harvard Business School Press. (大津正和他訳『イノベーションダイナミクス』有斐閣，1998年。)
Weick, K. (1979) *The Social Psychology of Organizing*, McGraw-Hill.
大下永治 (2001)『エニックスの飛翔：実録・ゲーム業界戦国史』しょういん。
加護野忠男 (1988)『組織認識論』千倉書房。
加藤俊春 (2000a)「リアル・オプション・アプローチの実態と効果：ペトロブレイス社とアムゲン社の事業投資評価」『Diamond ハーバード・ビジネス』25, 5, pp.86-95。
加藤俊春 (2000b)「リアル・オプションが経営戦略を変える：金融市場を活用して株主価値を高めるアプローチ」『Diamond ハーバード・ビジネス』25, 5, pp.98-110。
小橋麗香 (1993a)「間接制御型ネットワークと不確実性」『六甲台論集』41, 2, pp.114-125。
小橋麗香 (1993b)「家庭用テレビゲームソフト産業の戦略と組織」『Business Insight』Autumn, pp.74-90。
小橋麗香 (1998)「ソフトのイノベーション ＜任天堂のデファクト・スタンダード形成とソフト開発＞」伊丹敬之他編『ケースブック日本企業の経営行動第3巻イノベーションと技術蓄積』有斐閣。
小橋麗香 (1999)「日本のゲームソフト会社の人材マネジメント」『国際研究論叢』12, 4, pp.1-22。
沼上幹・淺羽茂・新宅純二郎・網倉久永 (1992)「対話としての競争：電卓産業における競争行動の再解釈」『組織科学』26, 2, pp.64-79。
新宅純二郎・柳川範之・田中辰雄編 (2003)『ゲーム産業の経済分析』東洋経済新報社。
砂川和範 (1998)「日本ゲーム産業にみる企業者活動の継起と技術戦略：セガとナムコにおけるソフトウェア開発組織の形成」『経営史学』32, 4, pp.1-27。
馬場靖憲 (1998)『デジタル価値創造：未来からのモノづくり原論』NTT出版。
藤田直樹 (1998)「米国におけるビデオ・ゲーム産業の形成と急激な崩壊：現代ビデオ・ゲーム産業の形成過程（1）」『経済論叢』162, 5・6, pp.440-457。
藤田直樹 (1999a)「『ファミコン』登場前の日本ビデオ・ゲーム産業：現代ビデオ・ゲーム産業の形成過程（2）」『経済論叢』163, 3, pp.311-328。
藤田直樹 (1999b)「『ファミコン』開発とビデオ・ゲーム産業形成過程の総合的考察：現代ビデオ・ゲーム産業の形成課程（3）」『経済論叢』163, 5・6, pp.511-528。

福島英史（1999）「市場の生成期における『標準』的製品設計の罠：新規事業の組織内正当化の観点からの一考察」『ビジネスレビュー』46, 4, pp.69-87。
『CESA ゲーム白書』2002年。
『WILL』1982年6月，pp.158-159。
『WILL』1982年12月，pp.160-161。
『ゲーム批評』2003年3月。
『日経ビジネス』1990年6月11日，pp.129-132。
『日経ビジネス』2000年4月24日，pp.105-107。
『日経ビジネス』1993年2月15日，pp.41-43。
『日経ビジネス』2000年4月24日，pp.105-107。
『日経ビジネス』1996年12月2日，pp.63-66。
『別冊宝島：僕たちの好きなファイナルファンタジー』2002年11月。

第5章

Chesbrough, H. (2003) *Open Innovation: The New Imperative for Creating and Profiting from Technology*, Harvard Business School Press.

Christensen, C. (1997) *The Innovator's Dilemma: When New Technologies Cause Great Firms to Fail*, Harvard Business School Press.（玉田俊平太監訳『イノベーションのジレンマ―技術革新が巨大企業を滅ぼすとき』翔泳社，2001年。）

Freedman, D. (1992) "Is Management Still a Science?" *Harvard Business Review*, 70, 6, pp.26-36.

Gawer, A. and M. Cusumano (2002) *Platform Leadership: How Intel, Microsoft, and Cisco Drive Industry Innovation*, Harvard Business School Press.（小林敏男訳『プラットフォーム・リーダーシップ―イノベーションを導く新しい経営戦略』有斐閣，2005年。）

Hargadon, A. (2003) *How Breakthroughs Happen: The Surprising Truth About How Companies Innovate*, Harvard Business School Press.

Iansiti, M. and R. Levien (2004) *The Keystone Advantage: What the New Dynamics of Business Ecosystems Mean for Strategy, Innovation, and Sustainability*, Harvard Business School Press.（杉本幸太郎訳『キーストーン戦略：イノベーションを持続させるビジネス・エコシステム』翔泳社，2007年。）

Knight, F. (1921) *Risk, Uncertainty and Profit*, Houghton Mifflin.

Piore, M. and C. Sable (1984) *The Second Industrial Divide: Possibility for Prosperity*, Basic Books.（山之内靖他訳『第二の産業分水嶺』筑摩書房，1993年。）

Rosenberg, N. (2000) *Schumpeter and the Endogeneity of Technology: Some American Perspectives*, Routledge.

Saxenian, A. (1994) *Regional Advantage: Culture and Competition in Silicon Valley and Route 128*, Harvard University Press.（大前研一訳『現代の二都物語：なぜシ

リコンバレーは復活し，ボストン・ルート128は沈んだか』講談社，1995年。)
Wenger, E., R. McDermott W. Snyder (2002) *Cultivating Communities of Practice: A Guide to Managing Knowledge*, Harvard Business School Press. (櫻井祐子他訳『コミュニティ・オブ・プラクティス―ナレッジ社会の新たな知識形態の実践』翔泳社，2002年。)
金井壽宏 (1994)『企業者ネットワーキングの世界：MITとボストン近辺の企業者コミュニティの探求』白桃書房。
関満博 (1993)『フルセット型産業構造を超えて：東アジア新時代のなかの日本産業』中央公論社。
立見淳哉 (2004)「岡山県児島アパレル産地の発展メカニズム―産地の集合表象を中心に」植田浩史編著『「縮小」時代の産業集積』創風社，pp.127-151。
中小企業庁編 (2006)『中小企業白書（2006年版）：「時代の節目」に立つ中小企業～海外経済との関係深化・国内における人口減少』ぎょうせい。
中川 正・神田孝治・森 正人 (2006)『文化地理学ガイダンス―あたりまえを読み解く三段活用』ナカニシヤ出版。
西口敏宏 (2007)『遠距離交際と近所づきあい：成功する組織ネットワーク戦略』NTT出版。
渡辺 深 (2007)『組織社会学』ミネルヴァ書房。

第6章

Gilbert, N. and M. Mulkay (1984) *Opening Pandora's box: A sociological analysis of scientists' discourse*, Cambridge University Press. (柴田幸雄・岩坪紹夫訳『科学理論の現象学』紀伊國屋書店，1990年。)
Greiner, L. (1972) "Evolution and Revolution as Organizations Grow," *Harvard Business Review*, 50, pp.37-46. (藤田昭雄訳「企業成長の"フシ"をどう乗り切るか」『ダイヤモンド・ハーバード・ビジネス』1979年2月, pp.69-78。)
Luttwak, E. (2001) *Strategy: The Logic of War and Peace*, Harvard University Press.
Penrose, E. (1959) *The Theory of the Growth of the Firm*, John Wiley and Sons. (日髙千景訳『企業成長の理論（第3版）』ダイヤモンド社，2010年。)
Womack, J., D. Jones and D. Roos (1990) *Machine that Changed the World*, Scribner. (沢田 博訳『リーン生産方式が，世界の自動車産業をこう変える。』経済界，1990年。)
石井淳蔵 (2009)『ビジネス・インサイト―創造の知とは何か』岩波書店。
加護野忠男 (1980)『経営組織の環境適応』白桃書房。
野中郁次郎・戸部良一・鎌田伸一・寺本義也・杉之尾宜生・村井友秀 (2005)『戦略の本質：戦史に学ぶ逆転のリーダーシップ』日本経済新聞出版社。
村上陽一郎 (1979)『新しい科学論：「事実」は理論をたおせるか』講談社。

『週刊東洋経済』（2002年3月9日），p.52。
『中国新聞』（1997年6月15日），p.9。
『中国新聞』（1999年5月3日），p.7。
『日経エコロジー』（2004年7月），p.22。
『日経エコロジー』（2004年7月），p.23。
『日経情報ストラテジー』（2011年8月），p.32。
『日経ビジネス』（1998年8月17日），p.54。
『日経ビジネス』（2006年3月27日），p.72。
『日経ビジネス』（2006年3月27日），p.74。
『日本経済新聞』（1997年6月14日），p.23。
『日本経済新聞』（1999年1月12日），p.23。

終　章

Allison, G. and P. Zelikow (1999) *Essence of Decision: Explaining the Cuban Missile Crisis*, Longoman.

Glaser, B. and G. Strauss (1967) *The Discovery of Grounded Theory: Strategies for Qualitative Research*, Aldine.（後藤 隆他訳『データ対話型理論の発見―調査からいかに理論をうみだすか』新曜社，1996年。）

Goffman, E. (1959) *The Presentation of Self in Everyday life*, Doubleday & Company.（石黒 毅訳『行為と演技』誠信社，1974年。）

Goffman, E. (1963) *Stigma: Notes on the Management of Spoiled Identity*, Prentice Hall.（石黒 毅訳『スティグマの社会学：烙印を押されたアイデンティティ』せりか書房，2001年。）

Goffman, E. (1961) *Asylums: Essays on the Social Situations of Mental Patients and Other Inmates*, Anchor Books.（石黒 毅訳『アサイラム』誠信書房，1984年。）

Goffman, E. (1989) "On Field Work," *Journal of Contemporary Ethnography*, 18, 2, pp.123-132.（串田秀也訳「フィールドワークについて」桜井 厚・好井裕明編『フィールドワークの経験』せりか書房，2000年，pp.16-26。）

Hatch, M. (1997) *Organization Theory: Modern, Symbolic, and Postmodern Perspectives*, Oxford University Press.

Hatch, M. (2011) *Organizations: A Very Short Introduction*, Oxford University Press.

Janis, I. (1972) *Victims of Groupthink*, Houghton Mifflin Company.

Lave, J. and E. Wenger (1991) *Situated Learning: Legitimate Peripheral Participation*, Cambridge University Press.（佐伯 胖訳『状況に埋め込まれた学習―正統的周辺参加』産業図書，1993年。）

March, J. (1991) "Exploration and Exploitation in Organizational Learning," *Organization Science*, 2, 1, pp.71-87.

Pareto, V. (1968) The Rise and Fall of the Elites: *An Application of Theoretical Sociology*, The Bedminister Press. (川崎嘉元訳『エリートの周流――社会学の理論と応用』垣内出版，1975年。)

Weick, K. (1979) *The Social Psychology of Organizing*, McGraw-Hill.

Wenger, E., R. McDermott and W. Snyder (2002) *Cultivating Communities of Practice: A Guide to Managing Knowledge*, Harvard Business School Press. (櫻井祐子他訳『コミュニティ・オブ・プラクティス――ナレッジ社会の新たな知識形態の実践』翔泳社，2002年。)

印南一路 (2001)「交渉戦略の理論」『ハーバード・ビジネス・レビュー』26, 9, pp.44-55。

小原二三夫 (1984)「現象学的社会学」新 睦人・中野秀一郎編 (1984)『社会学のあゆみパートⅡ：新しい社会学の展開』有斐閣，pp.159-178。

適菜 収 (2012)『日本をダメにしたＢ層の研究』講談社。

野中郁次郎 (1990)『知識創造の経営：日本企業のエピステモロジー』日本経済新聞社。

浜日出夫 (1998)「エスノメソドロジーの原風景：ガーフィンケルの短編小説『カラートラブル』」山田富秋・好井裕明編 (1998)『エスノメソドロジーの想像力』せりか書房。

畢 滔滔 (2015)『チャイナタウン，ゲイバー，レザーサブカルチャー，ビート，そして街は観光の聖地となった：「本物」が息づくサンフランシスコ近隣地区』白桃書房。

宝月 誠 (1984)「シンボリック相互作用論」新 睦人・中野秀一郎編 (1984)『社会学のあゆみパートⅡ：新しい社会学の展開』有斐閣，pp.83-108。

宝月 誠 (1990)『逸脱論の研究』恒星社厚生閣。

索　引

■英　数

3 M ················· 66, 79, 215
AlN（窒化アルミニウム）······ 90, 117
GaN（窒化ガリウム）······ 7, 63, 69, 213
GPT（General Purpose Technology）
　·································38
MBE 装置 ························ 215
MIS 構造 ······················ 66, 82
OEM メーカー ···················· 170
P 型化 ···················· 69, 93, 103
RCA（Radio Corporation of America）
　·································63
RPG（ロール・プレイング・ゲーム）
　································218
SCE（ソニー・コンピュータエンタテインメント）······················· 156
SiC（炭化ケイ素）··············· 7, 61
TF-MOCVD 装置 ··················· 216
ZnSe（セレン化亜鉛）········ 7, 65, 213

■あ　行

青色発光ダイオード（LED）
　························· 6, 52, 69, 211
青色レーザー・ダイオード
　······················ 55, 58, 67, 114
赤﨑 勇 ·········· 7, 64, 69, 76, 213, 215
アサイラム ······················ 228
アバナシー ··················· 33, 211
天野 浩 ······················ 76, 216
洗い加工 ························ 170
アリソン ························ 234
蟻の一穴理論············ 17, 179, 220, 222
暗黙知 ······················ 202, 208
維持 ······························ 9

維持過程 ···················· 225, 240
逸脱 ················ 9, 28, 42, 211, 239
イナクトメント（enactment）······ 141
イノベーション ················ 2, 210
イノベーションの内生性(endogeneity)
　·································37
違背実験 ························ 208
液相成長 ·························72
エスノメソドロジー ·········· 208, 223
エニックス ··················· 138, 146
エピタキシャル成長 ····· 73, 77, 214, 217
エリートの周流 ········ 16, 209, 236, 241
大塚久雄 ························ 242
オプト・エレクトロニクス産業
　························· 8, 52, 213
折口信夫 ························ 242

■か　行

ガーフィンケル ·············· 208, 223
解釈レパートリ（interpretive repatoire）
　····················· 180, 185, 221, 222
外部量子効率·····················75
確定的システム（determinate system）
　······························ 140
過少な社会化（under-socialization）···30
家庭用ゲームソフト ················21
過度な社会化（over-socialization）···29
株式会社エフピコ ······ 181, 190, 192, 220
株式会社カイハラ ················ 173
カラートラブル·············· 208, 225
環境適合 ·························· 9
間接遷移型 ·······················62
管理職能（managerial function）··· 180
企業家（entrepreneur）··············32
企業家精神 ···················· 5, 210

企業成長の理論……………………… 180
企業内企業家……………… 97, 127, 216
技術基盤……………………………… 14
技術進歩………………………… 28, 212
技術的多様性（versatility）………… 34
技術的トラジェクトリ…………… 40, 212
技術的パラダイム………… 40, 212, 221
技術的不確実性（technical uncertainty）
　………………………………………… 35
技術プッシュ………………………… 38
気相成長……………………………… 72
期待システム……… 41, 42, 124, 212, 221
機能…………………………………… 14
機能的等価性………………………… 44
基盤技術………………………… 22, 220
規模の経済性……………………… 184
競争………………………………… 211
競争的相互作用……………… 11, 222
競争と協調…………………………… 12
共同体的な学習システム
　（communal learning system）… 167
共同体的なリスク補償システム
　（communal insurance system）… 166
ギルバート………………………… 185, 222
禁制帯（バンド・ギャップ）…… 6, 75
クイック・レスポンス…………… 170
空気…………………………… 23, 208, 223
偶然…………………………………… 9
クラーク……………………………… 33
グラノヴェター……………………… 29
クリスタル・グローワー
　（crystal grower）…………… 83, 216
グレイナー………………………… 183
経済発展の理論……………………… 31
ケイレツ……………………… 161, 219
結晶欠陥………………………… 7, 77
結晶成長………………………… 69, 214
決定の本質………………………… 234

ケミカル・リサイクル…………… 196
格子欠陥……………………………… 63
格子整合………………… 90, 214, 217
交渉…………………………… 19, 233
構成過程………………………… 225, 239
合理者……………………………… 137, 218
誇大理論（grand theory）………… 231
こだわりをなくす…………………… 230
子供が幸福に生きる権利………… 236
子どもの権利……………………… 237
ゴフマン………………… 209, 223, 227
個別具体性（idiosyncrasy）……… 140

■さ　行

サーマル・リサイクル…………… 196
再生資源の利用の促進に関する法律
　………………………………………… 192
産業集積…………………………… 161
産地型集積………… 22, 161, 218, 219
事業システム……………… 21, 136, 218
資源（resource）………………… 35, 211
資源循環型………………… 22, 179, 220
資源の有効な利用の促進に関する法律
　………………………………………… 192
試行錯誤………………………… 137, 183
自己言及性のジレンマ…………… 208
市場メカニズム……………………… 2
社会的実践（social practice）…… 19
社会的相互作用……… 10, 208, 223, 231
社会的ダーウィニズム……………… 9
ジャニス…………………………… 224
集団浅慮…………………………… 224
柔軟な専門化……………………… 161
シュムペーター……… 4, 31, 163, 210
需要プル…………………………… 38
主要プレイヤへの焦点化戦略… 181, 221
準合理者……………………… 137, 218
食品用プラスチック製トレイ… 179, 190

職務分轄（task-partitioning）………45
シリコン・バレー…………………… 163
進化………………………… 9, 22, 28, 219
新結合（new combination）…………32
シンボリック相互作用論……… 10, 223
垂直的逆説………………… 18, 180, 186
スクウェア………………… 138, 146
スティグマの社会学……………… 228
スローな学習者…………………… 223
生産者ネットワーク……… 22, 218, 219
製造小売業者（SPAメーカー）…… 161
正当性……………………………… 212
制度化………………………… 7, 82, 116
生物学的進化理論………………… 139
生命権……………………………… 234
設計階層（design hierarchy）………33
選択淘汰………………………………9
選択の自由………………………… 234
占有可能性（appropriability）… 13, 38
相互的考慮の無限後退…………… 229
創造的（creative）交渉…… 19, 234
創造的破壊…………………… 4, 210
即自的な社会的アイデンティティ
　（an actual social identity）……… 228
組織化の社会心理学……………… 232
組織均衡論………………………… 207
組織内政治モデル………………… 234
組織ライフサイクル論…………… 183
ソニー・コンピュータ
　エンタテインメント（SCE）…… 148

■た　行

第1次的適応（a primary adjustment）
　………………………………… 228
第2次的調整（secondary adjustments）
　………………………………… 228
対他的な社会的アイデンティティ
　（a virtual social identity）……… 228

大量生産…………………………… 179
大量生産パラダイム……… 22, 161, 220
タシュマン……………………………35
多品種少量生産………… 161, 184, 221
多様性……………………………… 218
知覚の対立………………………… 225
知識創造………………… 23, 207, 223
地に足のついた理論（grounded theory）
　………………………………… 231
中核的ネットワーカー……… 22, 220
中核的能力（core competence）……35
中核的能力の頑健性…………………35
中枢……………………… 69, 123, 213
直接遷移型……………………………62
ツーフローMOCVD装置
　（TF-MOCVD装置）…………… 102
低温堆積…………………… 90, 117
適応過程………………… 225, 240
適応的システム……… 22, 162, 219, 222
適合理論（congruence theory）
　………………………………… 182, 207
デニム・ジーンズ…………… 22, 161
電子線照射（LEEBI）効果 …………93
電子ビーム・エピタキシー（MBE）…73
同型化圧力………………… 139, 218
統合的（integrative）交渉…… 19, 233
ドシイ……………………… 40, 221
突然変異………………………………9
ドミナント・デザイン
　（dominant design）………… 33, 211
豊田合成…………………… 66, 112
ドラゴンクエスト（DQ）………… 146
ドラマツルギー…………………… 223

■な　行

中村修二………………… 8, 69, 213, 216
ナショナル・イノベーション・システム
　………………………………… 37, 212

ナショナル・ブランド（NB）
　……………………………………… 169
日亜化学工業（日亜）
　………………………… 8, 66, 95, 213, 216
日常の理論…………… 21, 138, 218, 221
ネットワーク………………………… 161
ネルソン………………………………38
能力（capability, competence）………35
野中郁次郎………………………… 223

■は　行

破壊的技術………………………… 211
バッファ層……………………… 90, 117
パレート………………… 16, 209, 236
反証事例…………………………… 218
反則事例………………………………71
半導体の空白域…………………… 52, 61
ピオーレ・セーブル………………… 161
比較事例研究……………………… 139
光ディスク……………………………52
光ファイバ……………………………39
ビジネス・インサイト…………… 202
非線形モデル…………………………38
批判的ディスコース分析（critical
　discourse analysis）………… 19, 187
ヒューリスティクス
　……………… 40, 124, 212, 214, 221
ヒューリスティクスの硬直性
　………………………………128, 217
ファイナルファンタジー（FF）…… 147
ファミリーコンピュータ（ファミコン）
　………………………………………145
フォン・ヒッペル……………………45
不確実性…………… 166, 182, 218
プラスチック製食品用トレイ… 22, 220
プラットフォーム…… 22, 156, 171, 220
ブルーマー………………………… 223
プレイステーション……………… 148

プロトタイプ……………………… 161, 164
分業構造…………………………… 41, 212
ベスト・プラクティス…………… 140
辺境……………………… 69, 82, 123, 213
辺境革新論……………………… 218, 239
変則事例…………………………… 117
宝月　誠………………………… 224, 239
補完的技術（technological
　complementarity）…………… 163
補完的資源（complementary asset）
　………………………………………38
ポランニー………………………… 202

■ま　行

マーチ……………………………… 223
マルスカ………………………… 23, 63, 82
見えざる資産（invisible asset）………36
目標不確実性（target uncertainty）…35
もっともらしい正当性…………… 215

■や　行

有機金属化学気相成長………………73
揺れる評決……………………… 209, 234
容器包装に係る分別収集及び再商品化の
　促進等に関する法律（容器包装リサイ
　クル法）………………………… 193

■ら　行

ライフサイクル・モデル……… 138, 139
リアル・オプション法…… 138, 142, 218
リーダー・フォロワの循環的代替
　……………………… 15, 139, 144, 218
リサイクル………………………… 22, 179
リスク……………………………… 166
ルトワク……………………… 18, 180, 186
ローゼンバーグ……………… 15, 37, 162
ロール・プレイング・ゲーム（RPG）
　……………………………………… 21, 136

索 引

■わ 行

ワイク ……………… 22, 141, 218, 232

ワイド・ギャップ半導体 ……………… 6
割引キャッシュフロー法（DCF法）
　…………………………………… 142

●著者紹介

藤井　大児（ふじい　だいじ）

1972年富山県生まれ。2002年一橋大学大学院商学研究科博士後期課程修了，博士（商学）。同年岡山大学経済学部准教授，現在大学院ヘルスシステム統合科学研究科教授，Bond-BBT MBAプログラム講師。

技術的イノベーションのマネジメント
■パラダイム革新のメカニズムと戦略

| 2017年3月10日 | 第1版第1刷発行 |
| 2020年8月30日 | 第1版第3刷発行 |

著者	藤　井　　大　児
発行者	山　本　　　　継
発行所	㈱中央経済社
発売元	㈱中央経済グループ パブリッシング

〒101-0051　東京都千代田区神田神保町1-31-2
電話　03（3293）3371（編集代表）
　　　03（3293）3381（営業代表）
http://www.chuokeizai.co.jp/
印刷／文唱堂印刷㈱
製本／誠　製　本　㈱

© 2017
Printed in Japan

＊頁の「欠落」や「順序違い」などがありましたらお取り替えいたしますので発売元までご送付ください。（送料小社負担）
ISBN978-4-502-21171-3　C3034

JCOPY〈出版者著作権管理機構委託出版物〉本書を無断で複写複製（コピー）することは，著作権法上の例外を除き，禁じられています。本書をコピーされる場合は事前に出版者著作権管理機構（JCOPY）の許諾を受けてください。
JCOPY〈http://www.jcopy.or.jp　eメール：info@jcopy.or.jp〉

ベーシック＋プラス
Basic Plus

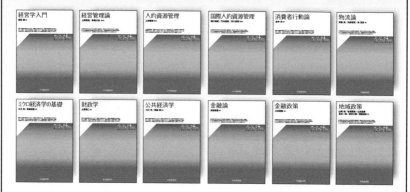

経営学入門	人的資源管理	経済学入門	金融論	法学入門
経営戦略論	組織行動論	ミクロ経済学	国際金融論	憲法
経営組織論	ファイナンス	マクロ経済学	労働経済学	民法
経営管理論	マーケティング	財政学	計量経済学	会社法
企業統治論	流通論	公共経済学	統計学	他

いま新しい時代を切り開く基礎力と応用力を
兼ね備えた人材が求められています。
このシリーズは，各学問分野の基本的な知識や
標準的な考え方を学ぶことにプラスして，
一人ひとりが主体的に思考し，行動できるような
「学び」をサポートしています。

Let's START!
学びにプラス！
成長にプラス！
ベーシック＋で
はじめよう！

中央経済社